최신 개정판
미드저니 V6.x
Niji 6
완벽 대응

Midjourney Prompt Master Guide

미드저니
프롬프트 마스터 가이드

조남경 저

VIELBooks
비엘북스

Midjourney Prompt Master Guide

미드저니
프롬프트 마스터 가이드

2024년 01월 15일 1판 1쇄 인쇄
2024년 10월 20일 1판 3쇄(개정판) 발행

지은이 조남경
펴낸이 김종원
펴낸곳 비엘북스

주소 경기도 고양시 일산동구 중앙로 1079, 624호 비엘북스
전화 031-817-3606
팩스 02-6455-3606
등록 2009년 5월 14일 제 313-2009-107호
출판사 홈페이지 https://vielbooks.com
저자 문의 bluemisty@gmail.com
도서 문의 vielbooks@vielbooks.com

ISBN 979-11-86573-71-6(13000)
정가 29,000원

이 책을 만든 사람들
기획·진행 비엘플래너스
교정·교열 비엘플래너스
편집디자인 CVDESIGN

Copyright © 2024 by 조남경. All Rights Reserved. First edition Printed 2024. Printed in Korea.

이 책의 어느 부분도 저작권자나 비엘북스 발행인의 승인 문서 없이 일부 또는 전부를 사진 복사나 디스크 복사 및 기타 정보 재생 시스템을 비롯하여 현재 알려지거나 향후 발명될 어떤 전기적, 기계적 또는 다른 수단을 통해 복사, 재생하거나 이용할 수 없음.

[일러두기]
이 책에서 소개된 미드저니로 생성된 그림들은 미드저니의 교육적인 기능 소개의 일환으로 사용한 것입니다.
특정 상품, 작가의 작품 및 저작권을 침해하려는 의도가 없음을 밝혀둡니다.

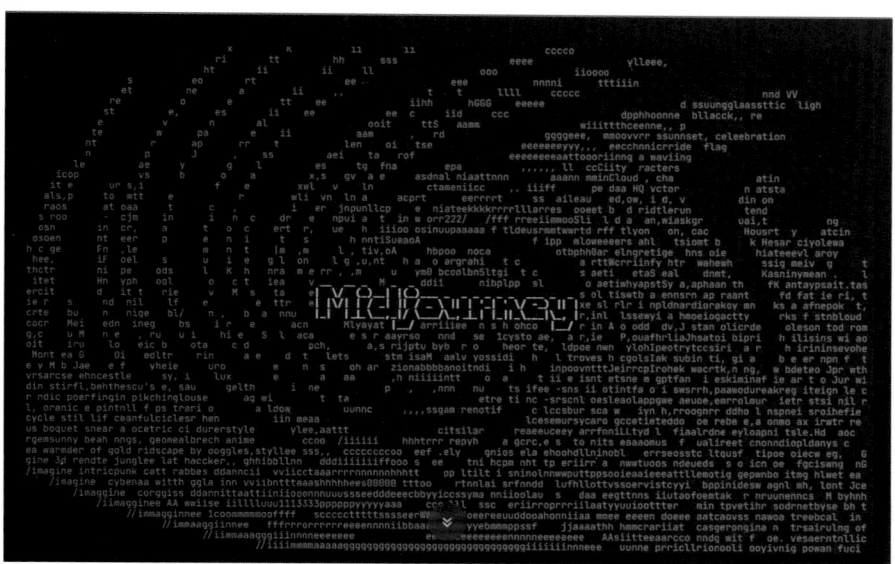

https://www.midjourney.com

Midjourney Prompt Master Guide

미드저니
프롬프트 마스터 가이드

조남경 저

VIELBooks
비엘북스

저자의 말

2023년 1월 15일.
아직도 정확히 기억하는 미드저니 첫 결제일입니다. 저는 살아오면서 미술에 흥미도 없었고, 손재주도 없었습니다. 더욱이 미술과는 거리가 먼 삶이었습니다. 그런 저에게 미드저니(Midjourney)라는 새로운 도구는 처음에 큰 흥미를 주지는 못했습니다. ChatGTP를 시작으로 AI 열풍이 불고 있던 시절이라, '이건 또 뭘 까?' 하는 호기심에 잠시 몇 번 테스트하며 끄적여 본 것이 미드저니와의 심드렁한 첫 만남이었습니다. 25장의 이미지까지 무료로 만들 수 있을 시기였기에 '이 정도면 충분하겠다'라는 생각으로 시작한 테스트는 1시간 만에 유료 결제를 하는 나 자신을 발견하게 했습니다.

Midjourney의 놀라운 점은 미술적 기초가 하나도 없는 저 같은 사람도 1시간 만에 멋진 그림을 만들어 낼 수 있게 한다는 것입니다. 내 그림에 대한 만족도가 낮았던 저에게는 정말 말로 표현할 수 없는 만족감을 선사해 주었습니다.

첫 번째 Upscale한 이미지입니다.
이 이미지를 보고 있으면 아직도 그 순간의 감동이 생생히 기억납니다.
당시 감동이 커서인지 이 감동을 함께 나누고 싶어서 작게 나마 간단하게 내용을 온라인에 공유했고, AI 프랜즈 인공지능 학회에서 Midjourney 세미나도 진행하게 되었습니다. 결국 그 원고가 이 책의 뼈대가 되었지요. 이 글을 빌어서 저에게 이런 시작의 기회를 주신 AI 프랜즈 유용균 학회장님을 비롯한 모든 회원 분들에게 감사의 말을 전합니다.

이미지 생성 Prompt에는 정답이 있는 것이 아니지만 결론에 최대한 접근하는 근사치 정도는 존재합니다. 하지만 이런 부분을 알아가기까지는 무수히 많은 반복적인 노력과 지루한 시간이 필요합니다. 이 책을 쓰면서 목표로 잡았던 것은 불필요하게 허비되는 시간을 최대한 줄이며 기본기와 정확한 정보를 전달하는 것이었습니다. 처음에는 잘 느끼지 못하는 부분이라서 막히면 좀처럼 진도를 나가기 힘들 수 있기 때문입니다.

이 책을 다 읽고 나면 초기에 겪을 수 있는 많은 문제들로 "시간을 허비하지 않을 수 있다"는 것 하나는 확신합니다. 많은 사람들이 좀 더 쉽게 미드저니를 사용할 수 있기를 기대하면서 글을 마칩니다.

이렇게 글을 마쳤던 초보 저자의 책이 2쇄를 넘어 3쇄 발행하게 됐습니다. 이 자리를 빌어 책을 구매해 주신 모든 독자님들과 인쇄를 넘기는 날 아침까지 저자의 수정사항을 모두 반영하느라 많이 고생하신 비엘북스 김종원 대표님께 감사를 전합니다.

2024년 10월
조남경 드림

첫 번째 Upscale한 이미지

Midjourney Prompt Master Guide
미드저니 프롬프트 마스터 가이드

추천의 말

이 책에는 실용적인 팁과 명확하며 쉽게 따라할 수 있는 지침이 담겨 있습니다. 스타일, 색상, 예술적 요소를 실험하는 과정을 세분화하여 경계를 넓히고 새로운 창의적 영역을 탐색할 수 있도록 도와줍니다. 친절하고 접근하기 쉬운 톤을 가진 [미드저니 프롬프트 마스터 가이드]는 AI 기반 예술의 세계를 재미있게 탐색할 수 있도록 프롬프트를 가지고 놀며 예제를 통해 배우고, 프로젝트에 가장 적합한 방안을 발견하는 데 도움을 줍니다. 창의성을 표현하는 새로운 방법을 찾고 있다면, 영감을 주고 아이디어를 실현하는 데 매우 유용한 훌륭한 책이 되어 줄 것입니다. 이제 실무에 영향을 미치고 있는 AI의 대항해 시대에 열려 있는 작금의 시기에 추천드립니다.

초기의 생성 AI는 단순해서 공부할 필요가 없었고, 이제는 발전 속도가 너무 빨라 진입장벽이 느껴집니다. 하지만, 이 책의 저자가 미드저니를 집요하게 탐구한 결과를 빠르게 습득할 수 있습니다. 기술의 발전 속도보다 빠르게 미드저니 전문가의 탄생을 지켜보며, 이제 누구나 머릿속 아이디어를 이미지로 현실화할 수 있는 시대가 도래했음을 깨닫습니다. 그리고 이 책은 디자인과 콘텐츠 분야에서 AI를 활용하는 새로운 프로세스에 진입하기 위한 필독서가 될 것입니다.

원종윤 (동명대 시각디자인학과 / 교수)

생성 AI가 등장한 후 [AI 프렌즈] 오픈 채팅에서는 매일 AI로 생성된 이미지들이 올라왔습니다. 그중 가장 활발하게 이미지를 생성하고 다양한 결과를 올리던 분이 저자님이셨습니다. 미드저니를 잘 다루시는 것 같아서 AI프렌즈 세미나를 요청드렸는데 수줍어하시면서 어렵게 수락하시더군요. 그런데 한 달 사이에 엄청나게 완성도가 높은 발표 자료와 이미지 생성에 유용한 방대한 키워드 자료를 공유해 주셔서 깜짝 놀랐던 기억이 납니다. 생성 AI의 급격한 발전으로 짧은 시간에 많은 분야에서 일하는 방식이 변하고, 새로운 전문가와 사라지는 직업들이 보이기 시작합니다. 새로운 방식에는 시행착오가 따릅니다. 하지만 이 책은 여러분들이 짧은 시간에 미드저니를 자유자재로 다룰 수 있도록 도울 것입니다.

유용균 (한국원자력연구원, AI프렌즈 / 대표)

이 책의 특징

너는 상상만 해. 나머지는 미드저니(Midjourney)에게 맡겨!

미드저니(Midjourney)는 생성형 AI를 이용한 이미지 생성 툴로, 사용자가 제공하는 텍스트 설명을 바탕으로 시각적 이미지를 만들어내는 혁신적인 시스템입니다.

이 책은 간단한 텍스트 입력만으로 환상적인 이미지를 생성하는 미드저니의 초급자 입문서입니다. 디스코드(Discord)와 미드저니의 간단한 사용법뿐만 아니라, 텍스트 Prompt 활용과 제어에 필요한 다양한 Command와 Parameters를 다루는 완벽한 마스터 가이드 북입니다.

무엇을 어떻게 그려야 할지 모르겠다면 그냥 상상만 하세요. 그리고 나머지는 미드저니에게 맡기세요!

텍스트로 그림을 그려주는 건 알겠는데, 텍스트를 어떻게 생성하고 제어해야 해?

이 책에서는 단순히 미드저니의 사용법만 알려주는 것이 아니라, 텍스트 Prompt의 구조와 콘텍스트를 파악하며 프롬프팅을 완성할 수 있는 방법을 가이드해줍니다.

사용자가 만드는 Prompt는 Command(명령어)와 구체화된 설명, 그리고 Parameters(매개변수)의 조합으로 완성되고, 생성된 이미지는 Parameters를 통해 수정, 편집, 제어할 수 있습니다. 특히 카메라 앵글과 프레임, 구도, 색감, 아트기법 등을 제어할 수 있는 다양한 활용법들은 당신을 환상적인 미드저니의 세계로 가이드 할 것입니다.

Prompt로 시작하는 당신의 상상은 새로운 세상의 크리에이터가 됩니다.

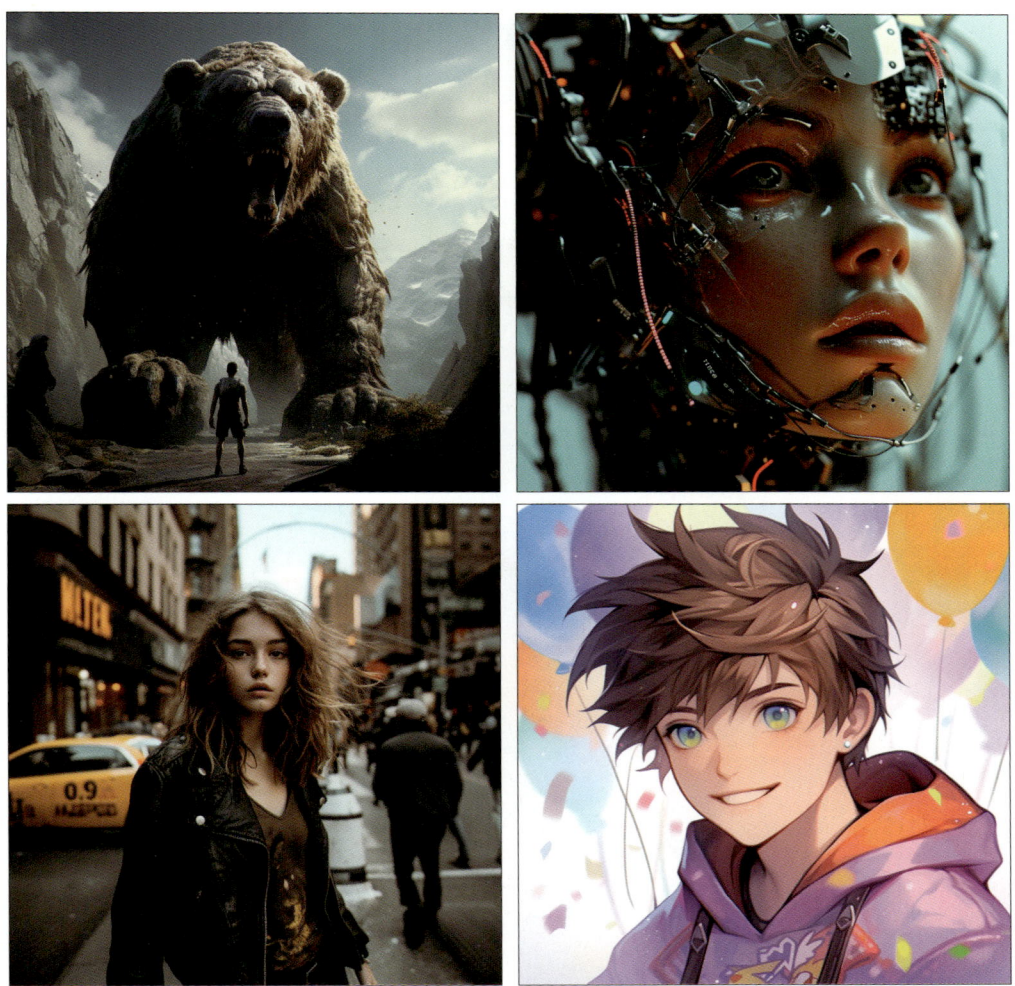

미드저니 버전 V6와 V6.x

미드저니 버전 V6와 V6.x에 맞추어 집필되어 있습니다

미드저니 버전 V6 과 V6.x에 맞추어 집필되어 있습니다.
이 책은 미드저니(Midjourney) V 6 / 6.x 및 Niji 6에 맞춰 작성되었습니다. 미드저니(Midjourney)는 무척 빠른 업데이트 속도로 유명한데 종종 Alpha 버전부터 서비스를 시작합니다. 따라서 최신 버전이 반드시 가장 안정적인 것은 아니며, 안정화된 정식 버전과 실험적인 베타 버전의 개념을 참고하시면 좀 더 이해하기 쉬울 것입니다.

최신 버전인 V6.x의 성능이 뛰어나다는 것은 사실입니다. 그러나 이전 버전인 V6의 성능이 현저히 떨어진다는 것은 아닙니다. 이 책에서는 최신 버전의 압도적인 성능과 이전 버전의 안정성을 모두 고려하여, 적절히 혼합하여 사용하는 방법을 제시합니다. 특히, 특정 버전에서만 작동하는 기능에 대해서는 해당 버전 정보를 명시 하여 설명합니다. 이를 통해 여러분들은 자신의 필요에 맞게 적절한 버전을 선택하고 활용할 수 있을 것입니다.

미드저니(Midjourney)는 현재 V1 버전도 서비스를 제공하고 있습니다. 또한, 일부 사용자들은 V3 버전의 거친 느낌을 선호하여 V3로 생성된 이미지를 가져와 최신 버전으로 보완하는 실험적인 시도를 하기도 합니다. 그러나 이러한 실험적인 시도를 제외하고는 안정화 버전(V6)과 최신 버전(V6.x)의 사용을 권장합니다. 초기 버전인 V1, V2, V3는 특이한 특성을 가지고 있지만 이미지 품질이 대체로 낮다는 단점이 있습니다. 안정성과 품질을 중시하는 경우에는 안정화된 버전이나 최신 버전을 선택하는 것을 권장합니다.

예제데이터에 대하여

이 책에서 소개하는 예제들을 원활하게 진행하려면 예제데이터가 필요합니다.
아래 예제데이터 다운로드 방법을 참고하셔서 예제데이터를 미리 준비해주세요.

이 책을 구입하신 후 반드시 해야 할 2가지!

1. 예제데이터 다운로드 하기

비엘북스 홈페이지에서 예제데이터를 다운로드 합니다.
네이버나 구글에서 비엘북스를 검색하시거나 아래 주소를 입력하시면 됩니다.
- 비엘북스 | https://vielbooks.com

2. 예제데이터 비밀번호 해제하기

예제데이터는 암호화 압축되어 있습니다.
- 비밀번호 [mdjy296]을 입력하면 압축 해제됩니다.

압축해제는 윈도우 OS 환경에서 '알집' 또는 '반디집'을 이용해주세요.

문의사항

예제데이터의 다운로드 및 압축해제 오류 등의 문제는 아래 연락처로 문의해주세요.
- 전 화 | 070-7613-3606
- 메 일 | vielbooks@vielbooks.com / xsi2maya@naver.com
- 블로그 | http://blog.naver.com/xsi2maya

목 차

Part 01. 디스코드? 미드저니? — 16

시작하기 — 18
- 생성 AI? — 19
- Midjourney(미드저니) — 20
- Prompt(프롬프트)란? — 21
- 저작권 이슈 — 25
- 상상의 세계로... — 26

Discord(디스코드) — 27
- Discord란? — 27
- Discord 설치 — 28
- Discord 가입 — 28

Midjourney(미드저니) 접속하기 — 31
- Midjourney 화면 레이아웃 — 34
- Midjourney Server의 주요 채널 살펴보기 — 35
- 개인 작업환경 설정하기 — 36
- Midjourney 구독하기 — 40
- Copyright(저작권) — 43

Part 02. Prompt를 배우기 전에 — 44

미드저니 시작하기 — 46
- 이미지 생성 환경에 접속하기 — 46
- 간단한 Prompt로 그림을 생성해 보자 –1 — 48
- 간단한 Prompt로 그림을 생성해 보자 –2 — 51
- 워크플로우(이미지 생성 과정) — 54

Command(명령어) — 58
- 중요 명령어 — 59
  - /blend — 59
  - /describe(이미지를 텍스트 프롬프트로 변환) — 60
  - /shorten — 62
  - /settings (환경세팅) — 63
  - /show — 64
  - /info(정보) — 65
  - 생성 속도 설정 — 65
  - /list_personalize_codes — 65

- /prefer — 66
  - /prefer auto_dm — 66
  - /prefer option set — 66
  - /prefer option list — 66
  - /prefer suffix — 67
  - /prefer remix — 67
  - /prefer variability — 67

- 기타 명령어 — 68
  - /ask — 68
  - /help — 68
  - /invite — 69
  - /private, /stealth, /public — 69
  - /subscribe — 69
  - /userid — 69

Part 03. Prompt로 하나씩 그려볼까? — 70

/Imagine? — 72
- 기본 Prompt — 72
- 고급 Prompt — 72
- Text Prompt(텍스트 프롬프트) — 73
- Image Prompt(이미지 프롬프트) — 74
- Prompt 기본 사용법 — 77
- 간단한 예시 사용 — 80
  - 기법 — 80
  - 시대 — 82

[Play Prompt] — 83

Part 04. 좀 더 꼼꼼하게 편집해 보자!   86

Parameter(매개변수)   88

- 가로 세로 비율 (--aspect, --ar)   88
- 이미지 가중치 Image Weight (--iw)   90
- Stylize(--stylize --s)   92
- chaos (--chaos, --c)   94
- Weird (--weird, --w)   95
- Version (--version, --v, --niji)   96
- Quality (--quality , --q)   97
- Style   98
  - --style raw   98
  - --niji 5 / 6   100
  - --niji 5 --style original   102
  - --niji 5 --style cute   104
  - --niji 5 --style expressive   106
  - --niji 5 --style scenic   108
- --seed   114
- --no   116
- --tile   118
- --stop   118
- --video   119
- --repeat   119
- --turbo / --fast / --relax   119

[Play Prompt]   120

Part 05. 디테일을 올려주는 고급 Prompt 활용법   122

Advanced Prompt   124

- Variations   124
- High / Low Variation   126
- Vary Region(부분 수정)   136
- Remix   139
- Vary Region + Remix   142
- Multi Prompts ::   145
  - Multi Prompts란   145
  - Prompt Weight(가중치)   147
  - Negative Prompt weight   152
  - The sum of all prompt weights must be positive   153
  - Individual Image Weight(IIW)   156
- Zoom out   158
  - Zoom out Basic   158
  - Custom Zoom + Remix   162
- Pan   165
- Style reference [V6.x / Niji 6 Only]   168
  - --sref   168
  - 다중 이미지 참조(Multiple Reference Images)   169
  - 다중 이미지 가중치(Multiple Reference Weight)   170
  - 애니메이션 그림 스타일 참조   171
  - Style Reference Seed   173
  - 참조 강도 조절 (Style Reference Weight) Parameter : --sw   179
- Character Reference : --cref   180
  - 이미지 생성   180
  - 다중 이미지 참조   181
  - 캐릭터 시트를 참조하는 방법   182
  - 참조 강도 조절 (Character Reference Weight) Parameter : --cw   183
- 개인화(Personalization) : --p , --personalize   184
  - 생성 / 사용   184
  - 조회   185
  - 공유   186
  - 다중 개인화 코드(Multi Personalize Code)   186
  - 다중 개인화 코드 가중치(Multi Personalize Code Weight)   187
- Minor Text Drawing(MTD)   188
- Upscale(2x, 4x)   189
- Upscale(Subtle / Creative)   191
- Permutation Prompt { }(순열프롬프트)   194

[Play Prompt]   180

목 차

Part 06. 다양한 기법 활용하기 198

Image Prompt Engineering 200

- Prompt란 200
- Prompt Basic 200
    - 간결한 문장 204
    - 정확한 단어 205

- MUCH more sensitive 206
    - 효과적 단어와 나쁜 단어(Junk) 206
    - Call-Back 207
    - Call-Back Chaining 208
    - Call Back + Background / Foreground 209

- Framing word 210
    - Extreme close up 211
    - Close up 211
    - Medium Close up 212
    - Medium shot 212
    - Medium full shot 213
    - Full shot 214

- Prompt Framing 216
    - Step 1 216
    - Step 2-1 217
    - Step 3-1 218
    - Step 3-2 219
    - Step 4 220
    - Step 5 221
    - Step 2-2 222

- View / Angle / Lens 223
    - View / Angle 223
    - Fisheye(어안 렌즈) 225
    - Wild angle / view (광각 앵글 / 뷰) 226
    - Telephoto (망원 렌즈) 228
    - bokeh 229
    - Tilt-shift 230
    - bird eye 231

- 기법 232
    - abstract(추상화) 232
    - Oil painting (유화) 234
    - Watercolor (수채화) 236
    - graffiti (낙서) 237
    - Impasto 238
    - Pop Art Mosaic 239
    - minimalism 240
    - simple line 241
    - Origami(종이접기) 242
    - Paper quilling 243
    - Symmetry(대칭) 244
    - Reflection(반사) 245
    - Coloring book 246
    - Silhouette(실루엣) 249
    - Anthropomorphic(의인화) 250
    - Double exposure(이중 노출) 251
    - Character spread sheet 252

[Play Prompt] 254

Part 07. 고급 활용 Tips 258

Style Tuner(스타일 튜너) 260

- Style Tuner? … 260
- Style Directions 생성 … 261
  - · Style Directions 선택 및 Style code 생성 … 263
  - · Style code 사용 및 적용 강도 조절 … 265
  - · Style 공유 및 재사용, 재생성 … 266
  - · 시동 Prompt (Trigger Prompt) … 266
  - · Random style code … 268
  - · Style code 결합 … 268
  - · 비율 조절 Style Code 결합 … 270
  - · Style Code Parameter 적용 … 270
  - · /list_tuners … 270

Niji-journey(니지저니) — 271
- Niji-journey 특화 기능 … 272
  - · /settings … 272
  - · Niji Style Tuner … 272

미드저니 웹사이트(Mid Journey Website) — 275
- Explore 탭 … 276
- Create 탭 … 276
- Organize 탭 … 281
- Personalize 탭 … 282
- Manage Uploads 탭 … 283

Prompt Debugging — 284
Loop Prompting — 286
일관성 있는 캐릭터 생성하기 — 289
건축물 컨셉 베리에이션 — 294
Stable Diffusion Control-net Midjourney Ver. — 298
- 착시 이미지 만들기 … 298

- 완성된 이미지의 디테일 변경 … 300

앞뒤 의상 만들기 — 301
- 키워드를 이용한 방법 … 301
- Prompt 문맥의 맥락으로 만드는 법 … 303

Well made Personalize code List — 304
Sref Seed List — 306
Personalize code + Sref Seed Sheet — 320
자판기 키워드 에센셜 — 324
- 기법 … 324
- 컨셉 … 326
- 의상 … 328

Part 08. 부록 — 330
유용한 사이트 — 332
- Midjourney Feed … 332
- Facebook Group – Midjourney Official … 333
- Facebook Group – Midjourney Prompt Tricks … 333
- Facebook Group – Midjourney Korea … 334
- Facebook Group – Stable Diffusion Korea … 334
- You tube – Soylab … 334

유용한 Tools — 335
- Upscayl … 335

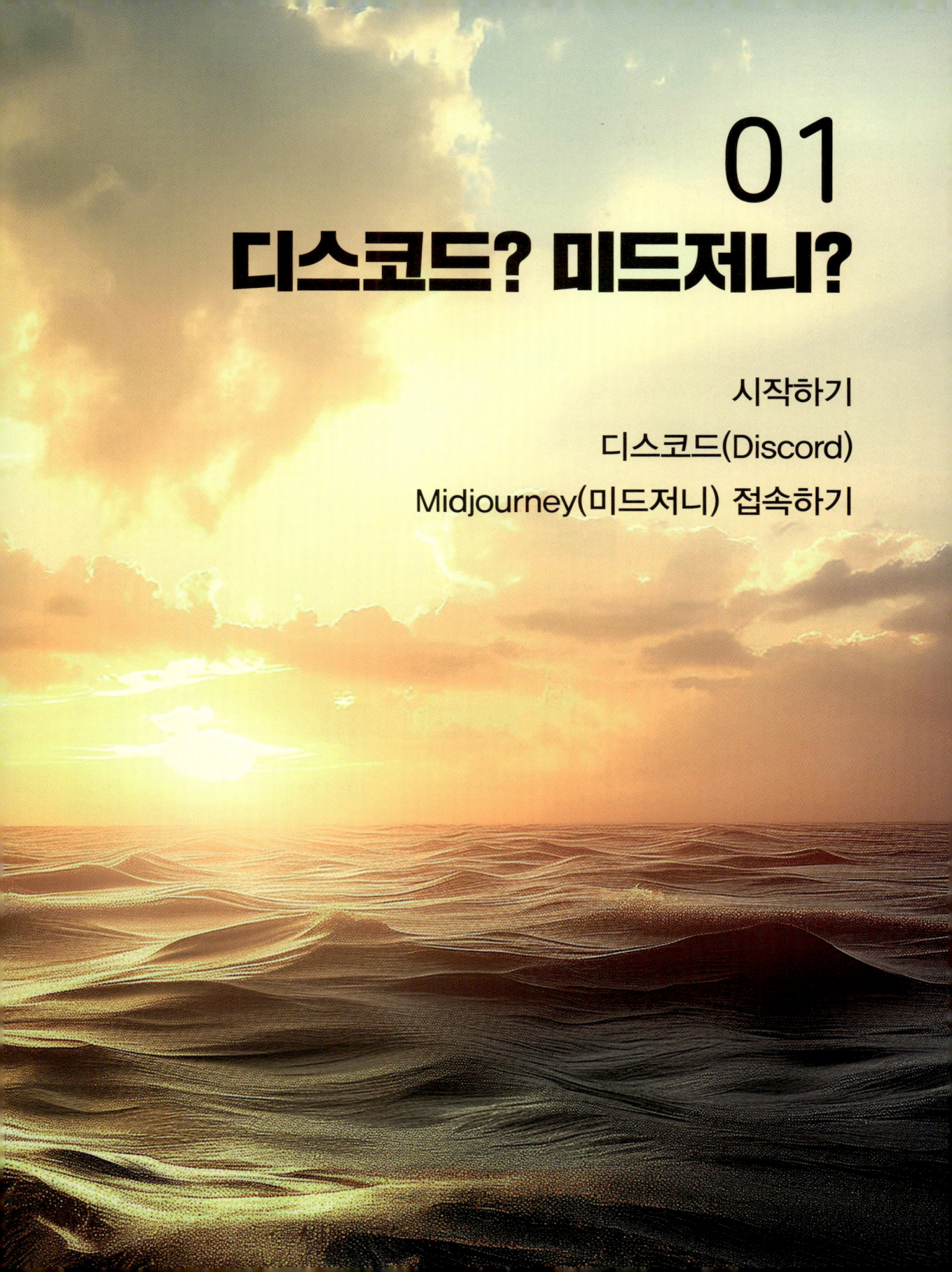

01
디스코드? 미드저니?

시작하기
디스코드(Discord)
Midjourney(미드저니) 접속하기

1 시작하기

인공지능(Artificial intelligence), 머신러닝(Machine learning), 인공신경망(artificial neural network – ANN), 딥러닝(Deep learning), 생성형 AI(Generative artificial intelligence), Chat GPT, Google Gemini, Claude, Midjourney(미드저니), Stable Diffusion, Ideogram, Gen3, Sora 등이 요즘 많이 듣는 용어입니다.

개념을 정리하면 아래 그림과 같습니다.

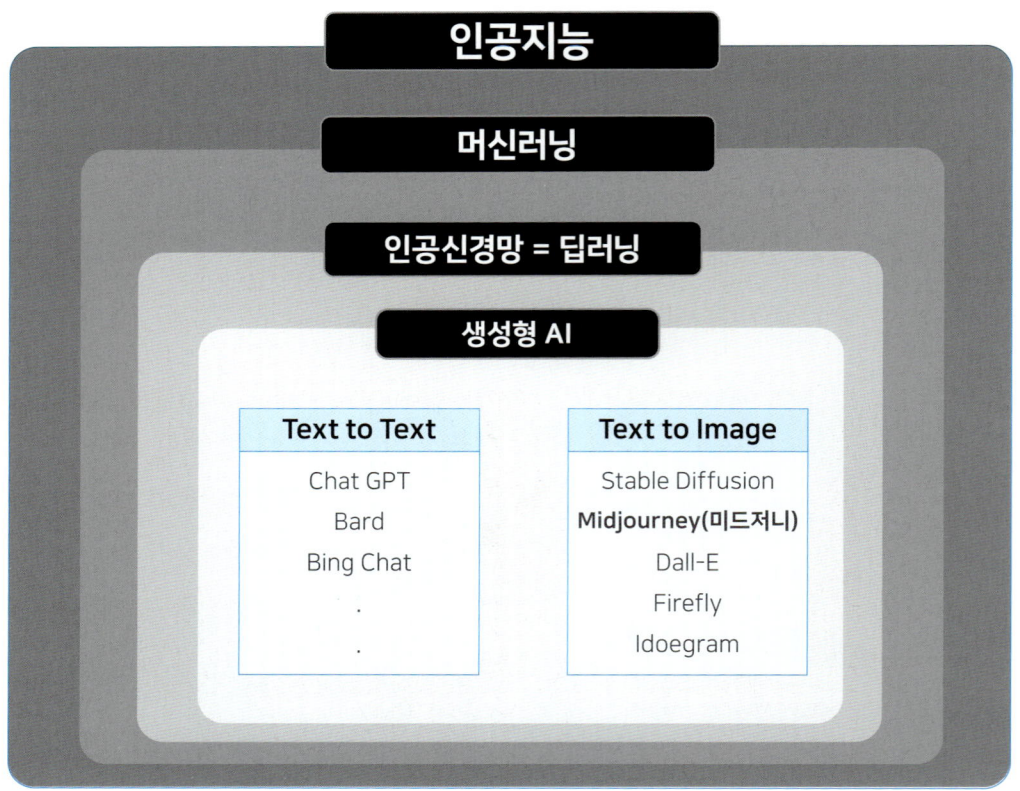

인공지능, 머신러닝, 인공신경망, 딥러닝 등의 상위 개념은 대학원에 전공으로 다루어질 만큼의 학문적인 깊고 복잡한 내용이니 "이런 것이 있다" 정도로 알고 넘어가셔도 충분합니다. 우리가 배울 Midjourney의 한 단계 상위 개념인 생성형 AI만 간단히 설명하고 넘어가겠습니다.

01. 생성형 AI

생성형 인공지능(Generative AI)은 데이터로부터 새로운 정보나 아이템을 생성할 수 있는 인공지능의 한 분야입니다. 기존 데이터를 학습하여 그 패턴을 이해하고, 그에 기반하여 새로운 데이터를 생성합니다.

생성형 AI에 관한 연구의 역사를 따지고 보면 1950년대로 올라가지만 실제 성능을 제대로 가지고 일반인들이 사용할 수준의 생성형 AI는 2022년에 출시되었습니다. 2022년에 다양한 생성형 AI가 동시에 출시한 배경에는 충분한 학습용 디지털 데이터와 컴퓨팅 파워의 발전이 있습니다. 2022년 중반에 오픈 베타 형태로 하나 둘 나온 서비스들은 반년도 지나지 않아 정식 유료 서비스가 가능한 수준까지 눈부신 발전을 했고 현재도 어마어마한 속도로 계속 발전해 나가고 있습니다.

이 책에서 다루게 될 Midjourney의 발전을 예시를 보면 아래와 같습니다.

V1 – 2022.2

V2 – 2022.4.12 (71일)

V3 – 2022.7.25 (105일)

V4 – 2022.11.5 (104일)

V5 – 2023.3.15 (131일)

V5.1 – 2023.5.3 (50일)

V5.2 – 2023.6.23 (51일)

V6 – 2023.12.21 (182일)

V6.1 – 2024.07.31 (224일)

생성 이미지의 품질이 눈에 띄게 향상되는 걸 볼 수 있습니다. 하지만 더 중요한 점은 새 버전이 발표하기까지 걸리는 시간입니다. 기존의 그래픽 프로그램들(Photoshop 등)이 버전 업데이트가 대략 1년에 한 번 정도 이루어지는 것에 비하면 채 2년이 되지 않은 시간에 9번의 버전 업데이트를 발표했다는 것이 더 놀라운 점입니다.

여기에서 볼 수 있듯이 생성형 AI의 또 다른 특징은 발전의 속도가 기존의 프로그램들의 발전 속도와 비교가 안 될 만큼 매우 빠르다는 점입니다.

02. 종류

> Text to Text [t2t] : 글을 입력하면 글을 생성해 주는 형태 (예: ChatGPT, Google Gemini, Claude)
>
> Text to Image [t2i] : 글을 입력하면 그림을 생성해 주는 형태
> (예: **Midjourney**, DallE-2, Stable Diffusion, firefly, ideogram)
>
> Text to Video [t2v] : 글을 입력하면 비디오를 생성해 주는 형태
> (예: Runway , Luma , Kling , Sora)

예로 든 서비스 말고도 수많은 서비스가 존재합니다. 또한 종류도 Text to Music, Audio to Image , Image to Video 등 수 많은 형태 또한 존재하며 계속 새로운 서비스들이 발표되고 있습니다.

03. Midjourney(미드저니)

Text to Image 서비스의 한 종류인 Midjourney(미드저니)는 서비스의 이름이자 개발사의 이름이기도 합니다.

❶ 장점

1. 현존하는 이미지 생성 서비스 중에서 최고의 품질의 이미지 생성
2. 온라인 클라우드 기반 서비스로 디바이스(컴퓨터, 휴대폰 등)의 성능과 무관하게 안정적 생성
3. 독립 제작사 운영으로 안정적 관리와 빠른 고객 대응 및 업데이트를 제공
4. Text Prompt base의 간단한 입력으로 모든 부분의 컨트롤이 가능

❷ 단점

1. 구독 형태의 유료 서비스
2. Prompt 입력은 공식적으로 영어만 지원
3. 독립 서버(Stand alone Server) 서비스 제공 불가

04. Prompt(프롬프트)란?

Midjourney는 Text to Image의 한 종류로 Text를 입력하여 Image로 생성해 주는 서비스입니다. 여기서 입력되는 Text를 Prompt(프롬프트)라고 합니다.

"Midjourney 사용 방법을 공부한다"는 말은 'Prompt 작성하는 방법을 공부한다'는 의미입니다.

먼저, Prompt가 사용된 간단한 사례를 살펴보겠습니다.
Midjourney를 실행한 후 채팅창에 아래와 같이 **/imagine**을 호출한 후 **a cup of coffee, oil painting**이라고 Prompt를 입력한 후 몇 초가 지나면 커피 한 잔이 있는 유화 그림이 시작됩니다.

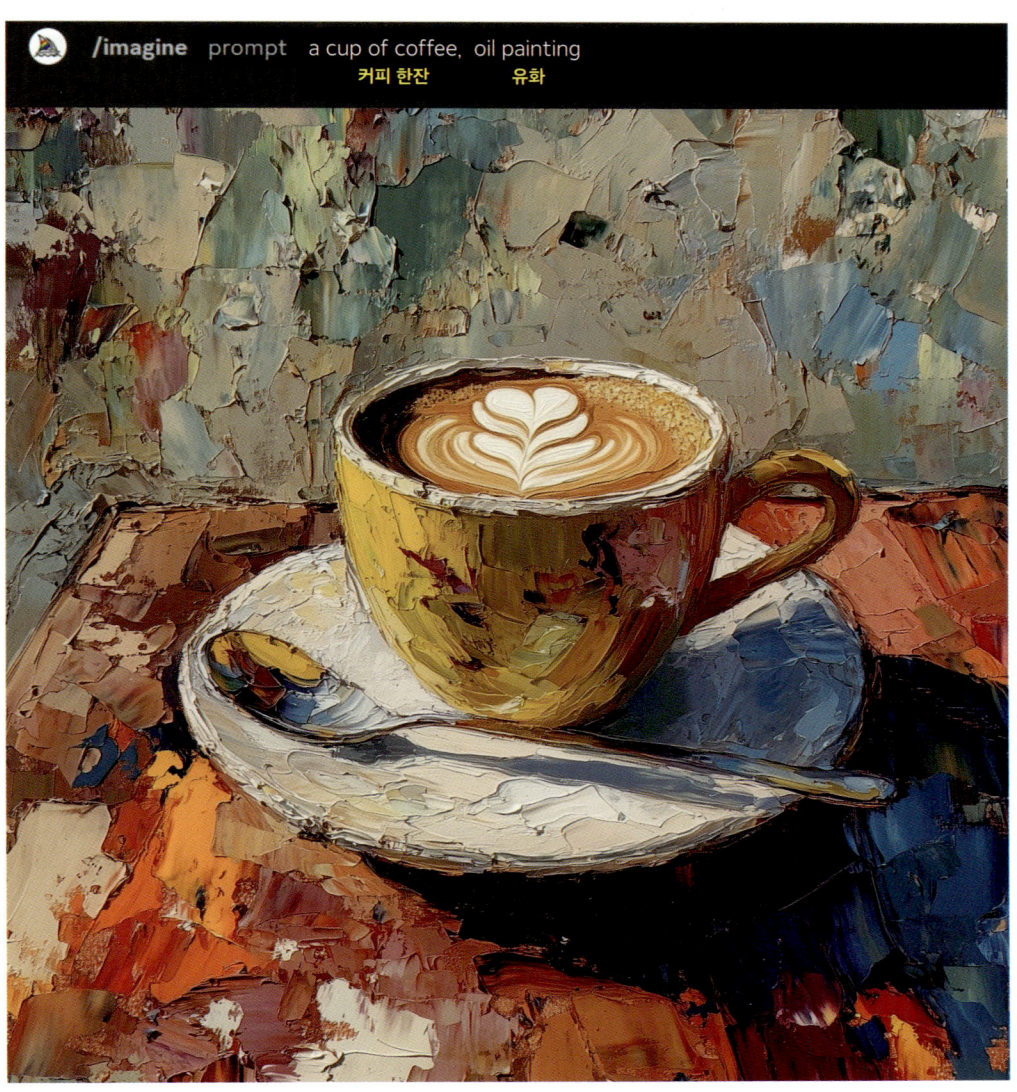

동일한 방식으로 Prompt를 입력해본 결과를 보여드립니다.

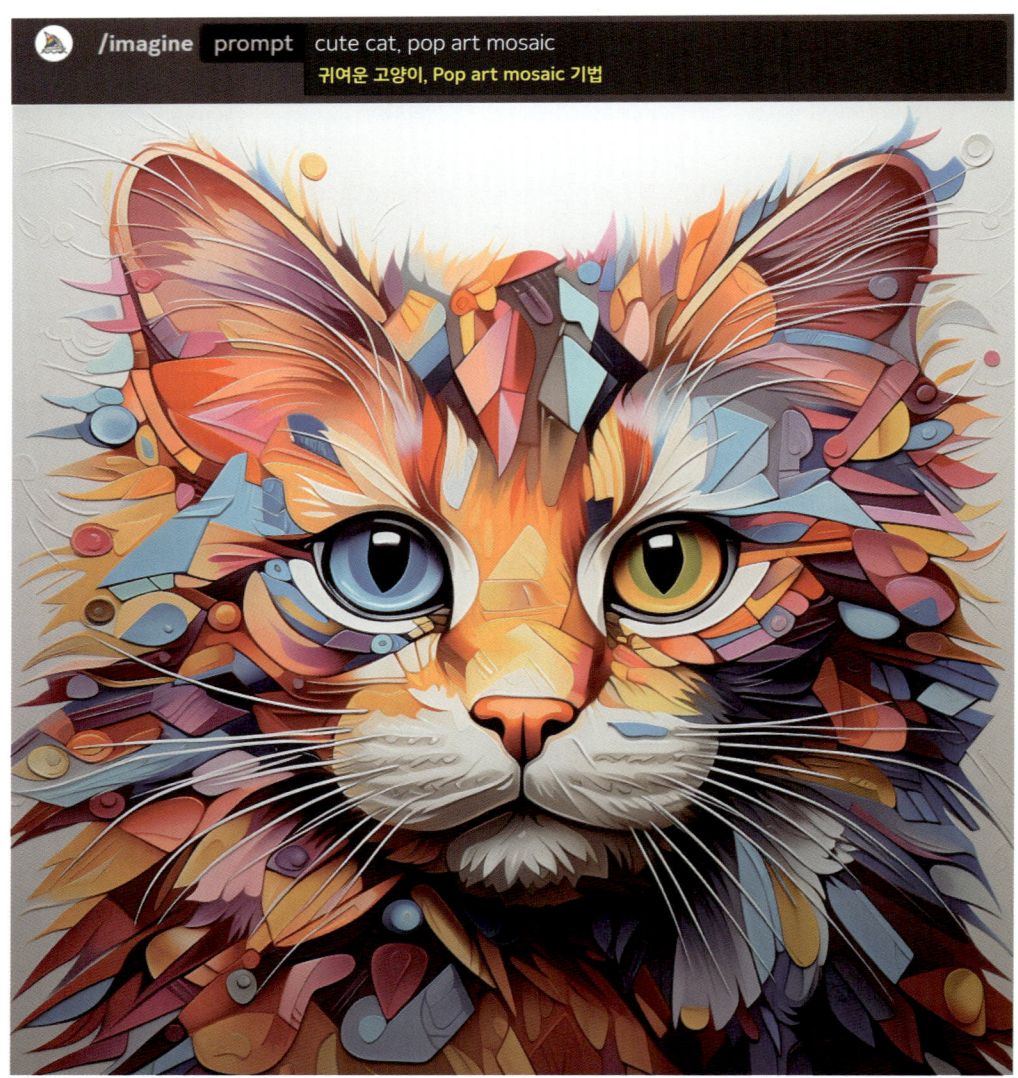

이렇듯 Midjourney에서는 간단한 텍스트 Prompt를 입력하는 것만으로도 다양한 화풍과 스타일을 가진 그림은 물론 실제 사진과 같은 이미지까지 쉽고 빠르게 생성해 줍니다.

05. 저작권 이슈

생성형 AI 전반에 걸쳐 문제가 되고 있는 저작권 관련 문제는 두 가지로 나눌 수 있습니다.
생성형 AI가 기존 데이터(글, 그림)을 학습해서 이와 유사한 결과물을 만들어 내는 것에 대해서 기존 저작권자의 저작권을 침해한다는 문제와 생성형 AI로 생성해 낸 저작권을 인정해야 하는가라는 문제가 있습니다.

이 두 가지 문제 모두 명확하게 결론이 난 문제는 아니고 여전히 논의 중인 내용입니다. 이런 이유로 생성형 AI로 만들어낸 결과물을 사용할 때는 주의가 필요합니다.

생성형 AI로 생성된 이미지를 사용할 때는 생성형 AI를 사용했음을 알리는 것이 좋습니다. 법적 문제보다는 도덕적 문제로 이슈가 된 사건들도 있었습니다. 그 의도가 사회적 관심을 환기시키는 목적인 경우도 있었지만, 그 이후 워터마크 부착 등의 기술적인 노력이 함께 발전하고 있어도 가장 중요한 부분은 사용자의 올바른 사용이라고 할 수 있겠습니다.

또한, 이미지를 사용할 때 해당 기관의 생성형 AI 이미지 사용 규칙을 따라야 합니다. 유명한 과학 저널인 네이처의 경우, 생성형 AI를 사용한 사진, 비디오, 일러스트, 그래프 이미지 등의 게재를 금지한다고 발표하기도 하였습니다.

아직까지는 사회적 논의가 기술을 따라가지 못하고 있는 상황입니다. 이런 불완전한 상황에서 생성형 AI의 결과물 사용에 관한 책임은 전적으로 사용자에게 있을 수밖에 없는 상황임을 반드시 인지한 후 사용하는 것이 좋습니다. 하지만, 그간 기술 발전의 역사에서 보듯이 어떤 형태의 사회적 합의와 기술적 보완이 이루어질 것입니다. 기술 발전의 속도만큼은 아니지만 이 또한 빠른 형태로 정리될 내용으로 보입니다.

06. 상상의 세계로

Midjourney는 Prompt로 간단한 **몇 단어에서 한두 문장**만 입력해 보면 멋진 이미지(그림, 사진)를 만들어 줍니다. 제한된 지면과 예시로 모든 가능성을 다 보여드릴 수 없지만 사람이 상상하는 범위 내의 거의 모든 이미지가 생성이 가능합니다.

이 생성에 필요한 것은 오직 **몇 단어에서 한두 문장**만이 필요할 뿐입니다.

이전의 "그림을 그린다", "사진을 찍는다"에 필요한 수많은 지식, 수없이 많은 연습을 통해 발전시켜야 했던 스킬들은 모두 Midjourney가 대신해 줍니다.

여러분에게 필요한 것은 그런 Midjourney에게 명령을 지시할 약간의 Prompt 규칙입니다. 이 규칙 또한 프로그래밍 언어처럼 특별한 문법과 사용 방법을 알아야 하는 것이 아니고 사람들과 대화할 때 사용하는 것처럼 자연어(영어)로 입력하면 됩니다.

Midjourney에게 그림을 그리게 하는 기본 명령어는 **/imagine** 입니다.
Midjourney에게 "상상해라! 내가 말하는 것들을"의 형식에서 단적으로 드러나듯이 Midjourney는 상상을 해서 그림을 만들어 냅니다. 우리는 그 상상을 바르게 할 수 있도록 방향을 유도해 주면 됩니다.

그림에 대한 기초 지식이 있다면 좀 더 유리한 면이 있을 수 있지만, 미술 지식이 없더라도 그림 그리기 놀이를 한다는 마음으로 접근하면 좀 더 쉽게 친해질 수 있을 것입니다.

책에는 기본적인 사용법을 순서대로 정리하였습니다.
Midjourney는 차근차근 기초 지식을 쌓아 올리면 다음 단계로 올라가는 시스템이라기보다 Midjourney 사용자 커뮤니티나 제작사의 안내 문구에 자주 등장하는 "Play", "For fun" 등에서 알 수 있듯이 자유롭게 다루어 보면서 가지고 놀다 보면 자연스럽게 실력이 늘게 됩니다.

이것을 돕고자 주요 챕터가 끝날 때마다 **Play Prompt**라는 파트를 넣어서 가지고 놀기 좋은 Prompt를 모아서 소개해 놓았습니다. **Play Prompt**의 경우는 챕터의 진도와 상관없이 재미 있고 흥미로운 내용을 위주로 모아놨습니다. 당장 이해를 못한다고 해도 문장만 복사해서 이미지 생성을 시도해 보면 그럴듯한 이미지를 얻을 수 있을 것입니다. Play Prompt는 이해보다는 "Play"의 목적에 중점을 두고 준비된 내용이니 당장 이해 못 하는 내용이라도 부담 없이 즐겨보시기 바랍니다.

자! 그럼 Midjourney가 안내하는 상상의 세계로 빠져 볼까요?

2 Discord (디스코드)

Midjourney 서비스는 기존의 온라인 서비스와는 약간 다른 형태인 Discord(디스코드) 기반의 서버에서 Midjourney Bot의 형태로 서비스됩니다.

Discord의 설치와 가입, 기본적인 사용 방법을 알아야 Midjourney 서비스를 사용할 수 있습니다.
일반적인 웹페이지 형태와는 조금 달라서 처음 사용할 때는 조금 어렵게 느낄 수 있지만 간단한 기본 사용 방법만 필요하니 다음의 단계로 설치와 사용법을 따라해 보세요.

01. Discord(디스코드)란?

Discord는 게이밍부터, 교육과 비즈니스 영역의 커뮤니티 생성을 목적으로 설계된 VoIP 응용 소프트웨어의 하나입니다. Discord는 채팅 채널에 있는 유저 사이의 텍스트, 이미지, 비디오, 음성 커뮤니케이션에 특화되어 있습니다.

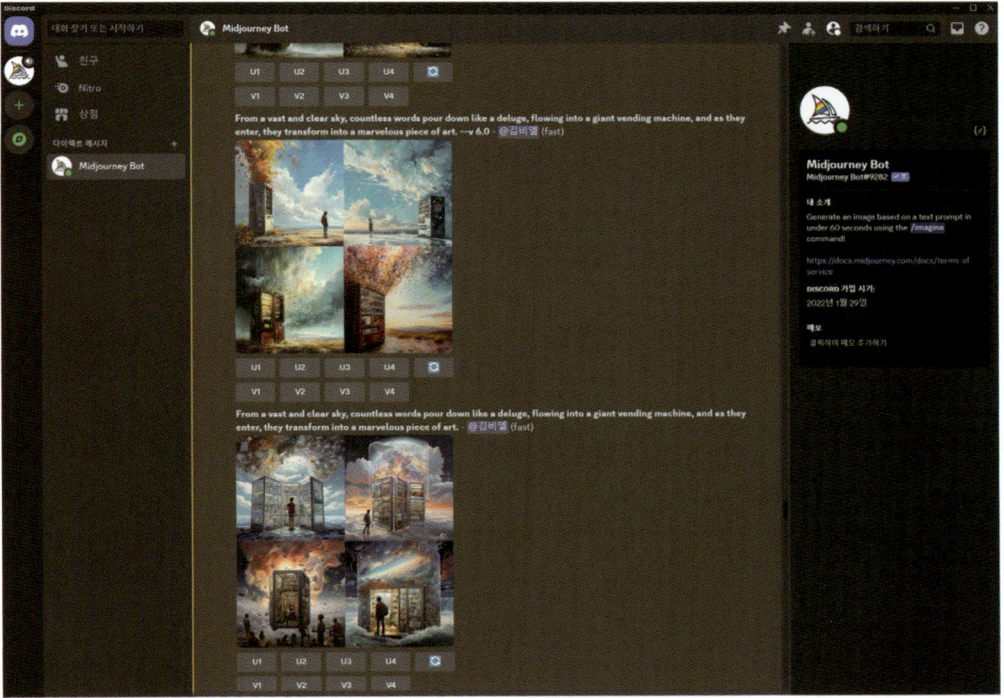

02. Discord 설치

웹 브라우저에서도 Discord에 접속할 수 있지만 Discord Site(https://discord.com)에 접속하여 전용 프로그램을 다운 받아서 사용하는 것을 권장합니다.

지원 OS : Windows, Mac, Linux, iOS, Android
자신의 OS의 맞는 프로그램을 다운받아 설치를 하고 Discord를 실행합니다.

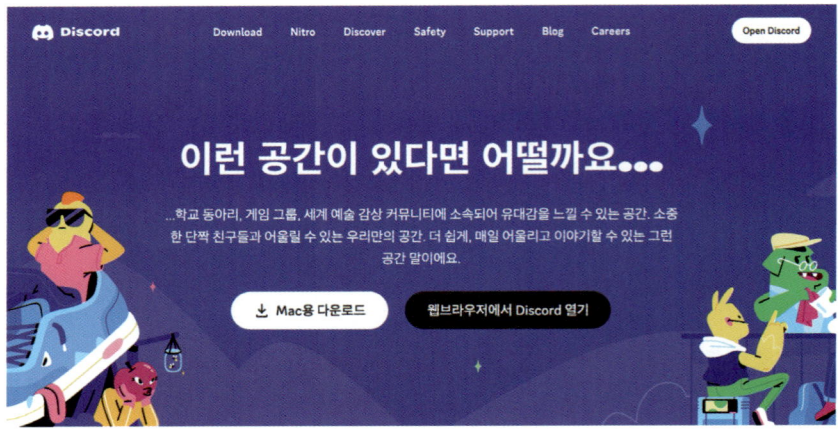

03. Discord 가입

최초 실행을 하면 로그인 화면이 나옵니다. 로그인 버튼 아래쪽 "가입하기"를 클릭하여 회원가입 페이지로 이동합니다.

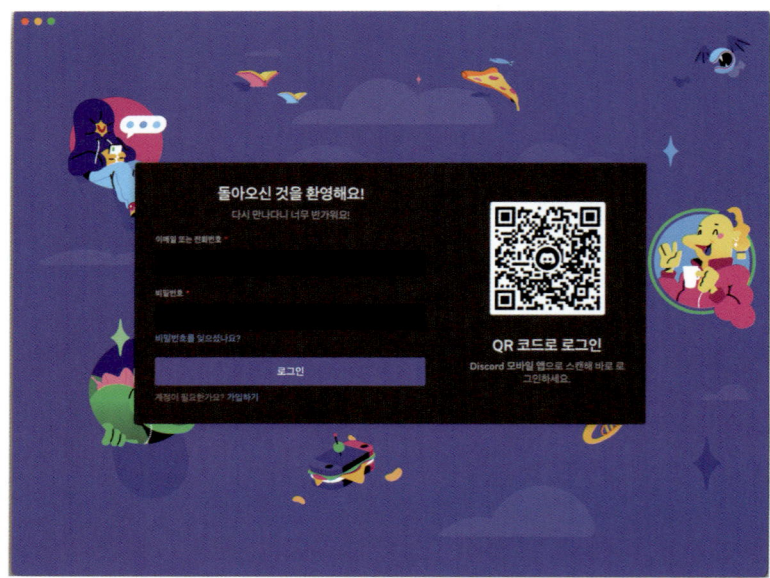

Discord 실행 시 나오는 로그인 화면

별명 : 커뮤니티 상에서 보이는 대화명

사용자명 : 보통 사이트의 ID라고 생각하면 됩니다. 중복되지 않는 아이디를 만들어서 입력합니다.

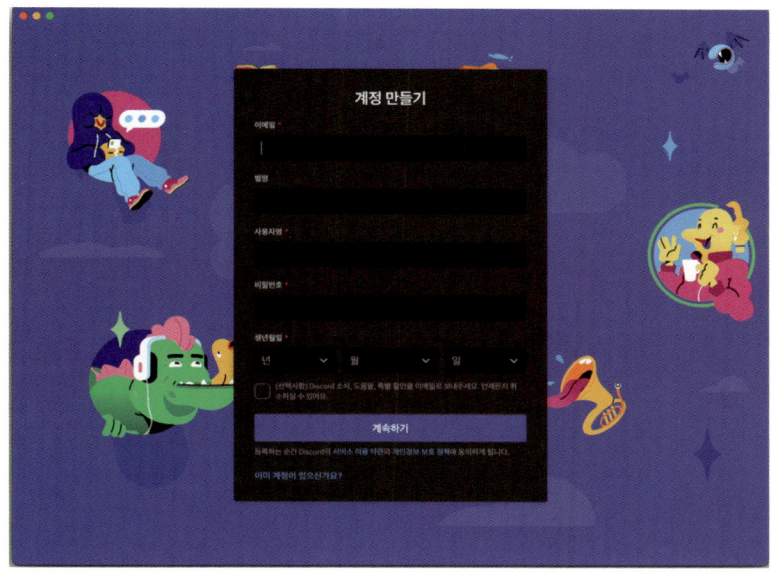

Discord 계정 만들기 화면

이용 중에 다음과 같은 페이지가 뜨는데 놀랄 것 없습니다. "I am human"에 체크해주면 보통 넘어가지만 가끔은 두 번째 화면처럼 추가 액션을 요구할 때도 있습니다. 클릭하면 다음페이지로 넘어갈 수 있습니다.

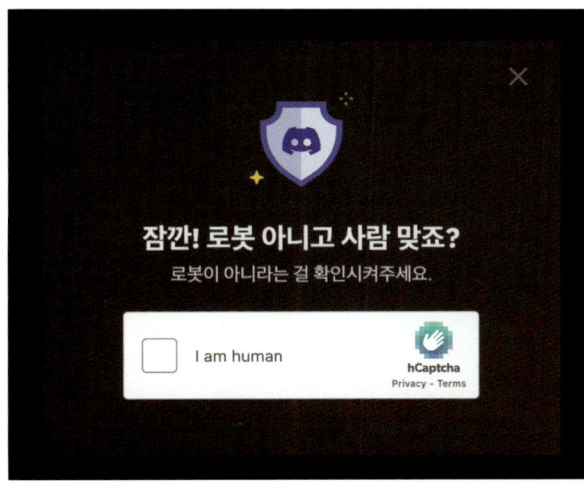

자동가입을 막기위한 로봇이 아닌 것을 확인하는 페이지.

회원가입이 되고 나서 Discord 화면에 접속하면 위와 같은 화면이 나옵니다. 최초 1회에 한해서 Email 인증이 필요합니다. 회원 가입시 입력한 이메일에 접속하면 인증 메일을 확인할 수 있습니다.

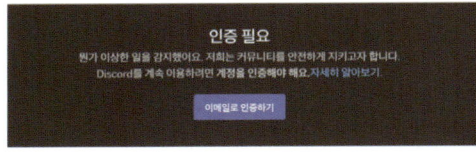
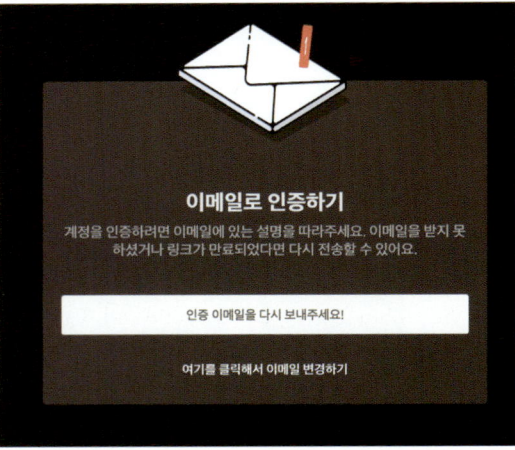

받은 메일에서 [Verify Email] 클릭하면, 디스코드 설치, 가입이 완료됩니다.

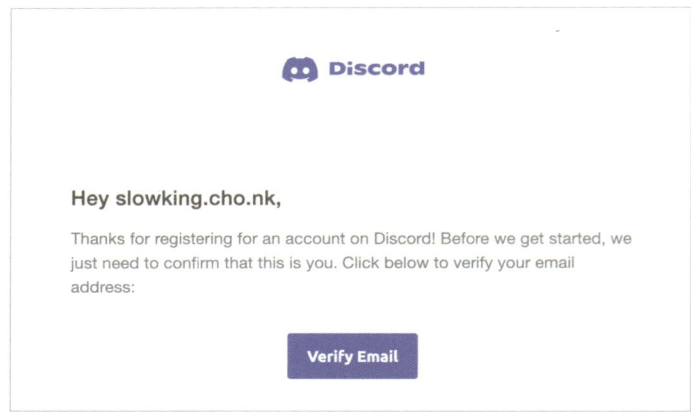

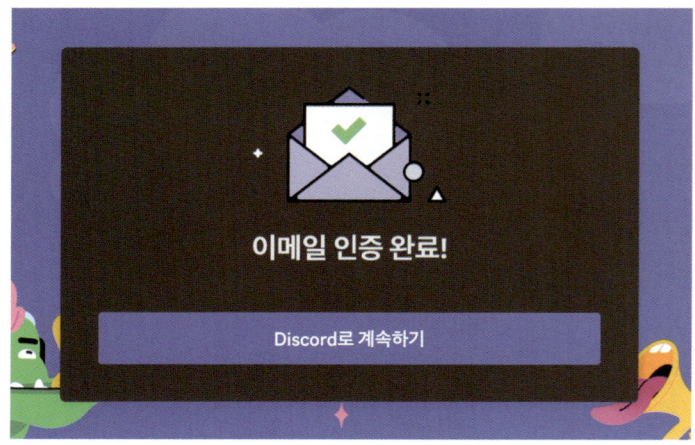

3 Midjourney(미드저니) 접속하기

01. Midjourney 접속하기

Midjourney를 사용하려면 2가지 방법으로 접속하여 사용할 수 있습니다.

> 1. Discord 웹 또는 모바일 앱에서 접속하기 (추천)
> 2. https://www.midjourney.com으로 접속하기

Midjourney는 독립적인 회원가입과 로그인이 없고 Discord 계정으로 로그인 할 수 있습니다.

❶ Discord 웹사이트 또는 Discord 앱으로 Midjourney에 접속하기

https://www.discord.com이나 앞서 설치했던 Discord 앱을 실행하여 Discord에 로그인합니다.

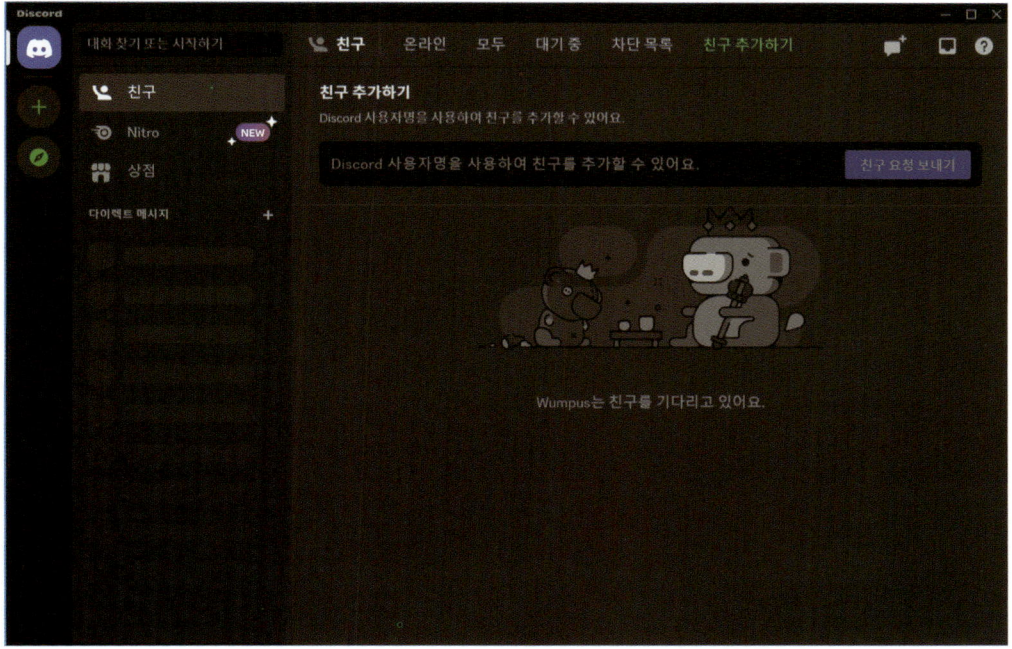

좌측 상단의 나침판 아이콘을 클릭하면 나타나는 추천 커뮤니티에서 Midjourney를 선택합니다.

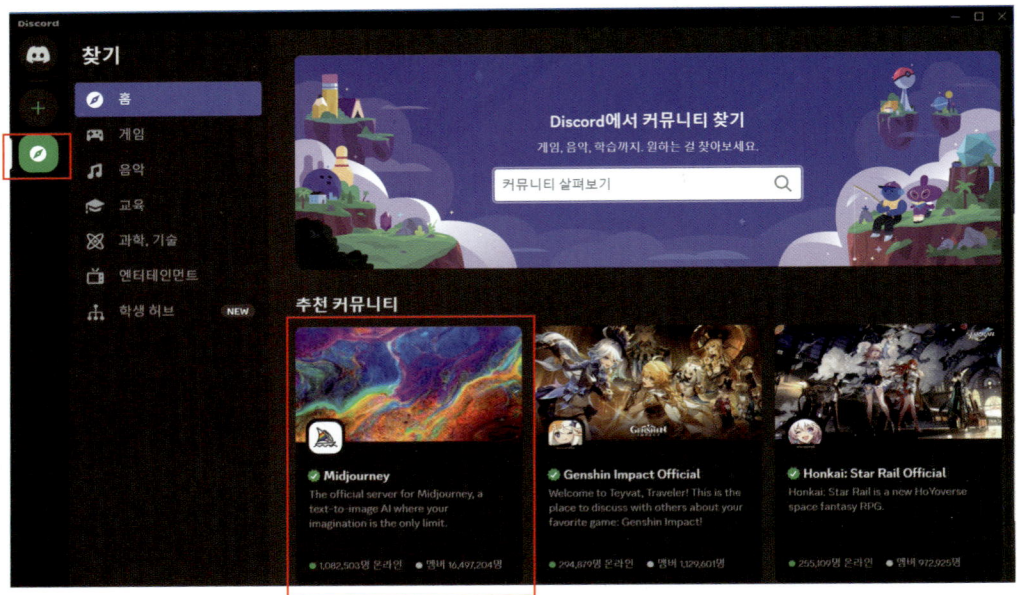

Midjourney에 접속하신 것을 환영합니다.

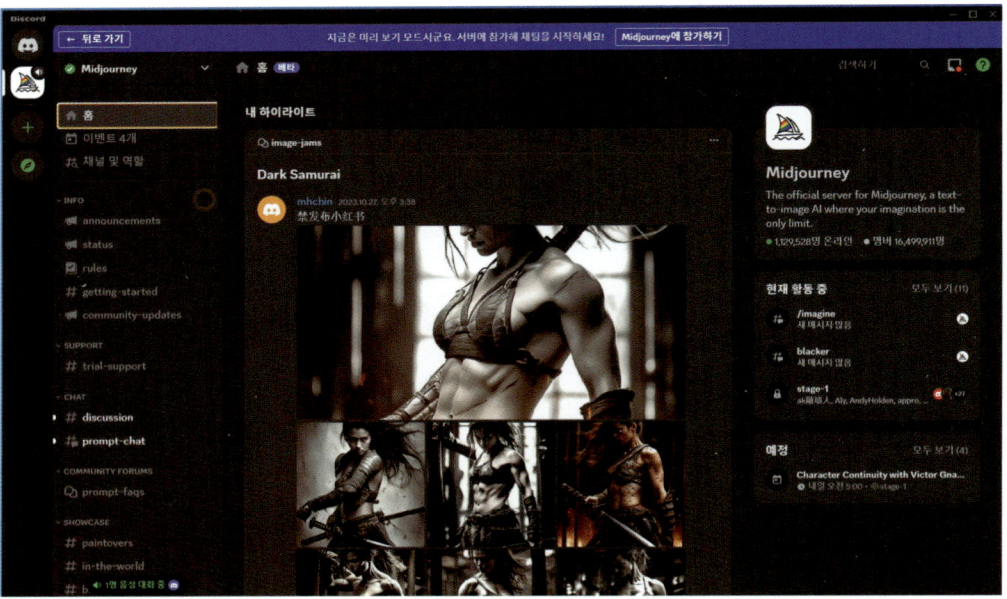

상단의 [Midjourney에 참가하기]를 클릭하면 Discord에 Midjourney(미드저니) 서버가 추가됩니다.

❷ Midjourney 홈페이지 주소로 접속하기

https://www.midjourney.com에 방문해서 하단의 Join the Beta 를 누르면 Discord로 연결됩니다. 앞과 동일한 방법으로 Midjourney에 접속하면 됩니다.

Sign In 으로 들어가면 Midjourney 구독 서비스를 결제할 수 있습니다.

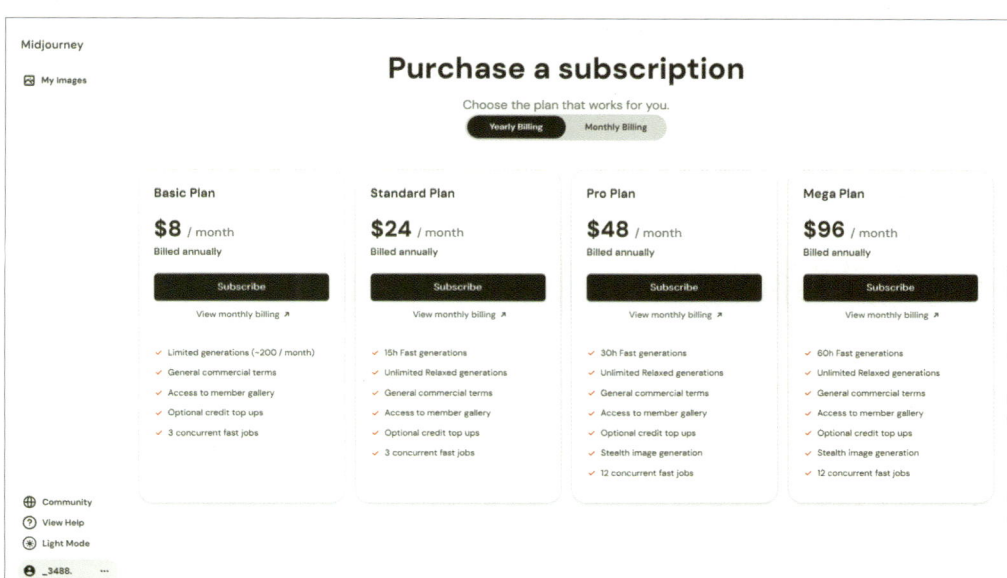

02. Midjourney 화면 레이아웃

Midjourney에 접속하면 처음 접하는 화면 레이아웃에 당황스러울수 있습니다.
아래 그림을 보고 화면이 레이아웃 구조를 확인해 보시기 바랍니다.

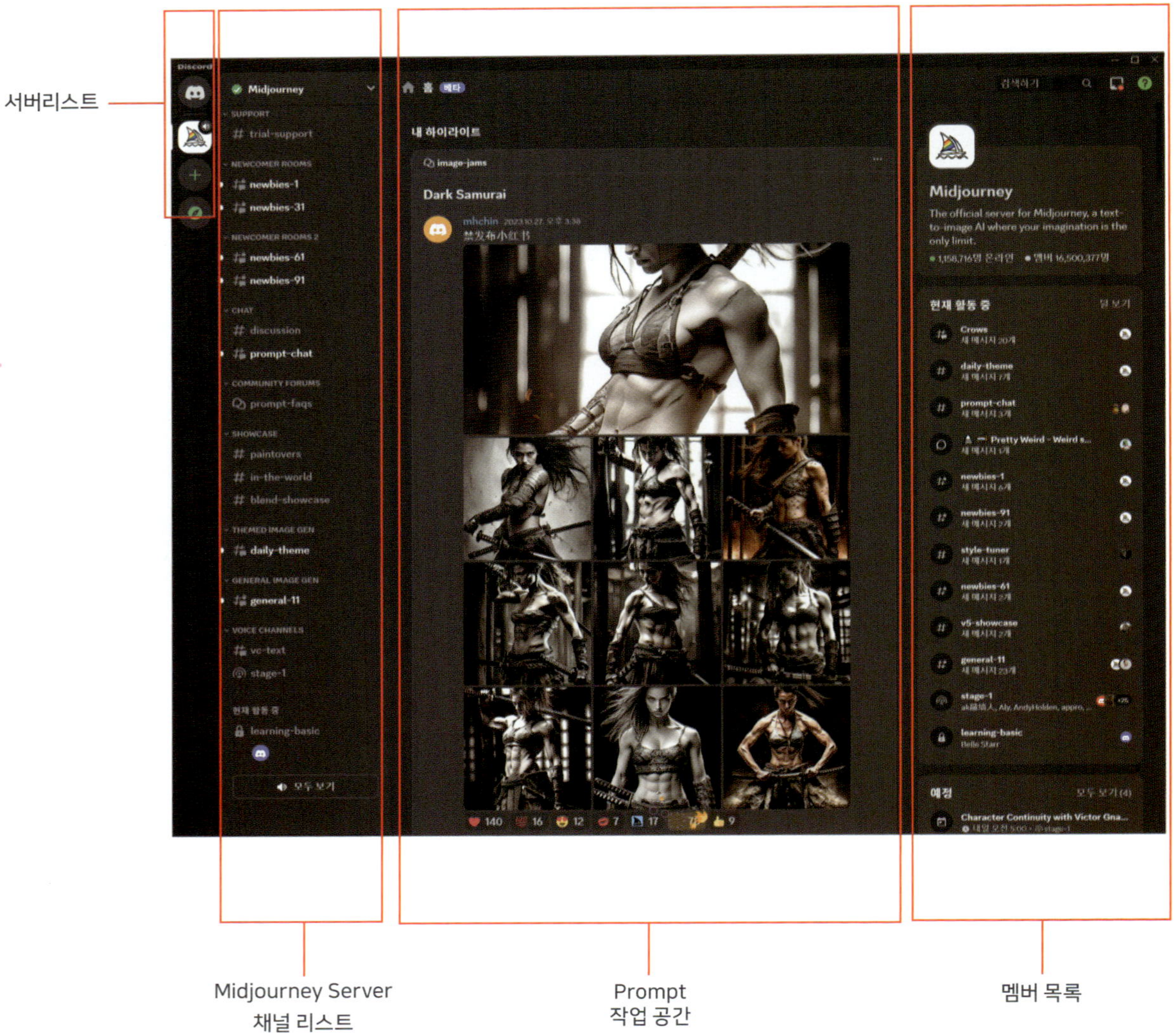

- 서버리스트
- Midjourney Server 채널 리스트
- Prompt 작업 공간
- 멤버 목록

03. Midjourney Server의 주요 채널 살펴보기

NEWCOMER ROOMS
- newbies-47
- newbies-17

NEWCOMER ROOMS 2
- newbies-77

처음 사용자들을 위한 생성 공간.
꼭 들어가지 않아도 되지만 처음 시작하는 사람들이 무엇을 하는지 궁금하다면 한 번 들어가봐도 좋습니다.

SHOWCASE
- show-and-tell
- v6-showcase
- sref-showcase
- paintovers
- in-the-world
- wip
- niji-showcase
- blend-showcase

자신의 작품을 자랑하는 공간.
새 기능이 추가될 때마다 하나씩 늘어납니다. 새로운 아이디어를 얻기 좋습니다.

GENERAL IMAGE GEN
- general-1
- general-2
- general-3
- general-4
- general-5
- general-6
- general-7
- general-8
- general-9
- general-10

일반 생성채널 처음에는 2~3개 보이지만 점점 늘어나서 전체가 보입니다.
(서버동기화 과정)
제한 없이 생성을 할 수 있는 채널이라 보통 이곳에서 생성을 합니다.

04. 개인 작업환경 설정하기(결과물 확인 및 관리)

Midjourney에서 기본적으로 제공되는 생성 채널(Newbies-xx, general-xx)은 다른 사용자들과 함께 보는 공유하는 공간입니다. 초보와 경험자들의 Prompt 결과물을 보고 함께 즐길 수 있게 됩니다.

그러나, Discord 사용이 처음이라면 자신이 Midjourney에서 만든 Prompt 결과물을 확인하는데 어려움을 겪을 수 있습니다. 이를 위해 자신의 작업 환경을 관리할 수 있는 2가지 방법을 소개하려고 합니다.

단, 어느 정도 명령과 시스템에 익숙해졌다면 초반에는 다른 사용자들과 함께 이미지 생성하는 것을 권장합니다. 책이나 메뉴얼 사이트에서 배울 수 있는 정보의 양보다 다른 사용자의 Prompt와 생성 결과물에서 배울 수 있는 정보의 양이 월등히 많기 때문입니다.

❶ 다이렉트 메시지, Direct Message Box(DM Box)에서 결과물 확인

Midjourney Bot에게 DM(Direct Message) 보내기
좌측의 newbis-xx 채널에 들어간 후, 우측상단에서 '멤버목록 표시하기'를 클릭하면, 우측 리스트에서 Midjourney Bot 아이콘이 나타납니다. 이 아이콘을 클릭하고, 팝업된 메뉴 하단부에 [@Midjourney Bot 님에게 메시지 보내기]에 아무 글자나 써서 메시지를 발송해줍니다.

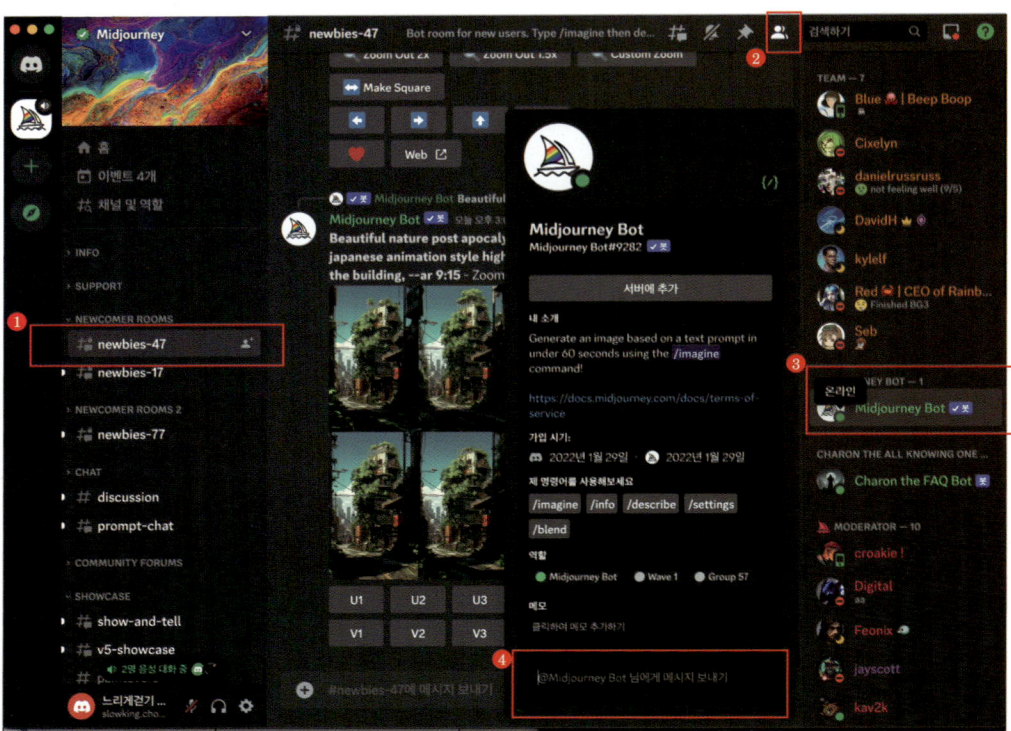

좌측 상단의 디스코드 아이콘을 클릭하면 방금 Midjourney Bot에게 보낸 Driect Message(DM)를 확인할 수 있습니다.

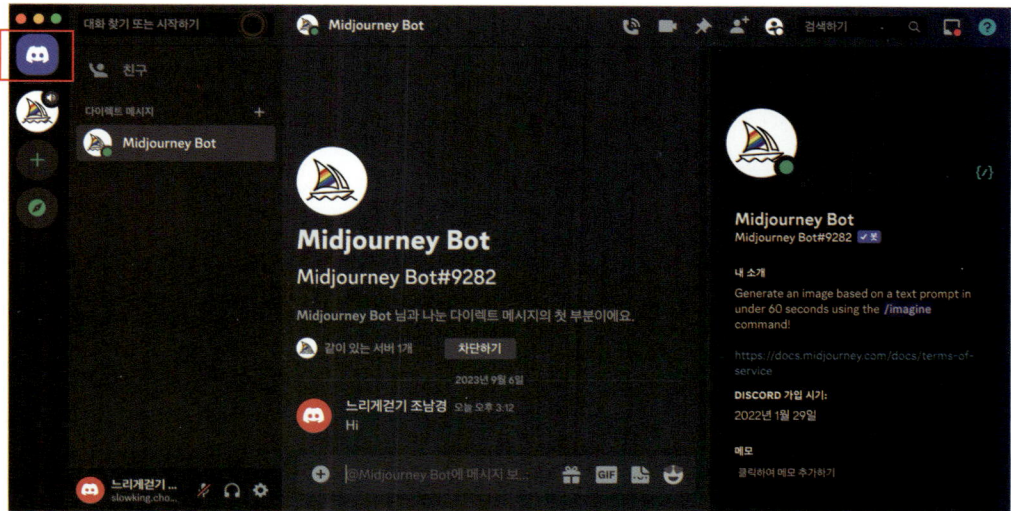

이 DM 창에서 / 를 입력하면 이미지 생성 Prompt 명령들이 리스트됩니다.
앞으로 이곳에서 Prompt를 생성하면 결과물은 나만 확인할 수 있고 내가 만든 이미지 리스트들만 볼 수 있어서 내 작업에 집중할 수 있습니다.

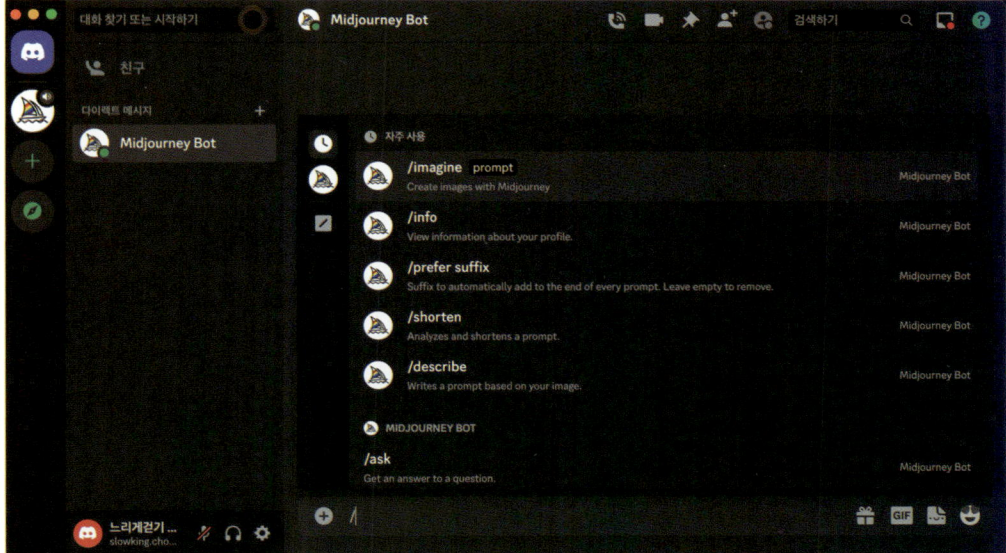

❷ 개인 서버를 만들고 Midjourney Bot 서버에 추가하기

1. Discord 개인 서버 추가하기

화면 좌측상단에서 [+] 아이콘(서버추가하기)를 클릭하면 개인 서버를 직접 생성할 수 있습니다. 서버를 추가하고 [직접 만들기]를 선택합니다.

[나와 친구들을 위한 서버]를 선택한 후, 원하는 [서버 이름]을 부여하고 서버를 만들어줍니다.

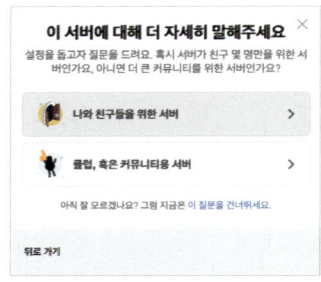 

Discord에 개인 서버가 생성되었습니다.

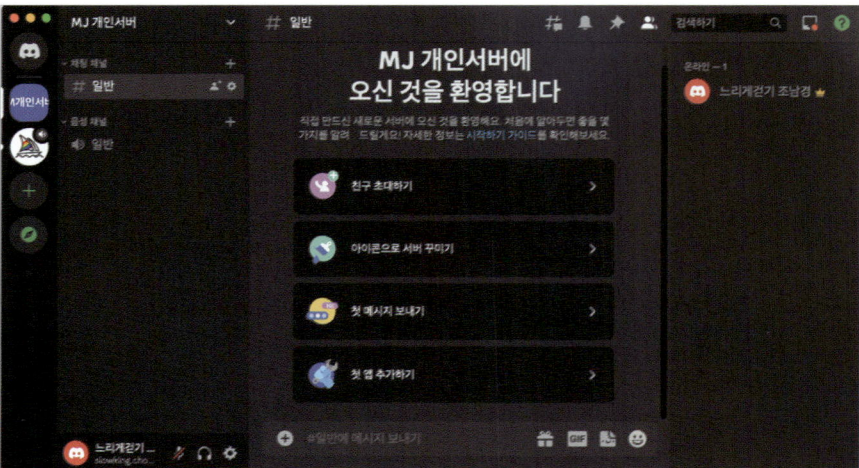

2. Midjourney Bot 서버 추가하기

Midjourney server Newbies-xx 채널에 가서 오른쪽 리스트에 Midjourney Bot 클릭하고,
메뉴에 있는 [서버에 추가] 클릭합니다.

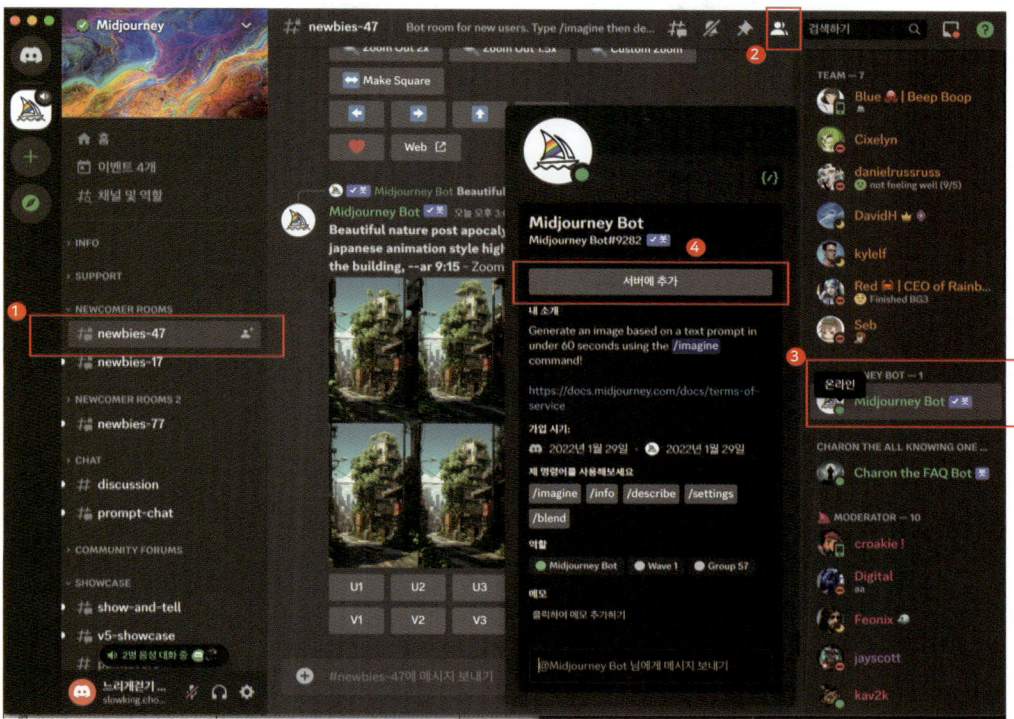

[서버 선택하기]에서 만들어둔 개인 서버를 선택하고 Midjourney Bot에 추가합니다.

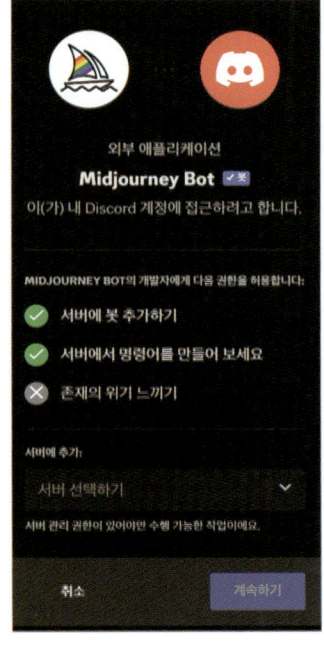
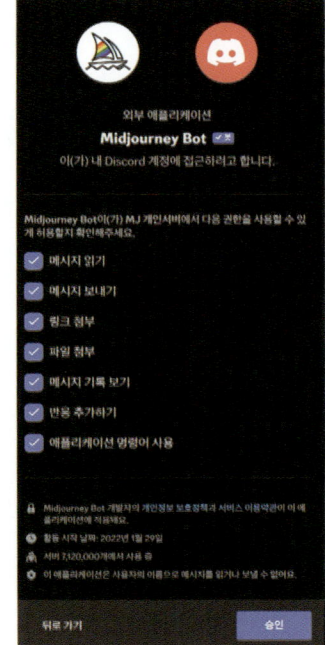

이렇게 Midjourney Bot을 서버에 추가하면 개인서버 우측 상단에 Midjourney Bot이 추가된 것이 보이고, 입력창에 생성 명령(/imagine)이 활성화 된 것이 보입니다.

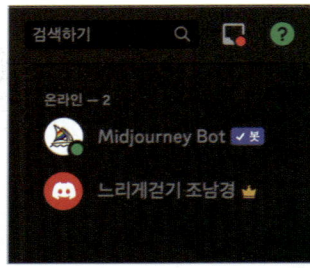
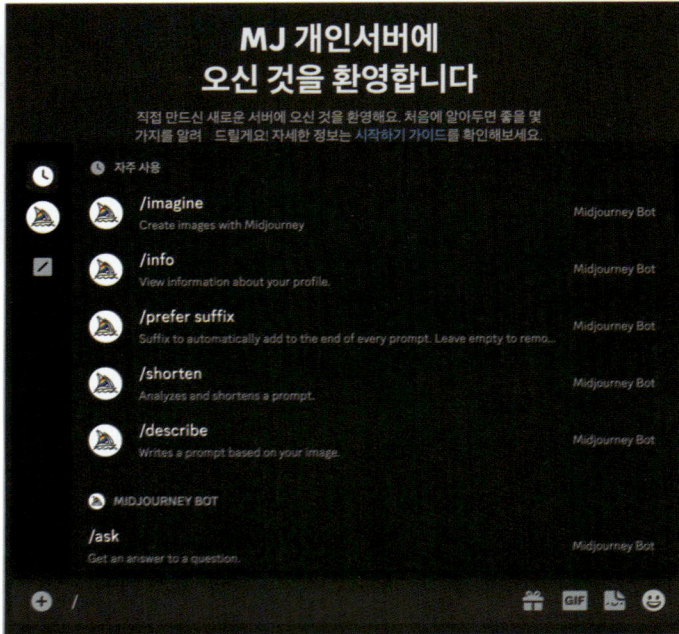

05. Midjourney 구독하기

현재는 Midjourney에 접속하고 유저들의 작업물들을 볼 수 있습니다.
본인의 Prompt를 통한 이미지 생성은 불가능한 단계이며, 이미지를 생성하려면 유료 서비스를 이용해야 합니다.

Midjourney는 개발사의 꾸준한 업데이트를 통해 새로운 신기술들을 공유하여 빠른 응답 속도와 피드백으로 놀라운 퀄리티를 제공해 줍니다. 이미지 생성 AI 툴의 설치와 사용법이 복잡해서 포기하셨던 분이라면 빠르고 강력한 Midjourney의 유료 서비스를 추천합니다.

Midjourney에서는 구독(Subscription)형 유료서비스를 제공합니다.
구독의 종류에는 Basic, Standard, Pro, Mega plan 4종류가 있고, 가격과 세부사항은 수시로 변동될 수 있습니다. 최신 정보는 https://www.midjourney.com/account에서 확인!

Basic Plan의 경우 1개월에 200개의 이미지를 생성할 수 있고, Standard plan 부터는 이미지 생성 수량에 제한은 없습니다.

Standard부터는 Fast Hour가 주어지는데 이미지의 빠른 생성을 보장하는 시간입니다. 하지만 Fast Hour가 소진되더라도 relax mode(약간 느린 생성 모드)에서는 이미지 수 제한 없이 생성이 가능합니다. Fast Hour는 Discord에 접속 시간이 아니라 이미지 생성 명령(/imagine)을 실행해서 이미지가 생성되는 시간을 의미합니다. (일반적으로 Prompt 1개 실행 시 30~45초)

이미지 생성 수량 제한이 있으므로 처음 사용자라면 1개월 정도 사용해 본 이후, 자신에게 맞는 다른 요금제로 변경하는 것을 추천드립니다. 처음 명령어 적응과 연습을 하다 보면 생각보다 많은 이미지가 생성되므로 가급적 Standard Plan 이상을 권해드립니다.

Midjourney의 구독서비스는 Midjourney 홈페이지(http:// www.midjourney.com)에서 Sign-in으로 들어가서 신청할 수 있습니다.

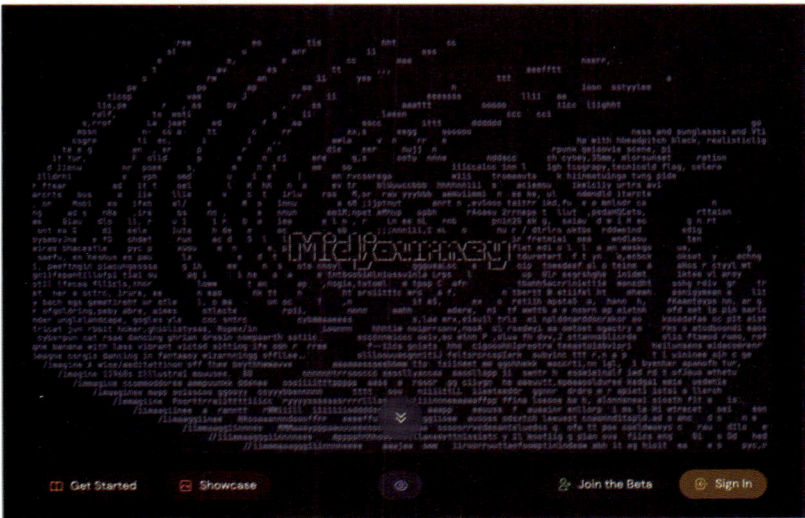

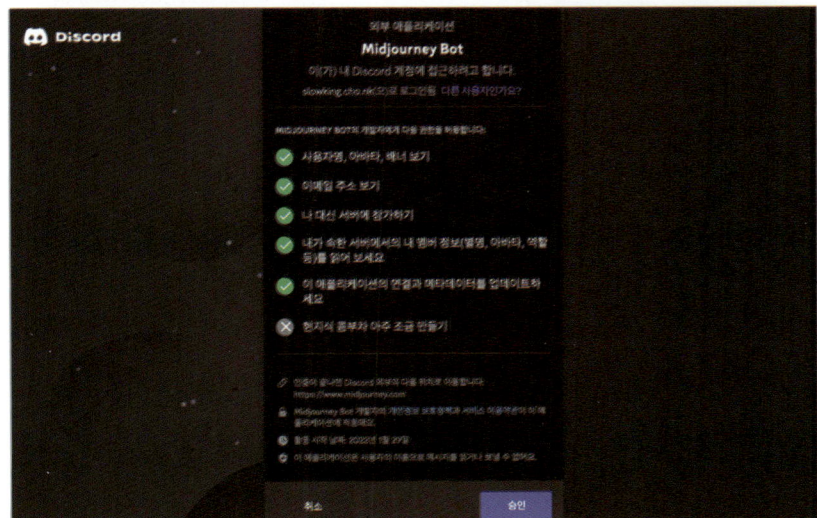

년 / 월 단위 탭에서 자신에게 적합한 구독 모델을 선택하면 됩니다.

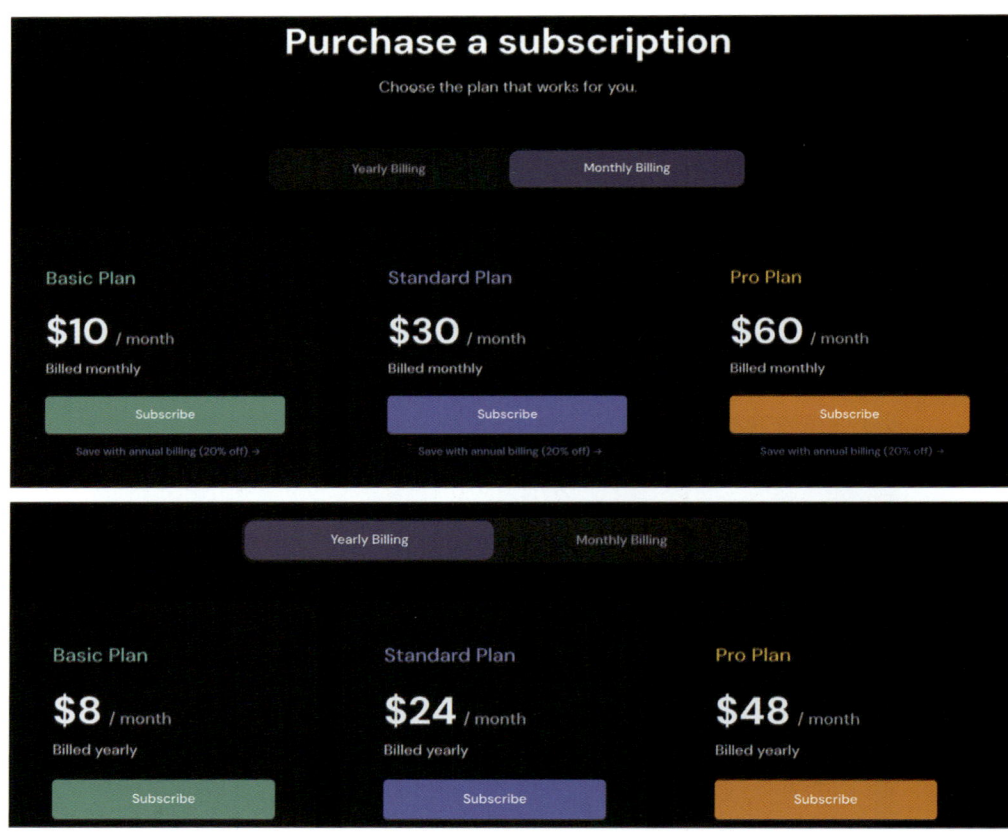

Midjourney가 실행된 상태라면, Prompt 창에서 /subscribe를 입력하여 구독 페이지로 이동할 수 있습니다.

06. Copyright(저작권)

Midjourney 전체 이용약관 https://docs.midjourney.com/docs/terms-of-service

저작권 및 상표권 (Copyright and Trademark)
본 조에서 유료회원이라 함은 유료요금제에 가입한 고객을 말합니다.

귀하의 권리
위 라이선스에 따라 귀하는 본 계약에 따라 생성된 서비스를 통해 생성한 모든 자산을 소유합니다. 이는 다른 사람의 이미지를 확대하는 것을 제외하며 해당 이미지는 원본 자산 작성자의 소유로 유지됩니다. Midjourney는 귀하에게 적용될 수 있는 현행법과 관련하여 어떠한 진술이나 보증도 하지 않습니다. [1] 귀하의 관할권의 현행법 상태에 대한 추가 정보를 원하시면 귀하의 변호사와 상담하시기 바랍니다. 귀하가 생성한 자산에 대한 귀하의 소유권은 다음 달에 귀하가 귀하의 멤버십을 다운그레이드하거나 취소하더라도 지속됩니다. 그러나 아래 예외 사항에 해당하는 경우 귀하는 자산을 소유하지 않습니다.

이용 약관의 저작권 관련 내용

Midjourney 유료요금제를 이용하고 있다면 Midjourney를 통해 생성된 이미지의 소유권은 사용자에게 주어집니다. 하나 유의해야 할 점은 [1]의 내용인데, 예를 들어 사용자가 Midjourney로 어느 유명인의 이미지를 생성하여 사용했을 때 라이센스 부분(초상권 등)에 관해 발생되는 문제는 "Midjorney에서 책임을 지지 않는다"는 내용으로 이해해 볼 수 있습니다.

생성AI의 결과물에 저작권을 인정하는 것에 관해서는 현재 많은 논의가 이루어지고 있는 만큼 정확하게 정의할 수 없는 부분입니다.

Midjourney 이용약관에서 사용자가 상업적으로 이용하는 것에 관해서 Midjourney 측에서 인정하는 부분만을 정의하고 있음을 참고하시기 바랍니다.

1 미드저니 시작하기

여기서부터는 'Midjourney'의 표기를 한글명 '미드저니'로 표기했습니다.

01. 이미지 생성 환경에 접속하기

미드저니에 대해서 자세히 알아보기 전에,
미드저니에서 그림이 생성되는 과정에 대해서 간단한 튜토리얼을 통해서 살펴보도록 하겠습니다.

> 참고 : 34p에서 소개했던 [Midjourney 화면 레이아웃] 편을 확인해 주세요.

현재는 미드저니에 접속한 후 좌측의 채널(**NEWCOMER ROOMS > newbies-39**)에 들어간 상태입니다.
(이 채널은 초보자를 위한 채널이며, newbies-x는 매번 변경될 수 있습니다.)

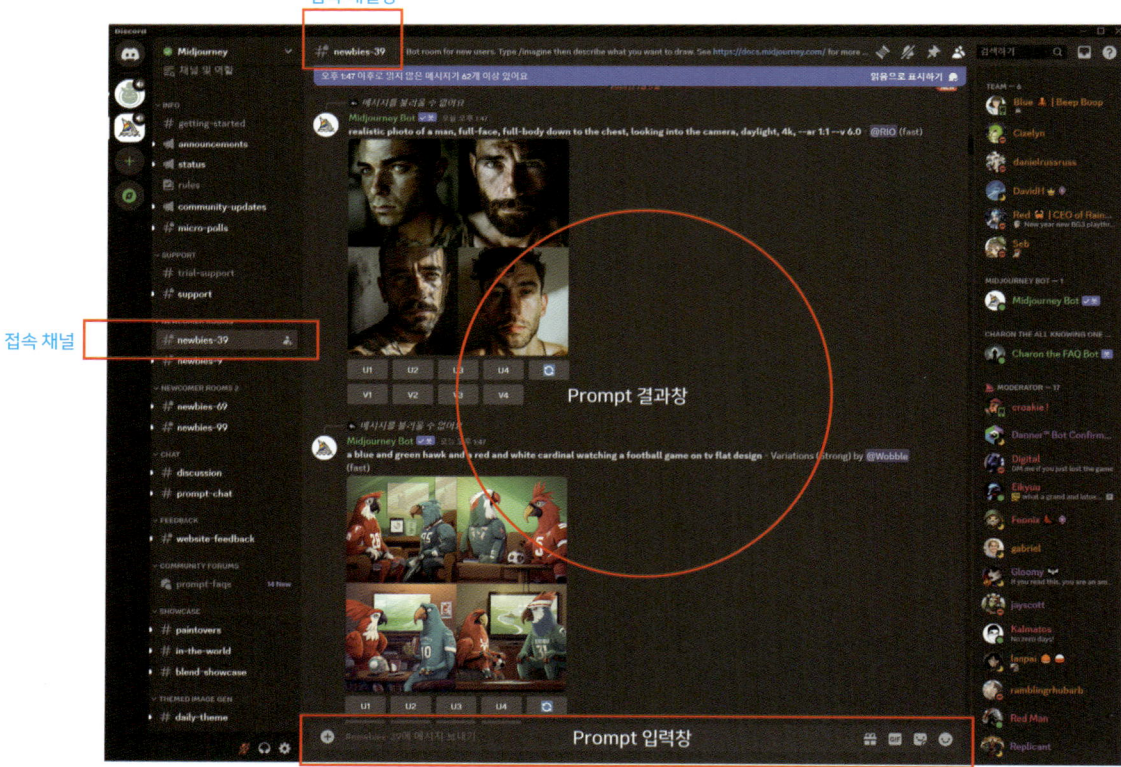

그림에서 보이는 중앙하단의 Prompt 입력창에 자신의 Prompt를 입력하면 생성된 그림과 Prompt들이 Prompt 결과창에 공개되는 것입니다.

이 newbies 채널은 다수의 유저들이 드나들면서 Prompt 결과들을 자유롭게 테스트하는 공간(newbies-x) 입니다. 그러다 보니 Prompt 결과창 화면이 빠르게 휙휙 지나가서 미드저니를 처음 접속하는 분들은 자신이 만든 Prompt와 결과물을 확인하기 어려울 수 있습니다.

그래서 앞서 36p에 설명한 것처럼 미드저니의 다이렉트 메시지(DM)을 이용하거나, 자신만의 개인 서버를 만들어서 결과물을 관리하는 것을 추천하는 것입니다.

> 참고 : 36p에서 소개했던 [개인 작업환경 설정하기(결과물 확인 및 관리)] 편을 확인해 주세요.

여기서는 다이렉트 메시지를 이용하여 Prompt를 입력한 후 그림을 생성하는 과정을 알아보겠습니다.

1. 화면 좌측 상단의 디스코드 로고를 클릭한 후 다이렉트 메시지에서 Midjourney Bot을 선택합니다. Midjourney Bot이 보이지 않는다면 36p-37p [개인 작업환경 설정하기(결과물 확인 및 관리)]편을 참고하시면 됩니다.

❶ 디스코드 로고 클릭

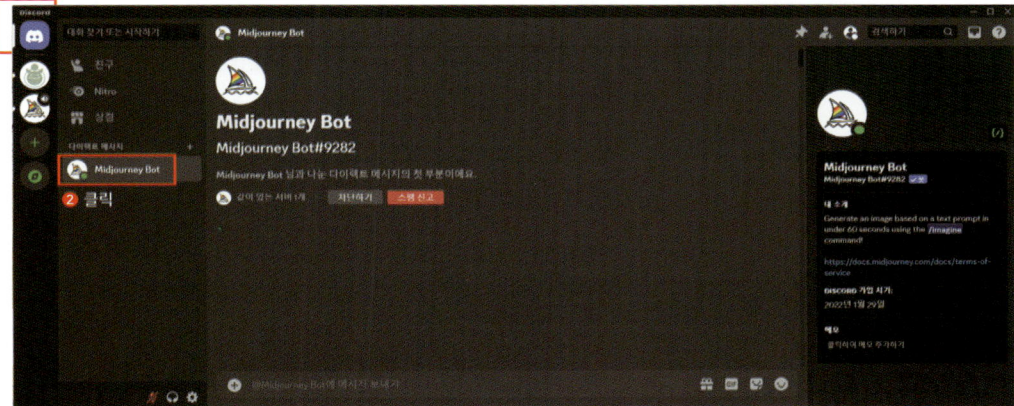

2. 여기까지왔다면 Prompt를 입력하고 결과를 확인할 수 있는 기본 준비가 된 것입니다.

> 참고 : 미드저니의 세부적인 기능은 이후 챕터에서 소개하고 있으니, 이번 챕터에서는 그냥 따라해 보시면서 미드저니의 전반적인 그림 생성 과정에 대해서 경험해보시기 바랍니다.

02. 간단한 Prompt로 그림을 생성해 보자 -1

명령어의 시작은 ' / '이며, 하단의 Prompt 입력창에서 ' / '를 입력하면 팝업창이 나타납니다.

이곳에서 한두 글자만 입력하면 상단 창에서 해당 명령어가 선택되고, 해당 위치에서 Tab키를 누르면 명령어가 자동 완성됩니다. 물론 전체를 타이핑해도 됩니다.

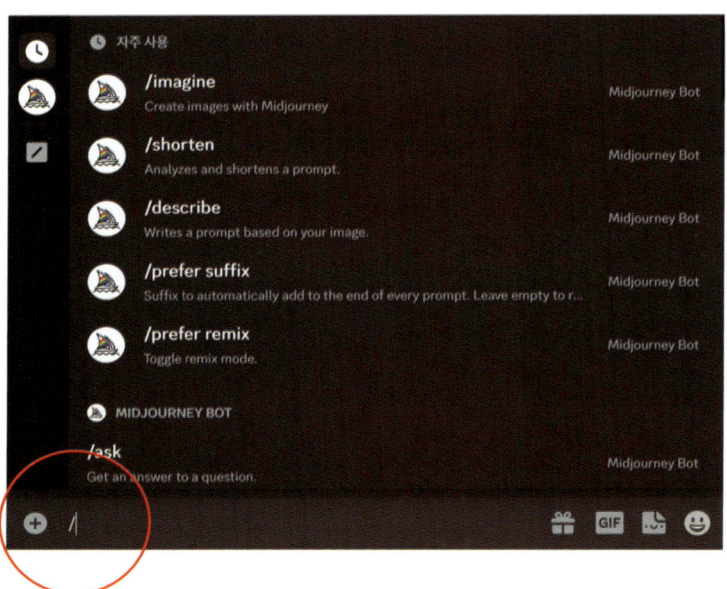

잠깐! 미드저니 버전을 선택할 수 있어요!

미드저니는 사용자들이 원하는 미드저니 모델 버전을 선택할 수 있는 환경을 제공해 주고 있습니다.
입력창에서 /settings를 입력하고 Enter를 치면 미드저니 버전을 선택할 수 있는 창이 나타납니다. 사용자가 원하는 미드저니 모델의 버전을 골라서 선택하면 됩니다.

그림을 생성해 주는 /imagine 명령어를 사용해볼 것입니다.

입력창에 /imagine을 입력하면, Prompt를 입력할 수 있는 Prompt란이 함께 나오는데,

이곳에서 직접 원하는 Prompt를 넣어주면 그림이 생성되는 것입니다.

아래 그림과 같이 **a cute cat, simple line**이라는 간단한 Prompt를 입력하고 Enter 합니다.

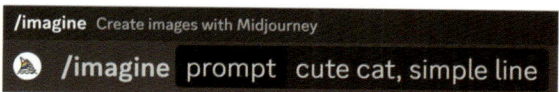

몇 초가 지나면 간단한 선 형태의 고양이 그림 4장이 생성됩니다. (사용자마다 그림이 조금씩 다르게 생성됩니다)

하단의 U1 버튼을 눌러봅니다. 잠시 후에 4장의 그림 중 좌측 상단의 이미지만 나타납니다.

하단의  아이콘을 클릭하면 몇 초후에 Upscale된 이미지를 보실 수 있습니다.

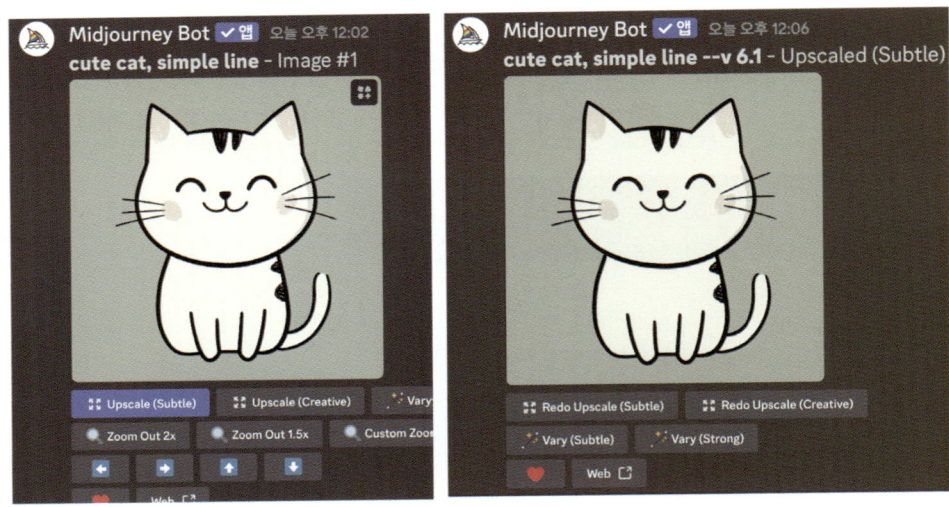

이미지를 클릭해 보면 2k(2048px×2048px) 사이즈로 Upscale된 이미를 확인할 수 있습니다. 마우스 우측 버튼을 눌러서 이미지를 저장하면 2k 이미지를 사용할 수 있습니다.

이렇게 간단한 Prompt를 입력하여 그림을 생성하는 과정에 대해서 알아보았습니다.

03. 간단한 Prompt로 그림을 생성해 보자 -2

조금 다른 Prompt를 넣어볼까요?

머리 속에 상상했던 것을 그림으로 생성해 보겠습니다.

> **상상하세요! 나머지는 미드저니에게 맡기고**
>
> 필자는 이런 이미지를 상상해 보았습니다.
> **"미드저니의 로고처럼 보이는 돛단배가 바다의 거친 풍랑을 헤치면서 내일의 밝은 빛을 향해 나아간다"**
> 사실 조금 뜬금없는 상황이지만, 나머지는 그냥 미드저니에게 맡겨보겠습니다.

미드저니의 기본 Prompt는 영어로 입력해야 정확한 결과를 얻을 수 있으므로, 문구를 영어로 변환해 줍니다. 영어 변환은 파파고, 구글, chatGPT 등을 이용하시면 됩니다.

> **"미드저니의 로고처럼 보이는 돛단배가 바다의 거친 풍랑을 헤치면서 내일의 밝은 빛을 향해 나아간다"**
> Like a sailboat of the Midjourney logo, braving rough seas but seeing a distant light of hope.

미드저니에서 번역된 영어 문구를 /imagine 명령으로 넣어줍니다.

`/imagine prompt Like a sailboat of the Midjourney logo, braving rough seas but seeing a distant light of hope`

몇 초후에 멋진 그림 4장이 생성되어 나왔습니다.(사용자마다 생성되는 그림이 조금씩 다를 수 있습니다)

정사각형 비율의 이미지가 4장 나왔는데 별로 마음에 들지 않습니다.
가로 비율을 2배로 늘려서 Prompt를 다시 생성해 보겠습니다.
아까 입력한 Prompt 뒤에 **--ar 2:1**를 추가로 넣어주면 됩니다.

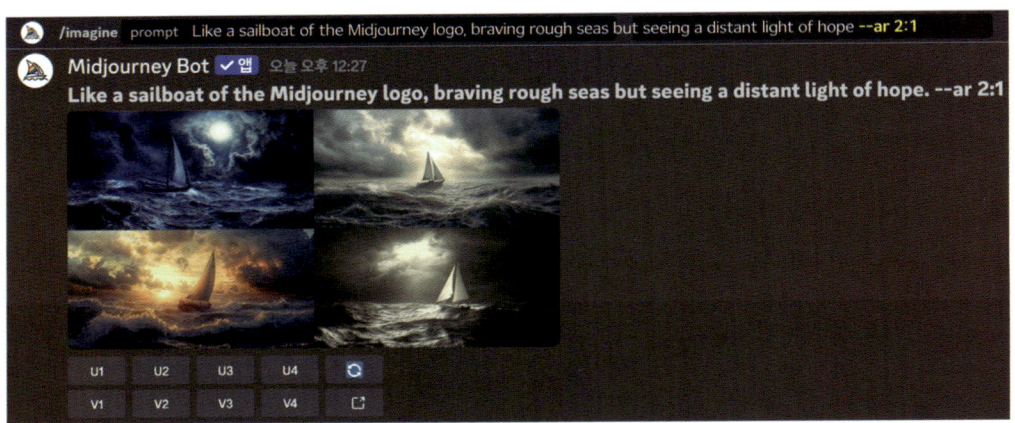

Prompt를 추가하여 다시 넣었더니 새로운 이미지가 가로 비율 2배로 되어 멋지게 생성되었습니다.
앞서 설명했던 것처럼 원하는 이미지를 선택해서 Upscale(subtle)을 해 준 결과입니다.
(우측 페이지에서 확인 가능합니다.)

간단한 텍스트 Prompt만으로도 상당한 수준의 그림을 생성해 주었습니다.

이번 예시에서는 처음 접하는 분들의 이해를 돕기 위해 일종의 자연어 형태의 문장을 Prompt로 이용했지만, 미드저니에서는 핵심 주제와 단어 위주의 Prompt 활용을 추천하고 있습니다. 이 책을 보시면서 좀 더 효율적인 Prompt 작성과 활용에 대해 연구하면서 자신만의 Prompt 노하우를 만들어 보시기 바랍니다.

2개의 튜토리얼을 통해서 기본적인 이미지 생성 워크플로우에 대해서 간단하게 살펴보았습니다.
실제 미드저니의 주요 기능과 사용법은 이후에 자세히 다루고 있으니 이제부터는 좀 더 쉽게 접근하고 이해하실 수 있을 것입니다.

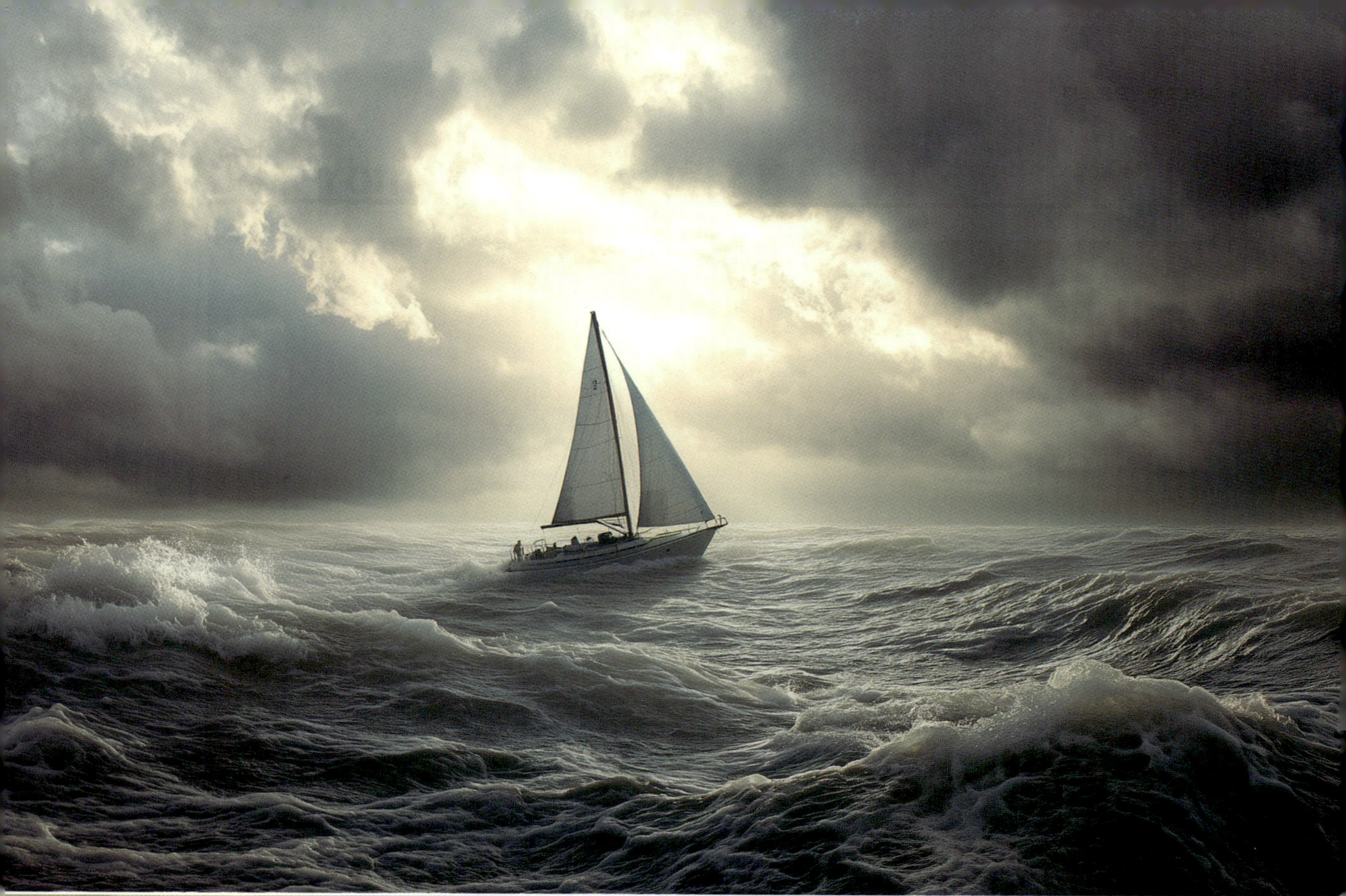

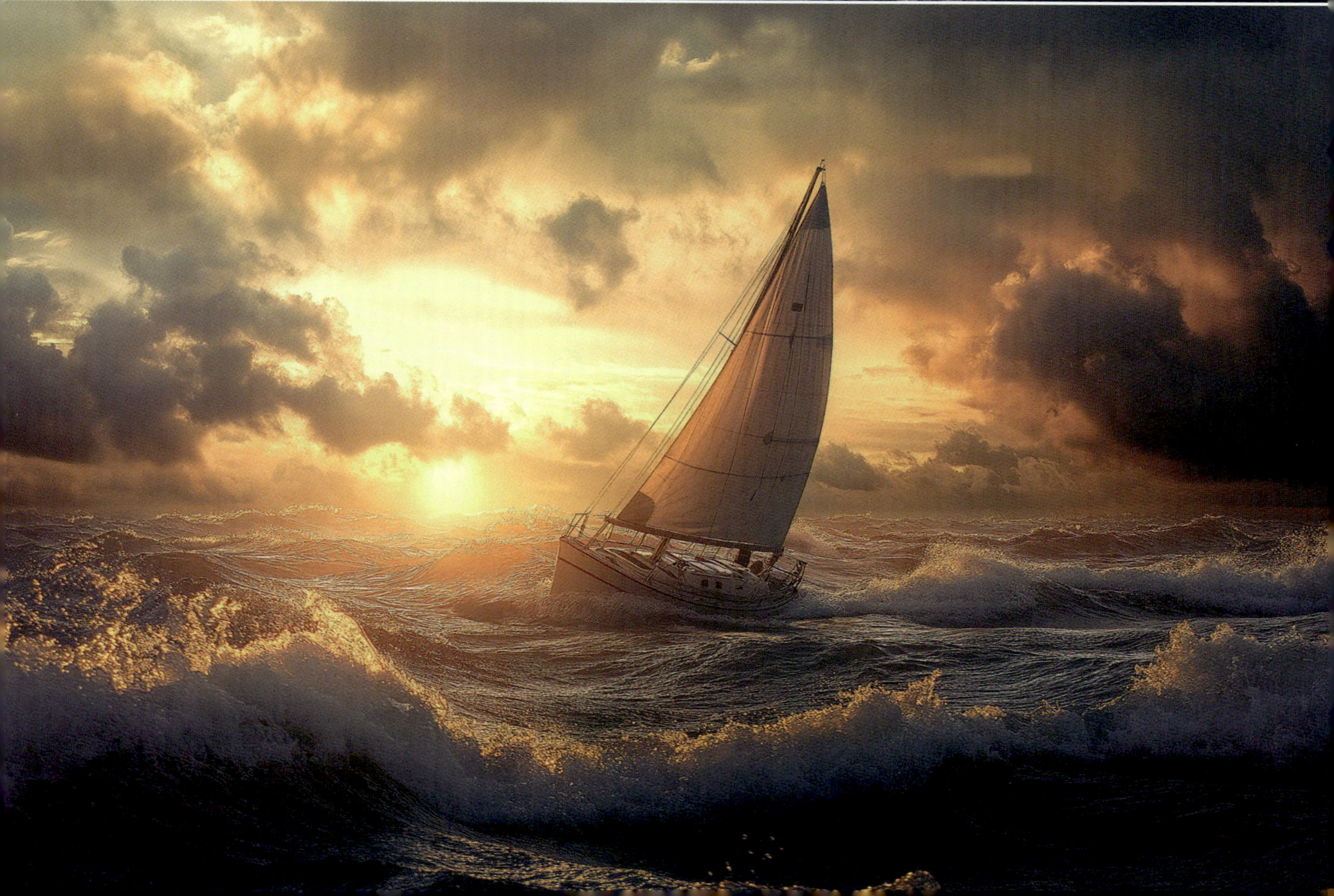

04. 워크플로우(이미지 생성 과정)

이 책에서 소개하는 미드저니의 기본 / 고급 워크플로우는 다음과 같으니 미리 한눈에 확인해 보세요.

❶ 기본 워크플로우

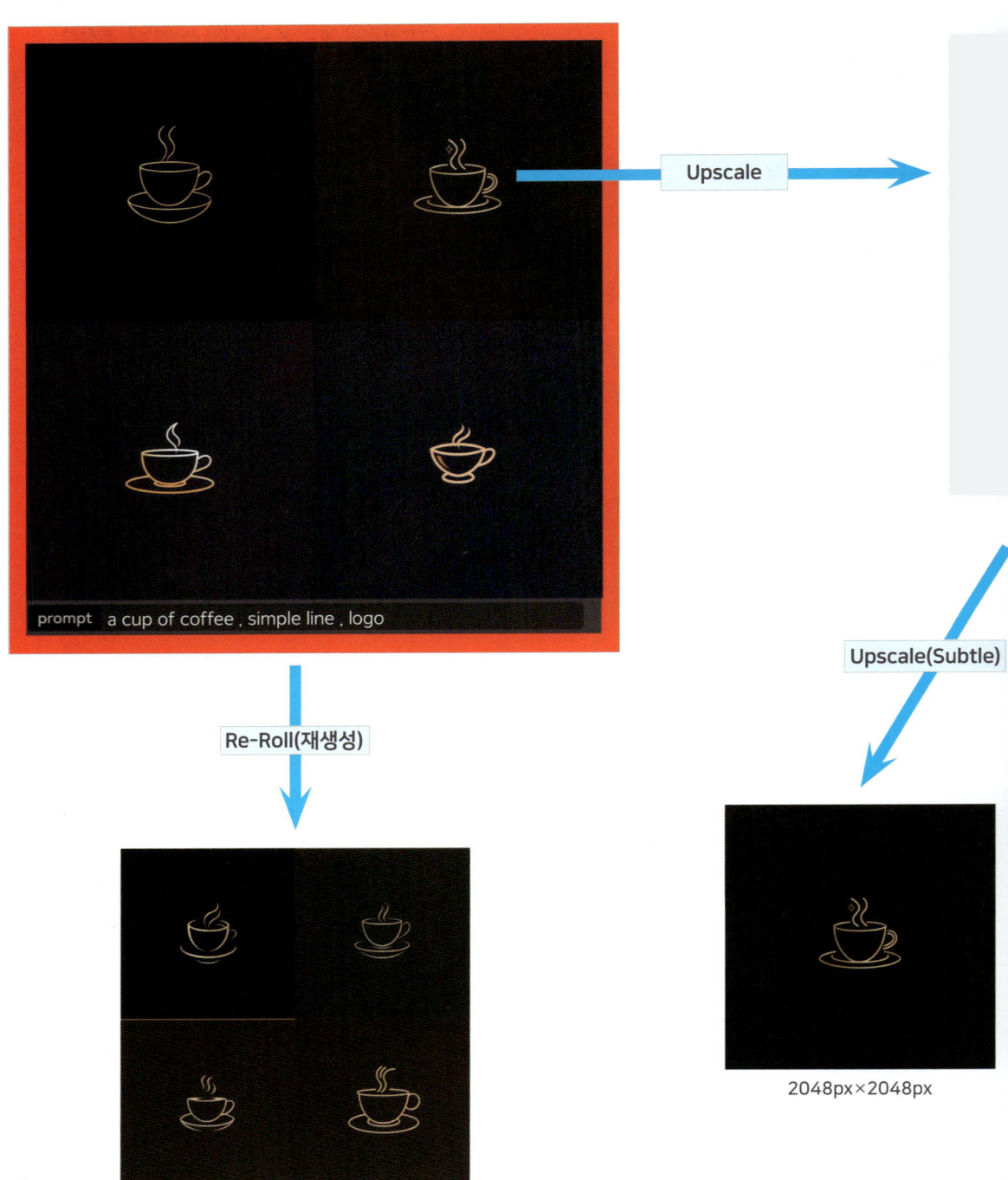

Prompt를 배우기 전에 **2**

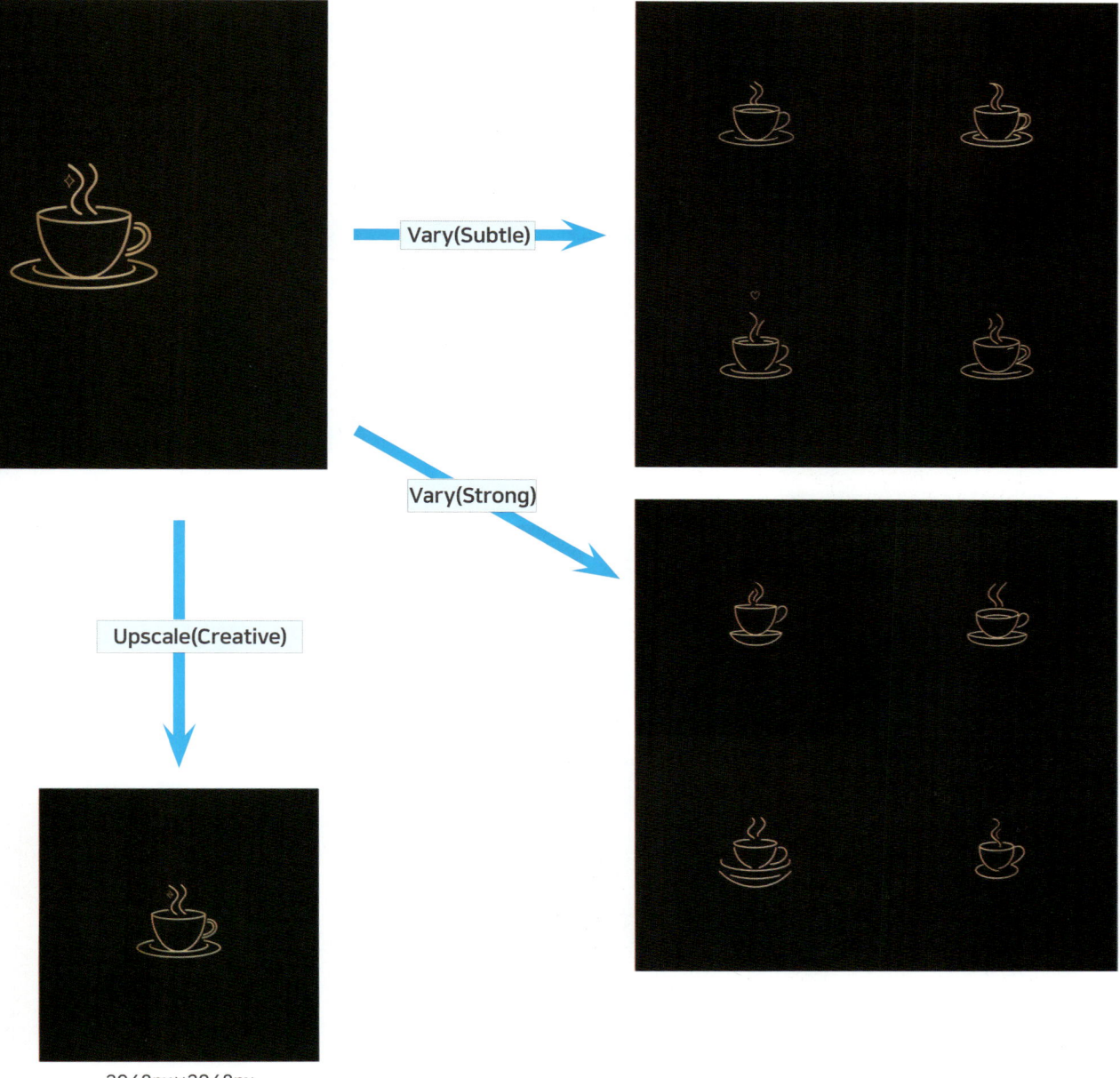

2048px×2048px

❷ 고급 워크플로우

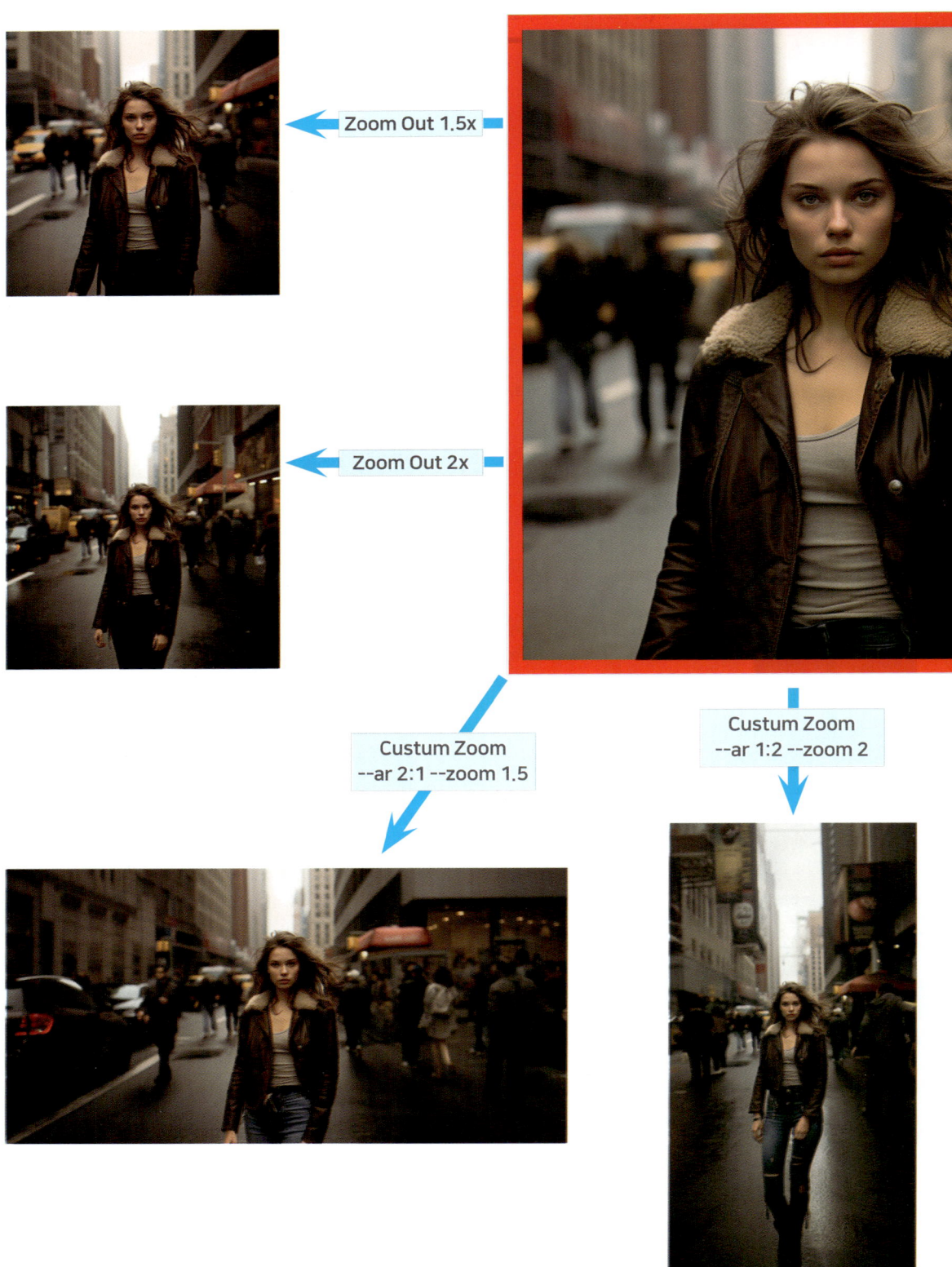

Prompt를 배우기 전에 2

Pan(Right)

Pan(Left)

Pan(Up)

Pan(Down)

2 Command(명령어)

미드저니는 Discord에서 작동하는 챗 봇 형태로 서비스됩니다. 정확히는 Midjourney-Bot이라고 부릅니다. 이 Midjourney Bot에게 Command(명령어)를 통해 "그림을 그린다" 등을 명령을 지시합니다. 각 명령어마다 약간의 문법은 존재하지만 컴퓨터 프로그램과 같은 형태가 아닌 필요한 인자들을 적어주는 순서 정도가 필요합니다.

Discord 자체의 명령어 체계를 이용하는데 Discord에서 명령어를 실행하는 호출기호는 ' / '입니다.

호출기호	Command(명령어)	전달인자
/	blend	File Upload1, File Upload2
	describe	File Upload or Text[Link]
	shorten	Text [Prompt]
	imagine	Text [Image File URL, Text Prompt], Parameter
	settings	[None]
	info	[None]

일부 예시에서 보는 것처럼 명령어는 전달인자로 Image File을 Upload 해야 하는 경우도 있고, Text로 Prompt를 입력해야 하는 것들도 있습니다.

미드저니 기능의 90% 이상을 차지하는 그림을 생성하는 imagine도 이 명령어의 한 종류입니다. imagine의 경우 입력에 결과로 이미지를 생성해서 출력하게 됩니다.(자세한 사용법은 다음 장에서 예제와 함께 설명되어 있습니다.)

settings와 info처럼 전달인자가 없이 실행되는 명령어도 있습니다. 이 명령어는 입력 후 정보를 보여준다(/info)거나, 기본 환경설정 값을 조정(/settings)하는 UI가 출력되는 등 다양한 형태의 결과를 출력합니다.

01. 중요 명령어

❶ /blend

blend 명령은 2장~5장의 이미지를 섞어주는 명령입니다.

이미지 파일은 5장까지 직접 업로드할 수 있으며, dimensions를 선택하면 결과물을 가로/세로/정사각 이미지로 설정할 수 있습니다.(기본값은 정사각형)

> 주의 : 출력하는 이미지와 입력하는 이미지의 가로, 세로, 비율이 동일해야 좀 더 좋은 품질의 결과물을 얻을 수 있습니다.

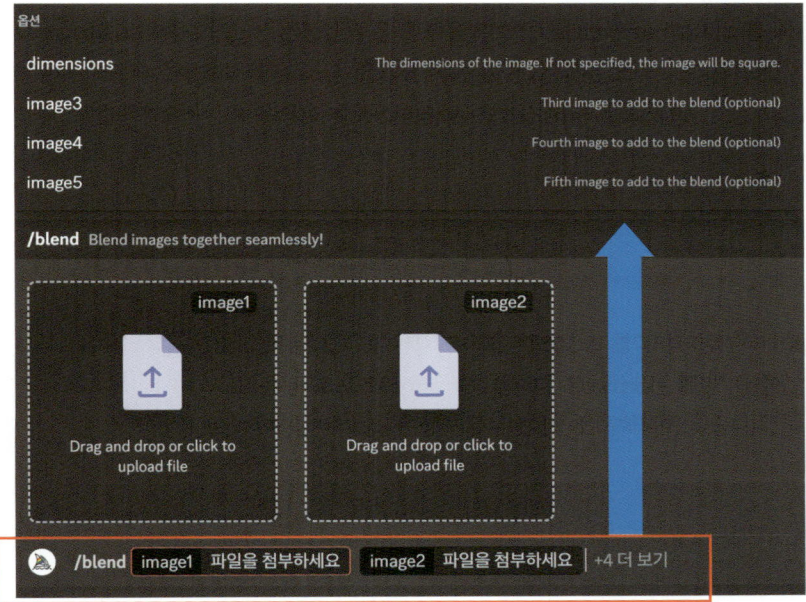

> 참고 : /blend /describe 예제를 따라해볼 수 있는 이미지를 제공하고 있으니 예제데이터를 다운로드 해 보세요.

이 기능은 image prompt를 모바일 환경에서 쉽게 사용하기 위해 간단하게 만들어진 내용입니다. 섞이는 내용적인 부분은 image prompt 편에서 자세히 다루겠습니다.

 +  =

❷ /describe (이미지를 텍스트 Prompt로 변환)

이미지를 입력하면 텍스트 Prompt로 변환해 주는 명령어입니다. (Image to Text)

입력창에서 /describe를 입력한 후 Image를 클릭하면 이미지 파일을 불러오거나, 드래그 & 드랍을 할 수 있는 UI가 나오고, link 를 클릭하면 Image URL을 입력할 수 있는 입력창이 나옵니다.

주의: Image나 link 둘 중 하나만 사용할 수 있습니다.

이미지를 넣어보면 4개의 Prompt를 출력합니다.

하단의 1 2 3 4 버튼은 해당 Prompt를 /imagine으로 실행시키는 버튼이고, Imagine all은 4개를 모두 실행시키는 버튼입니다. 🔄은 다시 /describe를 실행시켜 새로운 4개의 Prompt를 만들어줍니다.

참고: /describe 예제를 따라해볼 수 있는 이미지를 제공하고 있으니 예제데이터를 다운로드 해 보세요.

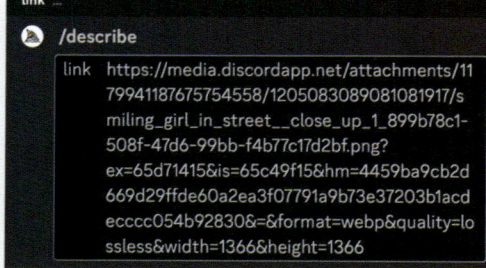

다음은 2번 Prompt를 넣어서 얻은 이미지입니다.

> young girl smiling in the street outdoors, in the style of tropical symbolism, amber, eye-catching resin jewelry, naturalistic ocean waves, culturally diverse elements, dark yellow and light brown, youthful energy

❸ /shorten

이 명령어는 이전 /describe과는 다르게, 생성 모델과 직접 연동해서 작동되는 기능입니다.
Prompt를 넣으면 이 Prompt를 이미지 생성 모델이 어떻게 이해하고 실행되는 지 미리 보여줍니다.

아래 결과를 보면,
Bold로 표시된 부분은 중요하게 인식하는 것이고, 무시되는 것은 중간줄을 그어서 표시합니다.
아래 나오는 1 2 3 4 5 는 무시되는 단어들을 제외하고 짧게 넣어도 같은 결과를 얻을 수 있다고
Prompt를 제안해 주는 내용입니다. 최초 입력된 Prompt가 짧은 경우에 제안되는 Prompt는 2~3개로 나
올 때도 있습니다.

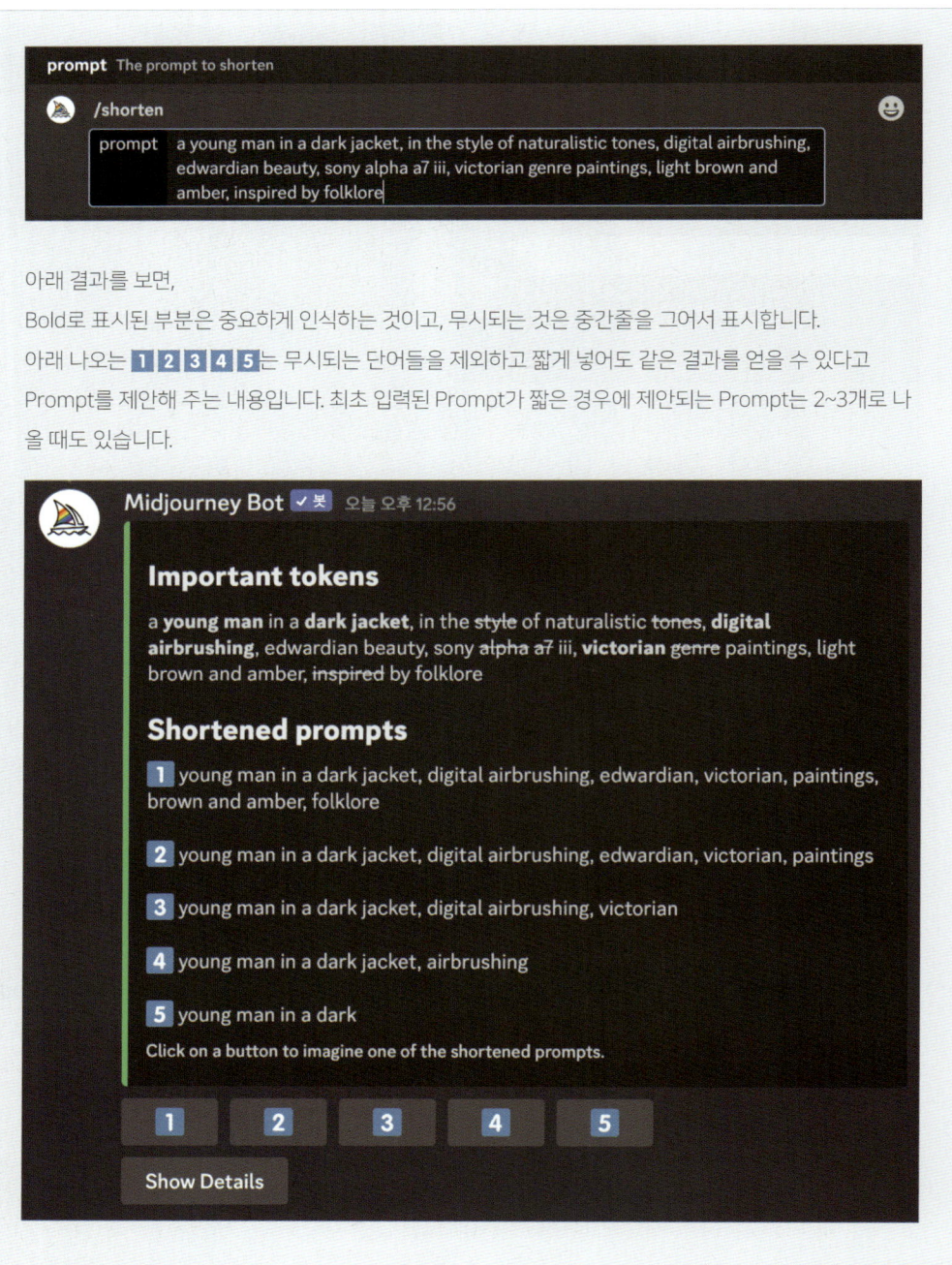

Show Details 를 클릭하면 보다 자세한 단어별(Tokens) 중요도를 숫자로 표시해 줍니다.

버튼 1 2 3 4 5 를 클릭하면 제안된 Prompt가 실행됩니다.

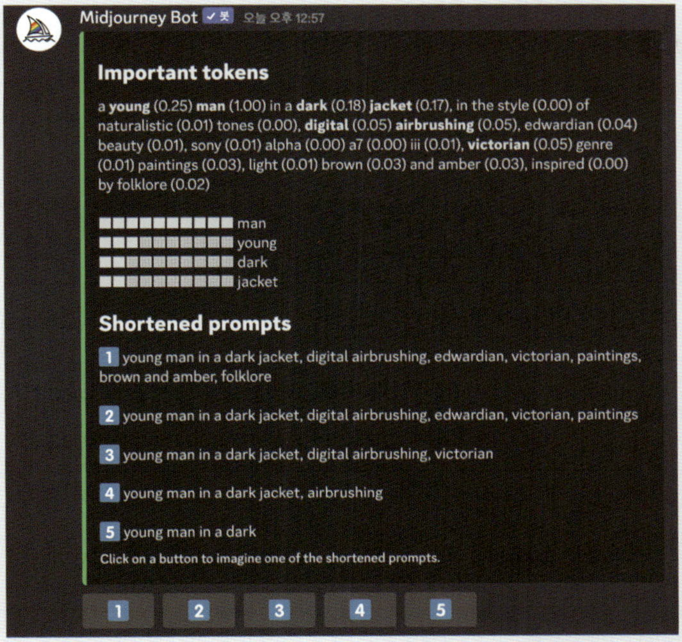

> 주의 : 이 기능은 미드저니의 생성모델 내부에서 입력된 Prompt를 어떤 식으로 인식하고 실행시키는지를 보여주는 중요한 정보를 제공합니다.

이 기능을 활용한 Prompt Debugging(프롬프트 디버깅)은 고급활용 Tips에서 다뤄집니다.

❹ /settings (환경세팅)

생성에 파라미터의 기본값을 설정하는 명령어로, 녹색이 활성화, 회색이 비활성화입니다.

Midjourney는 개별적으로 명령어와 파라미터로 /setting의 내용을 조절할 수 있습니다. 해당 기능의 자세한 내용은 해당 명령어와 파라미터 설명에서 자세히 나오므로 여기서는 **현재 설정된 값들을 여기서 확인 할 수 있고 조절할 수 있다.** 정도만 이해하고 넘어가셔도 됩니다.

> /settings에서 미드저니의 버전을 선택할 수 있습니다.

❺ /show

Discord의 UI 특성상 이미지를 만들고 시간이 한참 지난 후에 그 이미지를 다시 찾아서 스크롤 해서 올라가는 것이 어려운 경우가 종종 있습니다. 특히 다른 사용자들과 함께 만드는 경우는 더더욱 힘들어집니다. 이럴 때 과거의 이미지를 다시 현재 결과창으로 불러오는 명령이 /show 입니다.

/show 명령을 사용하려면 이미지의 job_id를 알아야 하는데, job_id를 확인하는 방법은 3가지입니다.

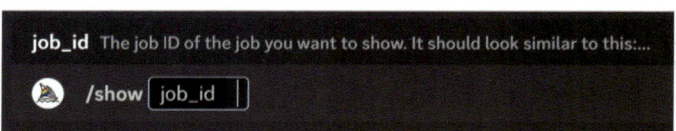

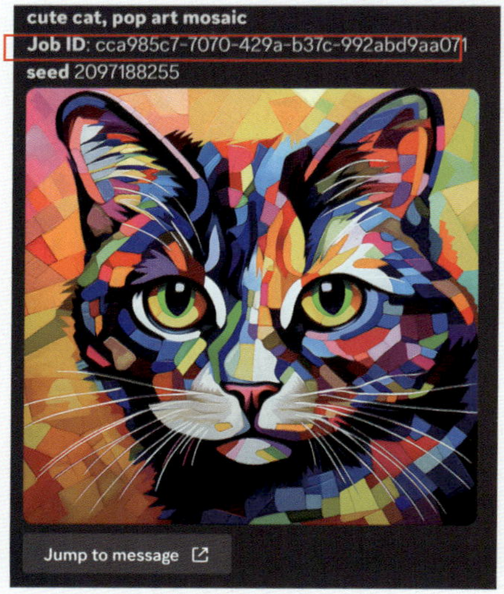

❶ /prefer auto_dm이 켜 있는 상태라면, DM Box에 Midjourney Bot이 보낸 Message에 JobID가 있습니다.

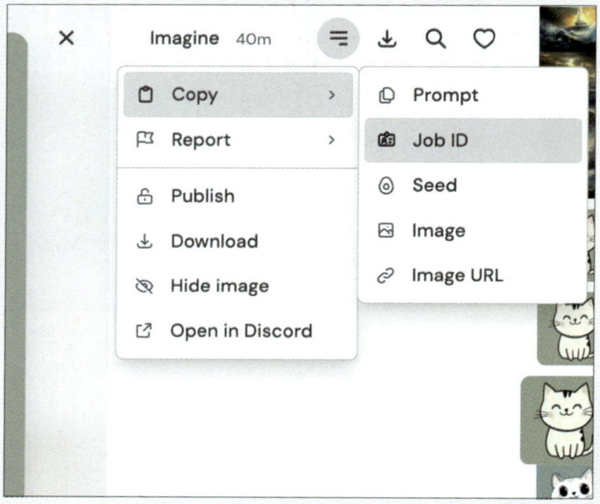

❷ Midjourney.com의 이미지 보기에서 오른쪽 ≡ 버튼을 클릭하여 Copy > Job ID를 클릭하면 Job ID를 복사할 수 있습니다.

❸ **미드저니로 생성된 파일명 형식으로 Jobid를 확인** ⟩

[Userid]_[prompt]_[jobid].png

다운로드 받은 파일 이름에서 Job ID를 확인할 수 있습니다.

위에서 확인한 Job ID를 /show 명령에 입력하면 현재 결과창으로 해당 이미지가 다시 나타날 것입니다. 다른 사용자의 Job ID를 사용할 경우 "Not job owner"라는 에러 메시지가 나타납니다. 이런 이유에서 Job ID는 공유 목적으로는 사용이 불가능합니다.

❻ /info (정보)

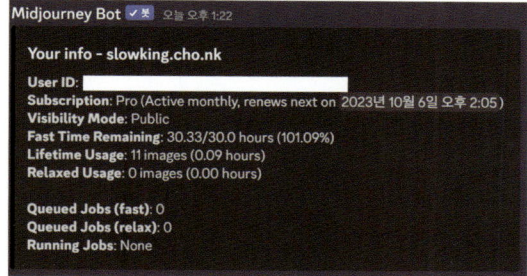

Subscription : 구독 Plan 종류와 다음 결제일

Visibility Mode : 다른 사용자가 나의 결과물을 볼 수 있는지 여부
(Public - 가능 / Stealth - 불가)

Fast Time Remaining : Fast Hour 남은 시간 / 전체 시간 (남은 %)

Lifetime Usage : Fast / Turbo 모드로 생성한 이미지 수

Relaxed Usage : Relax 모드로 생성한 이미지 수

Queued Jobs (fast) : 현재 Fast 모드로 생성 대기 되고 있는 이미지 수

Queued Jobs (relax) : 현재 Relax 모드로 생성 대기 되고 있는 이미지 수

Running Jobs : 현재 생성 진행되고 있는 이미지 수

> 주의 : Fast Time은 다음 결제일에 리셋됩니다. 남아 있는 Fast Time이 이월되지 않습니다.

❼ 생성 속도 설정

Prompt로 명령을 입력했을 때 이미지 생성 속도를 조절할 수 있습니다.

> /relax : 약간 느리지만 Fast Hour 소모 없이 이미지 생성을 할 수 있습니다. (standard plan 이상의 서비스 구독자는 무제한)
>
> /fast : 빠르게 이미지를 생성해 줍니다. (/relax와 비교해서 빠르다는 의미), Fast Hour 소모합니다.
>
> /turbo : /fast에 비해서 최대 4배 빠른 생성속도를 보여주지만, 2배 많은 Fast Hour을 소모하게 됩니다. 생성 모델 V5 이후에서만 사용 가능.

생성 속도 설정법은

1. 명령어로 주면 해당 모드가 활성화됩니다.
2. /setting에서 모드를 선택할 수 있습니다.
3. 파라미터로 개별 작업에 생성 속도 조절이 가능합니다.
　　(--fast, --turbo, --relax)

❽ /list_personalize_codes

생성 일시 Personalize Code – Model Version

위의 형식으로 생성된 개인화 코드 리스트를 보여줍니다.

04. /prefer

❶ /prefer auto_dm

생성된 이미지의 결과물을 DM으로 받을 수 있습니다. 이 DM에는 Job ID, Seed 정보가 포함되는데 이 정도를 확인할 수 있는 2~3개의 경로 중 하나입니다.

명령을 주면 현재 상태의 반대로 토글됩니다.

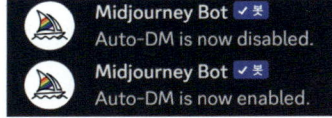

❷ /prefer option set

파라미터들을 묶어서 커스텀 파라미터 셋을 만드는 명령어입니다.

아래와 같이 niji1을 "--ar 2:3 --niji 5 --style expressive"으로 세팅을 하고,

다음과 같이 실행을 하면,

"niji1"이 세팅해 둔 "--ar 2:3 --niji 5 --style expressive"로 바꿔서 실행됩니다.

❸ /prefer option list

기존에 입력된 커스텀 파라미터 셋의 리스트를 보여줍니다.

```
Midjourney Bot ✓봇  오늘 오후 2:25
Your custom options are:
niji1: --ar 2:3 --niji 5 --style expressive
p: --v 5.2 --style raw
```

> **커스텀 파라미터 삭제하는 법**
>
> 해당 커스텀 파라미터에 value를 입력 안 하고 /prefer option set을 실행시키면 삭제됩니다.
>
>

④ /prefer suffix

접미사를 세팅해 두는 것으로 반복적으로 실행시켜야 할 파라미터가 있을 때 사용합니다.

아래와 같이 세팅하면

이렇게 세팅해 둔 접미사가 붙어서 실행되는 것을 볼 수 있습니다.

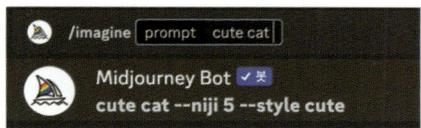

입력된 접미사를 삭제하는 방법은 /prefer suffix 입력값 없이 실행시키면 삭제됩니다.

> 주의 : 접미사에는 파라미터만 입력할 수 있습니다.
> prefer suffix --no red는 가능하지만 prefer suffix red::-1는 불가능합니다.

⑤ /prefer remix

Remix mode를 토글합니다.

⑥ /prefer variability

High variability mode를 토글합니다. High variability가 꺼진 것은 Low variability mode 를 의미합니다.

05. 기타 명령어

❶ /help

기본적인 사용법과 안내가 출력됩니다.

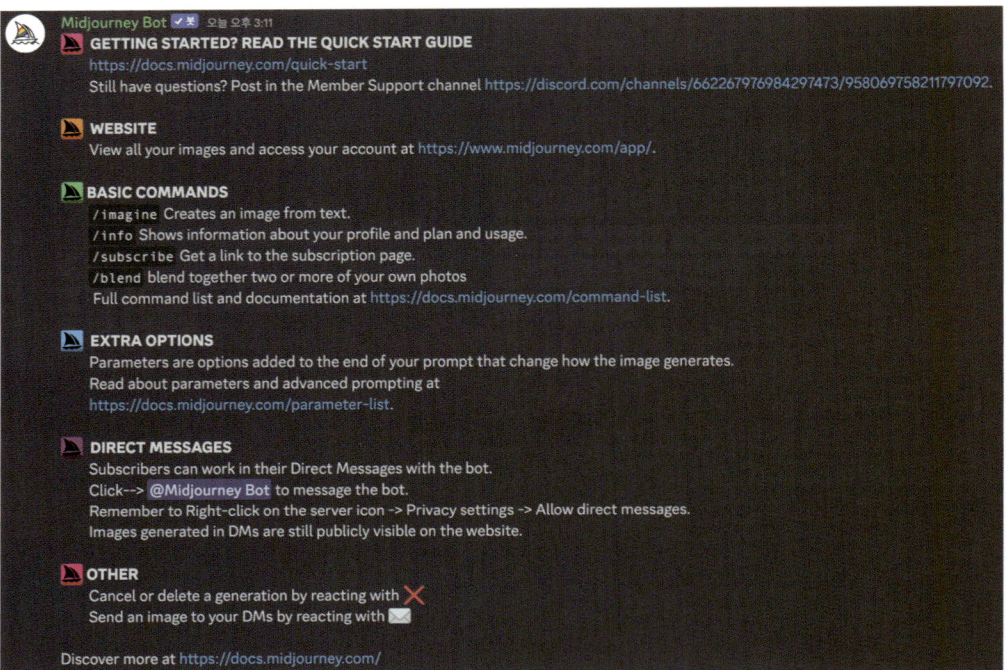

❷ /ask

질문하면 대답하는 기능이지만 ChatGPT 같은 챗봇이 세팅된 것은 아니고, 기존에 작성된 FAQ에서 키워드가 비슷한 대답을 출력합니다.

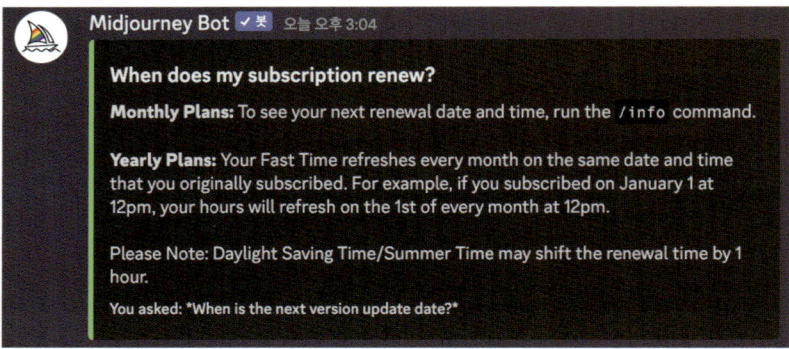

❸ /invite

Discord 미드저니 서버 초대장 링크가 출력됩니다.

❹ /private, /stealth, /public

/private, /stealth : Stealth Mode를 켭니다.
/public : Stealth Mode를 끕니다.

❺ /subscribe

구독 Plan을 관리할 수 있는 페이지로 가는 링크를 출력합니다.

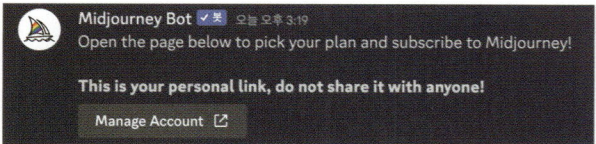

❻ /userid

User ID를 출력합니다. /info에서도 확인 가능합니다.

03
Prompt로 하나씩 그려볼까?

/imagine?

1 /imagine ?

/imagine은 텍스트와 이미지 Prompt를 이용하여 이미지를 생성하는 명령어입니다.
채팅창에서 /imagine을 입력한 후 Prompt를 넣어주면 됩니다. 미드저니에서 가장 많이 사용하게 될 명령어입니다.

01. 기본 Prompt

기본 Prompt는 한 단어, 한 문장, 심지어 이모티콘 한 개만으로도 이미지를 생성할 수 있습니다.

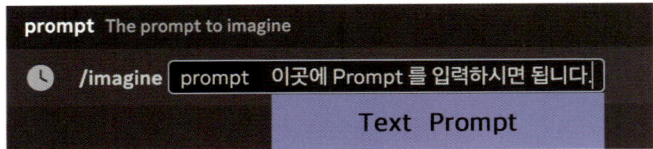

기본 Prompt

02. 고급 Prompt

고급 Prompt는 이미지와 텍스트, 파라미터가 모두 사용된 Prompt 입니다.
고급 Prompt를 사용하면 다양한 이미지를 생성할 수 있으며, 제어하고 편집할 수 있습니다. 이 책에서 소개하는 내용을 잘 따라오신다면 고급 Prompt까지 자유롭게 다룰 수 있게 될 것입니다.

Image Prompt	Text Prompt	Parameter
이미지 파일의 URL로 입력해야 합니다. 이미지 URL은 항상 Prompt 앞에 옵니다.	생성하는 이미지에 관한 텍스트 설명입니다. 자세한 문법과 Tip은 이후 페이지에 자세히 설명되어 있습니다. 언어와 형식은 영어를 자연어 형식으로 사용할 수 있습니다.	Parameter는 이미지 생성 방법을 결정합니다. 모델, 가로세로비율, 스타일 등을 제어할 수 있습니다. 관련 내용은 Parameter 장에 자세히 설명되어 있습니다.

고급 Prompt

03. Text Prompt(텍스트 프롬프트)

❶ Prompt의 길이는?

최소 길이 : 한 단어 (한 글자 또는 이모티콘 한 개)
최대 길이 : V5.2 이전 50단어, V6 이후 350단어 권장

단, 매우 짧은 Prompt는 미드저니의 기본 스타일에 크게 의존합니다. 원하는 스타일이 있다면 더 자세하고 구체적으로 설명하는 Prompt를 작성해야 합니다.

> **중요 :** 문장이 긴 Prompt가 항상 더 나은 것은 아닙니다. 만들고 싶은 **주제**에 **집중**해서 Prompt를 작성하는 것이 중요합니다.

❷ 문법

미드저니가 V3 이전에는 문장 이해도가 많이 떨어져서 단어의 열거로 Prompt를 작성해야 했지만, V4 이후 자연어(영어)의 문장 이해도가 대폭 향상되었습니다. 이후 계속되는 버전업의 중요한 항목 중 하나도 문장 이해도를 높이는 것이 항상 포함되어 있습니다. 버전업이 계속될수록 미드저니는 더욱 자연어 이해도가 높아질 것입니다. 하지만 "자연어 문장 이해도가 높아졌다"는 것이 LLM(Large Language Model – ChatGPT, Google Gemini, Claude 등) 수준의 문장 이해도를 의미하는 것은 아닙니다. 과거 버전(V3 이전)과 비교해서 대폭 향상된 것을 의미합니다.

이런 이유에서 Prompt 작성 시 ChatGPT Prompt를 작성할 때처럼 인과 관계를 설명하고 명령(부탁)하는 식의 작성보다는 직접적인 이미지 설명이 더 효과적입니다.

안 좋은 예	Create a charcoal sketch of a raven. The sketch should look like it's antique paper. Don't include any leaves on the branch, because it's a dead branch. Make it look gothic. [까마귀의 목탄 스케치를 만듭니다. 스케치는 골동품 종이처럼 보여야 합니다. 죽은 가지이므로 나뭇가지에 나뭇잎을 포함시키지 마세요. 고딕 양식으로 만듭니다.]
좋은 예	A raven perched on a dead branch, [죽은 나무가지에 앉아있는 까마귀] in the style of a gothic charcoal sketch on antique paper. [고풍스러운 종이에 고딕 목탄 스케치 스타일]

제작사의 공식 메뉴얼에 따르면,

미드저니 Prompt에는 **대소문자를 구분하지 않으며,** 파라미터 입력에 사용되는 일부 특수기호 이외에 다른 **문장부호, 특수기호는 안정적 해석이 이루어지지 않습니다.**
쉼표, 대괄호, 하이픈 및 슬러시를 사용해서 Prompt 문장을 정리하는 것은 **사용자의 입장에서 Prompt를 내용을 정리하고** 가독성을 높이는 방법이지 이 문장 기호 사용으로 Prompt가 "작동을 더 잘 된다" 혹은 "특별한 문법적 작용이 있다"는 것은 아닙니다.

제작사가 이와 같은 내용을 명시하고 있지만 "다양한 특수기호나 특별한 문법이 작동이 된다"는 착각을 하기도 하고, 일부 사용자는 주장까지도 하는 이유는 Midjourney가 자연어 이해력이 높아져서 특수기호나 문법적 요소가 작동을 하는 것처럼 보이는 착시 현상(placebos)인 경우가 대부분입니다.

보다 상세한 설명은 이후에 설명된 Image Prompt Engineering 편을 참조해주세요.
현재 단계에서는 기본적인 내용과 문법만 가볍게 이해하고 넘어가시면 됩니다.

04. Image Prompt(이미지 프롬프트)

미드저니는 Text Prompt 뿐만 아니라 Image를 Prompt로 사용할 수도 있습니다.
Image Prompt는 Image를 입력하여 결과물의 구성, 스타일, 색상 등에 영향을 줍니다.

이 기능을 자세한 설명 없이 처음 접한 사용자들이 가장 많이 하는 시도는 자신의 이미지를 넣고 oil painting 이나 watercolor 등의 Text Prompt를 같이 입력해서 자신의 이미지를 초상화로 만드는 것입니다.
Text Prompt가 Text로 결과물을 설명한 것이라면 Image Prompt는 Text 대신 Image로 결과물을 설명하는 것입니다. 그림을 따라 그려준다고 오해하시면 안 됩니다.
V6 이후에 Image Prompt에 대한 이해도가 대폭 향상되었습니다. 이미지의 의미가 무엇인지 해석해 내는 해석력이 크게 향상되었는데 **V6 이전 버전**(V4, V5.x)에서 Image Prompt를 사용할 때 큰 성능 저하가 있으니 주의하세요.

❶ 기본 사용법

/blend는 image prompt만으로 생성하는 기능을 모바일 사용에 최적화하여 따로 만든 명령어입니다. 작동은 image prompt와 정확하게 동일하게 됩니다.

이미지 지원 Format	png, gif, webp, jpg, jpeg
최소	1 image prompt + 1 text prompt 혹은 2 image prompt
최대	제한 없음
주의	최종 결과물의 가로세로비율과 같은 image를 사용하는 것이 최적의 결과물을 얻을 수 있습니다.

참고 : 예제를 따라해볼 수 있는 이미지를 제공하고 있으니 예제데이터를 다운로드 해 보세요.

❷ Image Prompt 예시

석고상 이미지의 형태(사람 모양)와 꽃 이미지의 컬러 색감과 배치가 반영된 결과물이 나옵니다. 석고상의 얼굴 모양이나 꽃의 디테일은 반영이 안 되는 것이 보입니다.

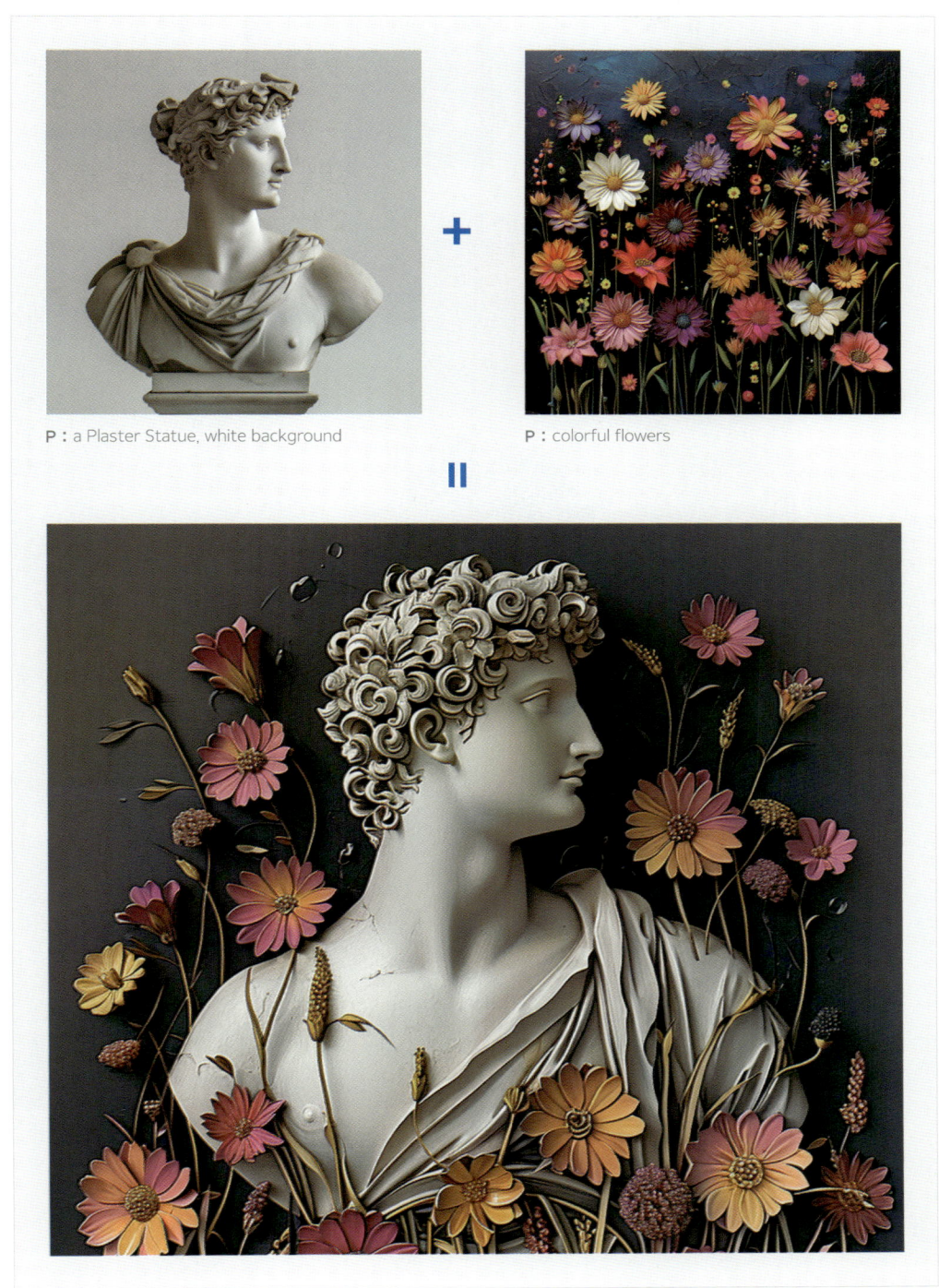

P : a Plaster Statue, white background

P : colorful flowers

P : Pencil sketch, park

2장의 이미지가 컬러가 없는 이미지라서 전체적으로 컬러 반영이 안 되었고, 3번 이미지의 구도를 참고해서 1번 이미지의 머리 모양이 반영되고 꽃들이 조금 있는 이미지가 만들어집니다.

위의 두 예시에서 보듯이 Image Prompt는 Text Prompt와 마찬가지로 결과물의 방향과 구도를 Image로 설명해 주는 것입니다. 길을 찾아갈 때 설명(Text)만으로 이해하는 것보다 약도(Image)를 같이 보여주면 길을 찾아가기 더 쉬운 것처럼 Midjourney가 결과물에 도착하기 위한 하나의 방법입니다.

Image Prompt만 사용하는 것은 예제에서 보는 것과 같이 /blend와 같은 내용이고, Image Prompt 와 Text Prompt를 같이 사용하는 것에 관해서는 Parameter 편의 Image weight(--iw)에서 좀 더 자세하게 다루고 있으니 참고하시기 바랍니다.

05. Prompt 기본 사용법

이미지 생성이 가능한 채널 (newbies-xx, general-xx, DM box의 Midjourney Bot 메시지, Midjourney Bot을 등록한 개인서버)에서 입력창에 "/"만 입력하면 아래와 같은 메뉴가 뜹니다.

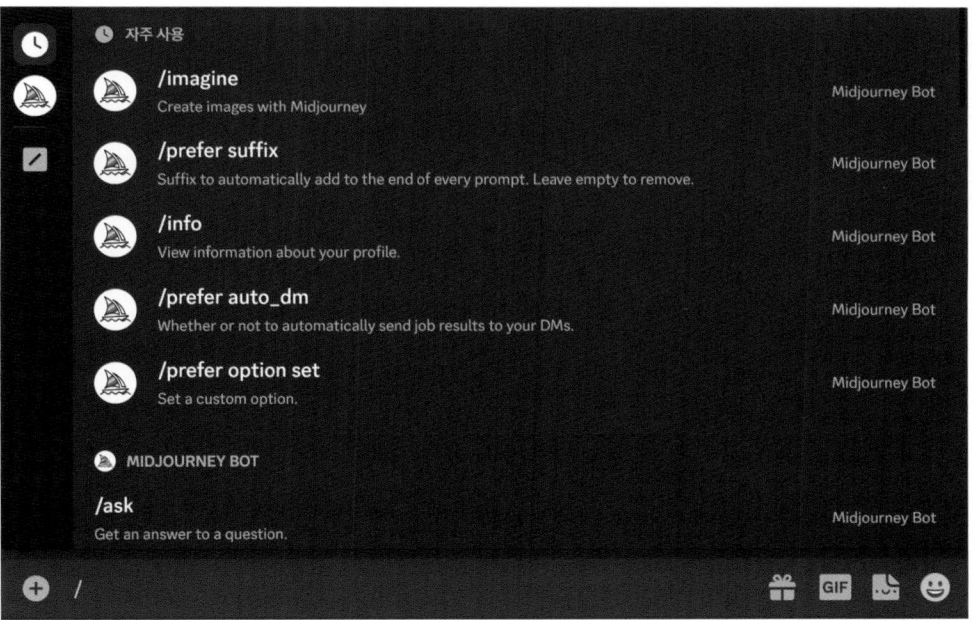

가장 위에 /imagine 명령이 선택되어 있어 Tab이나 Enter를 누르면 /imagine 명령이 자동 완성되어 Prompt 입력 위치로 커서가 위치합니다.

prompt 박스에 **cute cat**을 입력하면 수 초 이내에 이미지 생성이 시작됩니다.

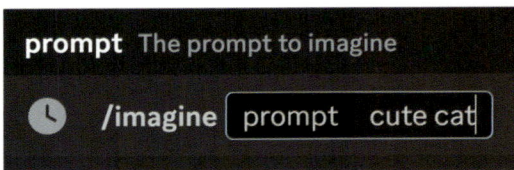

이미지는 1(좌상), 2(우상), 3(좌하), 4(우하) 순서를 가집니다.

U1 U2 U3 U4 : 선택 이미지를 Upscale.

V1 V2 V3 V4 : 선택 이미지를 Variation.

🔄 : 해당 Prompt를 다시 재실행해서 새로운 이미지를 만드는 Re-Roll 버튼

U1 을 클릭하면 해당 이미지가 Upscale 됩니다.

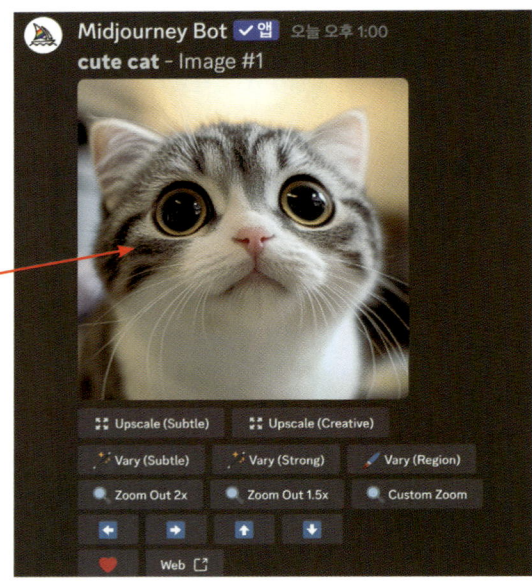

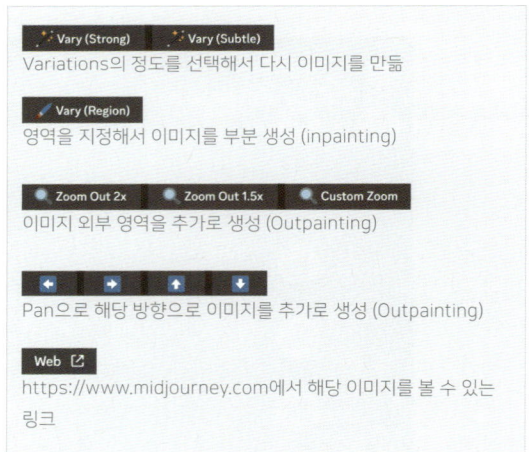

Vary (Strong) Vary (Subtle)
Variations의 정도를 선택해서 다시 이미지를 만듦

Vary (Region)
영역을 지정해서 이미지를 부분 생성 (inpainting)

Zoom Out 2x Zoom Out 1.5x Custom Zoom
이미지 외부 영역을 추가로 생성 (Outpainting)

← → ↑ ↓
Pan으로 해당 방향으로 이미지를 추가로 생성 (Outpainting)

Web
https://www.midjourney.com에서 해당 이미지를 볼 수 있는 링크

해당 내용의 자세한 설명과 사용법은 이후에 자세히 다루어져 있으니 참고해주세요.

`V1`을 클릭하면 1번 이미지와 비슷한 분위기의 그림이 다시 출력됩니다.

/prefer auto_dm으로 Auto-DM이 활성화된 상태라면 이미지 생성과 동시에 Midjourney Bot이 DM으로 해당 이미지와 정보를 발송합니다.

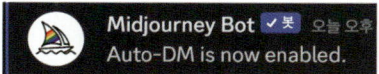

DM에는 Job ID와 Seed 정보가 포함되어 있습니다. Job ID를 얻을 수 있는 3가지 중에 하나의 방법이고, Seed의 정보를 얻을 수 있는 2가지 방법 중 하나입니다.

DM으로 이미지와 정보가 발송되는 것을 원하지 않으면 /prefer auto_dm 명령을 한 번 더 실행시키면 해당 기능은 비활성화됩니다.

Variations의 옵션과 응용 방법에 관해서는 Variations 편에서 자세히 다루어져 있습니다.

06. 간단한 예시 사용

아트 기법을 사용하여 간단한 예시를 만들어 보겠습니다.

이런 여러 기법을 테스트하고 익힐 때는 피사체(여기서는 **a cup of coffee**)를 고정하고 다양한 기법들을 적용하는 것이 달라진 점이나 기법의 특징을 파악하는데 용이합니다.

채팅창에 /imagine을 입력한 후 Prompt 명령을 호출하여 아래와 같이 아트 기법을 적용해봅시다.

❶ 기법

abstract, oil painting
추상화, 유화

abstract, watercolor
추상화, 수채화

simple line
간단한 선

Logo , simple
로고 , 간단

simple vetor line
간단한 벡터 라인

Graffiti
낙서

minimalism
미니멀리즘

Impasto
임패스토 기법

❷ 시대

이번에는 미술 기법 대신에 시대(년도)를 넣어봤습니다.

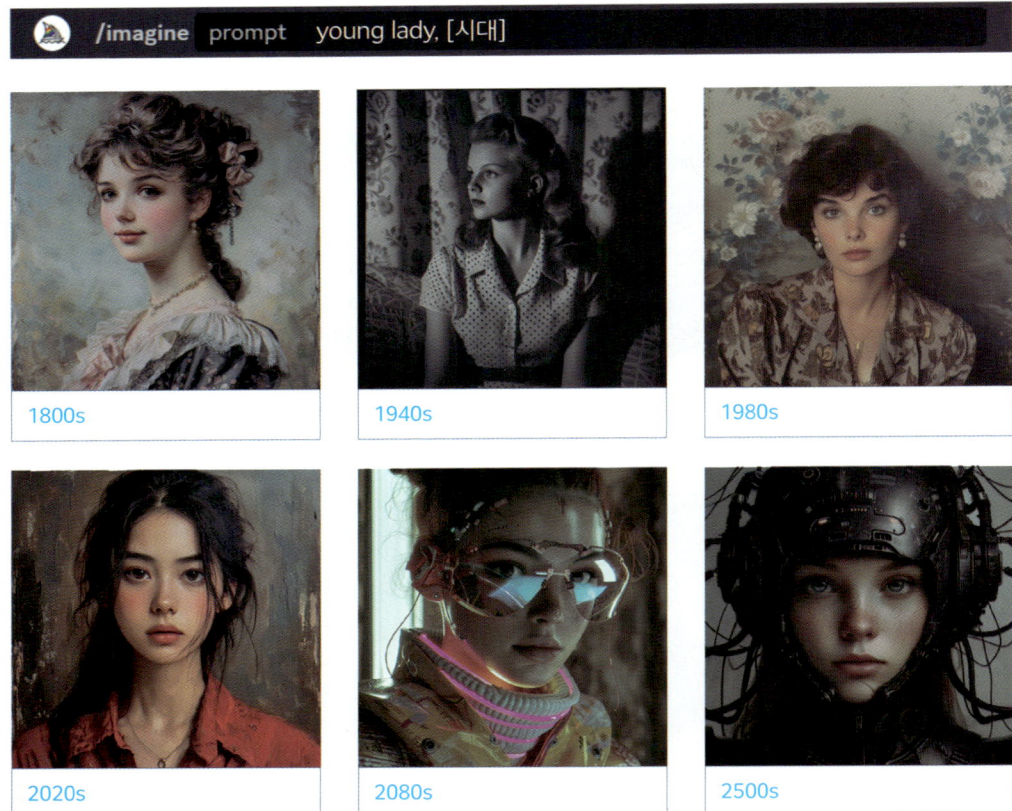

미드저니는 기본적으로 **Prompt의 의미를 충실하게 표현하려고 노력**합니다.
추가적 정보 없이 **young lady**와 **시대**가 입력되었는데 이것 표현한 방법으로 1800년대는 그 시대의 초상화로, 1940년대에는 흑백 사진, 1980년대는 빛바랜 컬러 사진으로 표현을 하고, 현대는 가장 많은 이미지가 학습되어서 2020년대는 현대적 회화로 표현합니다.
2080년대 2500년 대의 경우 미래를 예측하는 것이 아닌 학습된 이미지(미래를 다룬 영화나 CG 이미지 등)를 반영하여 미래 느낌의 이미지를 만들어냅니다.

여기서 중요한 포인트는 **미드저니는 Prompt의 맥락을 최대한 표현하려고 노력한다** 입니다.
이후에 다뤄질 예제에서도 Prompt의 맥락과 결과물을 비교하면서 관찰하면 Prompt가 작용하는 원리를 이해하는 데 도움이 될 것입니다.

Play Prompt / 프롬프트를 즐기자!

앞서 배웠던 내용을 기억하면서 다양한 Prompt를 즐겨봅시다!

pack

여러가지 이미지들을 한번에 얻고 싶을 때 사용하면 좋습니다. 여기서는 silhouette 이지만 일반적으로는 icon pack.

Phantasmal Iridescent [환상적인 무지개 컬러]

다양한 색을 직접 지정해도 되지만 이런 키워드를 사용하면 화려한 색의 결과물을 얻을 수 있습니다.

Play Prompt / 프롬프트를 즐기자!

minimalism

minimalism을 사용하면 그림처럼 군더더기 없는 깔끔한 이미지를 얻을 수 있습니다.

Heavy Foods

푸짐한 음식을 표현하고 싶을 때. 음식의 종류를 적어주면 특정음식들이 가득 찬 이미지를 만들 수 있습니다.

world map

비교적 세세한 세계 지도를 그려주기는 하지만 세부적 디테일은 틀리니 주의하셔야 합니다.

Fragmentation [조각화]

조각남, 조각냄, 균열, 분절, 세분(細分), 단열(斷裂), 분사분열(分絲分裂), 단편형성(斷片形成), 조각내기. 단편으로 분할되는 것. 이런 뜻의 단어가 하나 들어가면 이미지에 아래와 같이 반영이 됩니다.

04
좀 더 꼼꼼하게 편집해 보자!

Parameters(매개변수)

1 Paramenters(매개변수)

01. 가로 세로 비율 (--aspect, --ar)

가로 세로 비율을 설정합니다. 미드저니가 다른 이미지 생성 서비스에 비해서 강점으로 꼽히는 하나가 가로세로비율의 자유도입니다.

기본값 - 1 : 1
최대 - V4 : 1:2 ~ 2:1
　　　 V5.x : any
　　　 V6.x : 1:14 ~ 14:1
　　　 소수점 사용 불가 (1.75:3.72 → 175:372)

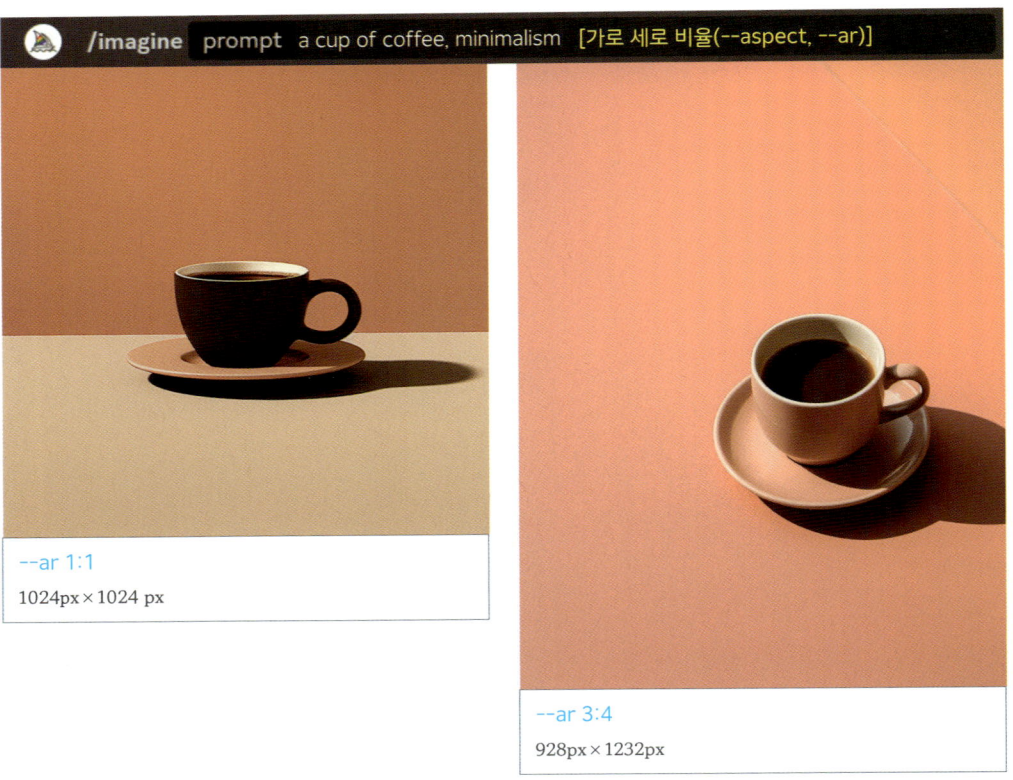

--ar 1:1
1024px × 1024 px

--ar 3:4
928px × 1232px

좀 더 꼼꼼하게 편집해 보자!

--ar 2:1
1536px × 768px

--ar 4:3
1232px × 928px

--ar 16:9
1456px × 816px

--ar 1:3
450px × 1337px

02. 이미지 가중치 Image Weight (--iw)

Image Prompt와 Text Prompt가 함께 있을 때 Image Prompt의 반영비율을 설정합니다.

> 범위 : V 5.x / Niji 5 이전 : 0~2
> V 6.x / Niji 6 : 0~3
> 소수점 사용가능
> 기본값 : 1

> 주의 : Image Prompt 를 사용할 이미지의 비율은 결과물의 비율과 같아야 보다 나은 결과를 얻을 수 있습니다.

 /imagine prompt <flowers.jpg_URL>, birthday cake [이미지 가중치 (--iw)]

flowers.png

예제데이터로 제공됩니다

--iw 0.5

--iw 1

--iw 1.5

--iw 2

--iw 2.5

--iw 3

--iw의 값이 올라갈수록 Image Prompt(꽃)의 영향력이 Text Prompt (Birthday Cake)에 비해 커지는 것을 볼 수 있습니다. 1을 기준으로 1 이하의 경우는 Text Prompt에 Image Promt가 색감과 약간의 모양의 영향을 끼치는 것이 보이고, 1 이상으로는 Image Prompt에 Text Prompt가 영향을 주는 것을 볼 수 있습니다.

V6.x/Niji6에서 지원하는 2 이상의 --iw 의 경우는 이렇게 간단한 예시 프롬프트로 효과를 보기는 힘들고 기존의 범위가(--iw 0~2)이 Image Prompt와 Text Prompt가 섞는다는

느낌이었다면 2 이상의 --iw 의 경우에는 이미지를 참조한다는 느낌으로 반영이 되므로 이 예시처럼 상반된 Prompt(꽃 vs Birthday cake)보다는 이미지를 참조해서 그려낼 결이 같은 방향의 Prompt(꽃 + flowers garden)가 좀 더 효과적입니다.

flowers garden

[flowers.png_URL], flowers garden --iw3

03. Stylize(--stylize, --s)

미드저니 생성 모델은 예술적 색상, 구성, 형태로 이미지를 생성하도록 훈련되어 있습니다. **--stylize**는 이 훈련된 내용이 얼마나 적용되는지를 조절합니다.

낮은 값(100이하)는 Prompt와 거의 일치하지만 덜 예술적인 이미지를 만들고 높은 값은 예술적이지만 Prompt와 조금 덜 일치하는 결과물을 만들어냅니다.

기본값 : 100
범위 : 0 ~ 1000

V5.2 이후 더욱 강력해졌기 때문에 V5에서는 −s 500 값이 V5.2에서는 −s 250 값과 비슷하게 생성됩니다.

/settings에서 Stylize 버튼을 눌러 세팅하면

이 suffix에 추가되는 형태로 세팅됩니다.

이런 이유에서 Prompt의 종류에 따라서 −−s 값을 수시로 바꿔가면서 작업해야 한다면 /settings 메뉴에서 suffix에 세팅하는 방법은 추천하지 않습니다.

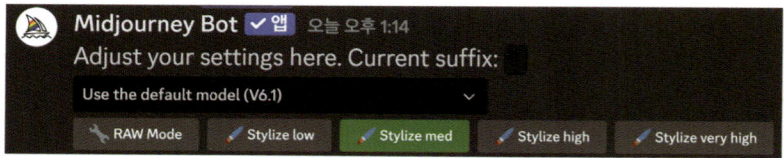

예시 이미지에서 보는 것과 같이 −−s 값이 높여서 미드저니가 제시한 예술적인 이미지가 잘 그린 이미지를 보장하지 않습니다. 원하는 결과물의 종류(디자인, 사진, 그림, 미래적 사진, 판타지 세계 등)에 따라 stylize 값은 다양한 형태로 영향을 미칩니다. Prompt의 상황에 맞는 stylize 값은 경험적으로 찾아내야 하는 것이지 정답은 없는 항목입니다.

04. chaos (--chaos, --c)

초기 이미지 그리드의 변화 정도에 영향을 비치는 이 값은 높은 값일수록 비정상적이고 예상하지 못한 결과와 구성을 생성하고, 낮은 값일수록 안정적이고 반복 가능한 결과를 얻을 수 있습니다. 모델 내부의 생성 원리까지 이해할 필요는 없고, **"비정상적인 이미지를 만든다"** 정도로 이해하면 쉽습니다.

기본값 : 0
범위 : 0 ~ 100

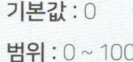 /imagine prompt abstract, a cup of coffee [chaos (--c)]

--c 0

--c 10

--c 20

--c 30

--c 60

--c 100

05. Weird (--weird, --w)

실험적 매개변수로 V5.2 업데이트 이후 발표된 미학 파라미터입니다.

이 기능의 발표 당시 설명은 "이상한 그림을 만드는 Parameter 입니다. 색다른 품질과 독특하고 예상치 못한 결과를 얻을 수 있습니다." 였습니다.

사용을 해 보면 왜 이름이 weird(이상한)인지 깨달을 수 있는 결과물을 만들어 냅니다.

우연의 효과를 얻고 싶다면 도전을 권하지만 제대로 된 품질의 이미지를 원한다면 사용하지 말라고 권장하는 기능입니다. 500 이상부터는 이미지 품질 자체가 떨어집니다.

기본값 : 0

범위 : 0 ~ 3000

 /imagine prompt abstract, a cup of coffee [Weird (--w)]

--w 0

--w 50

--w 100

--w 250

--w 500

--w 750

--weird, --chaos, --stylize의 차이점은?

--chaos는 초기 그리드 이미지가 서로 얼마나 다양한 것인지를 제어.

--stylize는 Midjourney의 기본 미학이 얼마나 강하게 적용되는지를 제어.

--weird는 이미지가 이전 미드저니의 이미지와 비교하여 얼마나 특이한지를 제어.

06. Version (--version, --v, --niji)

미드저니는 생성 모델 버전업을 꾸준히 진행해 왔으며, 과거 버전 모델 또한 여전히 작동을 합니다.

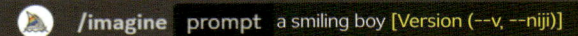

Version	Niji	업데이트 일자
1		2022.02
2		2022.04.12
3		2022.07.25
4	4	2022.11.05
5	5	2023.03.15
5.1		2023.05.03
5.2		2023.06.23
6.0		2023.12.21
	6	2024.01.30
6.1		2024.07.31

--v 4

--v 5

--v 5.1

--v 5.2

--v 6

--v 6.1

--niji 4

--niji 5

--niji 6

Version 4 이후부터는 이렇게 간단한 Prompt로는 비교하기 어려울 만큼의 성능을 보여줍니다.
--niji는 애니메이션 전문 학습 모델로 --v 와 --niji는 함께 사용할 수 없습니다.

모델 버전 별로 특정 그림체에서 특징을 보이기도 하는데 반드시 필요한 효과가 아니라면 최신 버전을 추천합니다. V5 이후에 업데이트된 기능들(Zoom, Pan, Vary(Region), High/Low Variation, Upscale 2x/4x , Upscale Subtle/Creative, Sref, Cref, Sref Seed, Personalize code 등)은 하위 버전에서 사용할 수 없습니다.

이 책에서 다루는 Prompt와 이미지, Parameter는 V6.1 기준으로 작성되었습니다.

07. Quality (--quality , --q)

이미지 생성에 소요되는 시간이 변경됩니다. Fast Time을 적게 사용하고 이미지를 생성할 수 있습니다. 이 설정은 해상도에 영향을 주지 않습니다.

기본값 : 1
범위 : V6 이전 0.25, 0.5, 1 / V6.1 이후 0.5, 1, 2

 /imagine   prompt   abstract, a cup of coffee [Quality (--q)]

--v 6.1 --q 0.5
2배 빠름

--v 6.1 --q 1

--v 6.1 --q 2
25% 느림

V6 이전에서는 입력은 1 이상도 되고 0.4, 0.7도 되기는 하지만, 결과는 0.25 이하는 0.25와 같고, 0.25 이상은 0.5와 같은 결과가, 0.5 이상은 1과 같은 결과가 나옵니다. 1 이상은 무시됩니다.

V6.1에서는 유효한 입력 수치가 0.5, 1, 2로 변경되었고, --v 6.1 --q 2의 경우는 25%정도의 Fast hour 소모가 더 되고 25%정도의 디테일이 추가됩니다.

08. Style

Style Parameter는 미드저니 모델의 미학적 부분을 미세 조정(fine-tune)한 모델을 호출합니다.

> **종류(특정 모델 버전에서만 작동)**
>
> **[--v 5.1, 5.2, 6, 6.1]**
> raw : 기본적인 미드저니 모델의 미학적 영향을 줄이고 이미지 또는 사진을 더 많이 제어하려는 고급 사용자에게 적합한 Parameter 입니다.
>
> **[--niji 5]**
> Original : 2023년 5월 26일 이전 기본값이었던 Niji모델 버전 5를 사용해 이미지를 만듭니다.
> Cute : 작고 귀여운 캐릭터, 소품, 배경을 만듭니다.
> Expressive : 더 세련된 일러스트 느낌을 만듭니다.
> Scenic : 영화 같은 캐릭터와 배경을 만듭니다.
>
> **[--niji 6]**
> raw : niji 6의 기본 모델에 비해서 **좀 더 사진적이고, 덜 주관적이고, 더 문자적(Prompt 문자 그대로 반영)** 인 결과물을 만듭니다.

 --style raw

Prompt에 사진에 관한 키워드를 쓰지 않으면 기본적으로 회화적인 이미지를 만드는 경향이 있는데 이것을 사진 같은 실사 느낌의 이미지로 생성해 줍니다.

`/imagine prompt flower garden {--v 6.1, --v 6.1 --style raw}`

풍경

P : flower garden --v 6.1

P : flower garden --v 6.1 --style raw

사물

❷ --niji 5 / 6

Niji 모델은 기본적으로 애니메이션에 특화된 모델입니다. 애니메이션도 국가별 키워드를 넣어주면 그 국가의 애니메이션 스타일을 만들어 주는데 기본적으로는 일본 애니메이션 스타일로 만들어 줍니다.

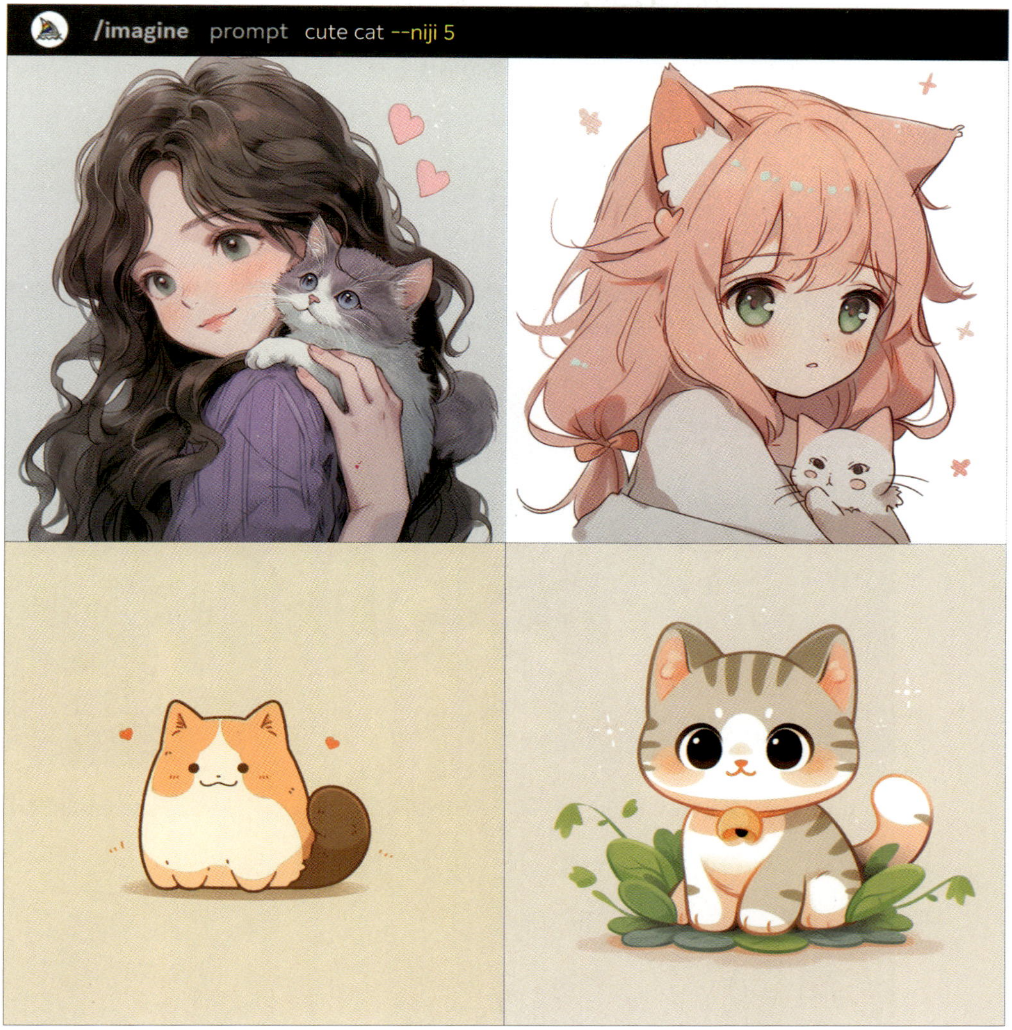

좀 더 꼼꼼하게 편집해 보자! **4**

/imagine   prompt   cute cat --niji 5

❸ --niji 5 --style original

Niji 모델이 style 업데이트를 하면서 기본 모델도 업데이트가 되는 바람에 업데이트(2023년 5월 23일) 이전의 –niji 5 모델 스타일의 이미지를 만들고 싶다는 고객들의 요구로 추가된 style 입니다.

순서로 보면 [--niji5 --style original]이 더 이전의 niji 모델이고, 이후에 업데이트 된 모델이 현재의 [--niji 5] 모델입니다.

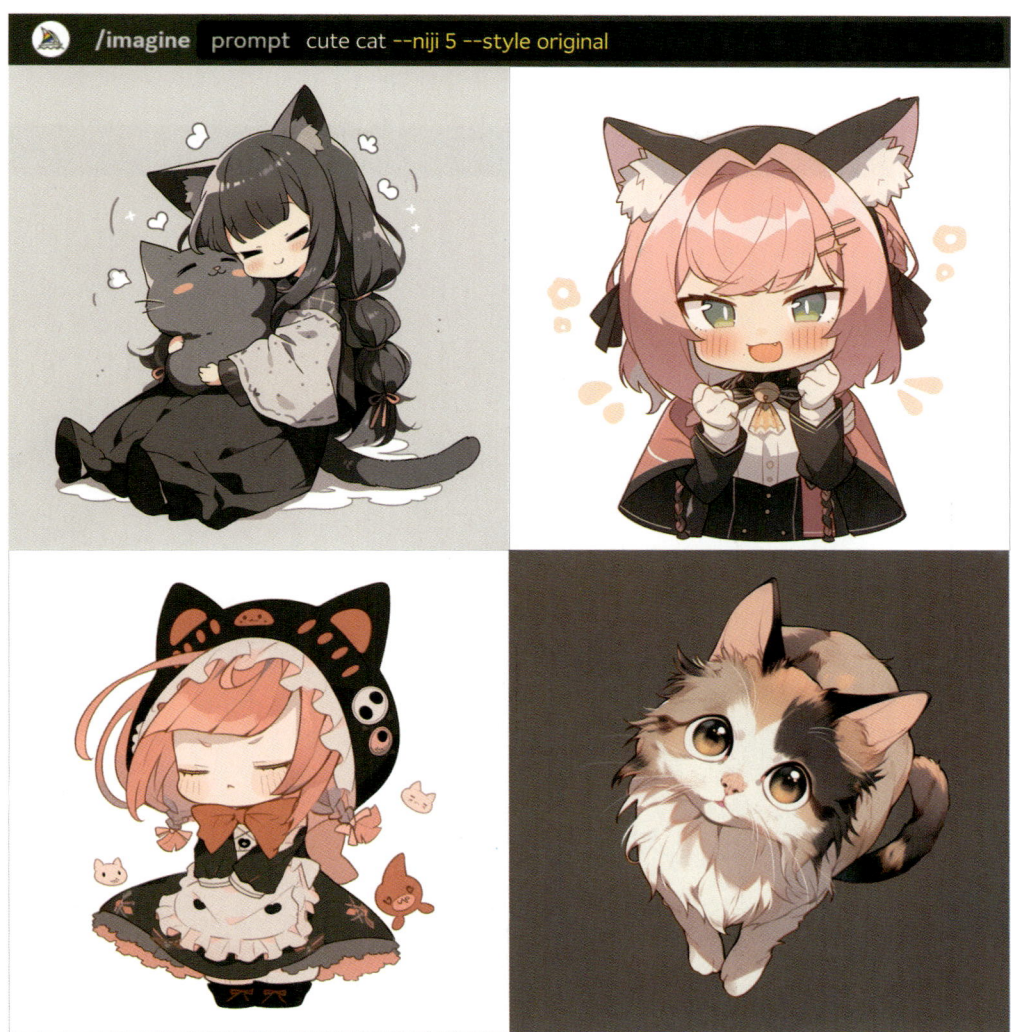

❹ --niji 5 --style cute

캐릭터성이 강한 이미지를 만들어 줍니다. 사람의 경우 2등신 SD 캐릭터를 만들어 줍니다.

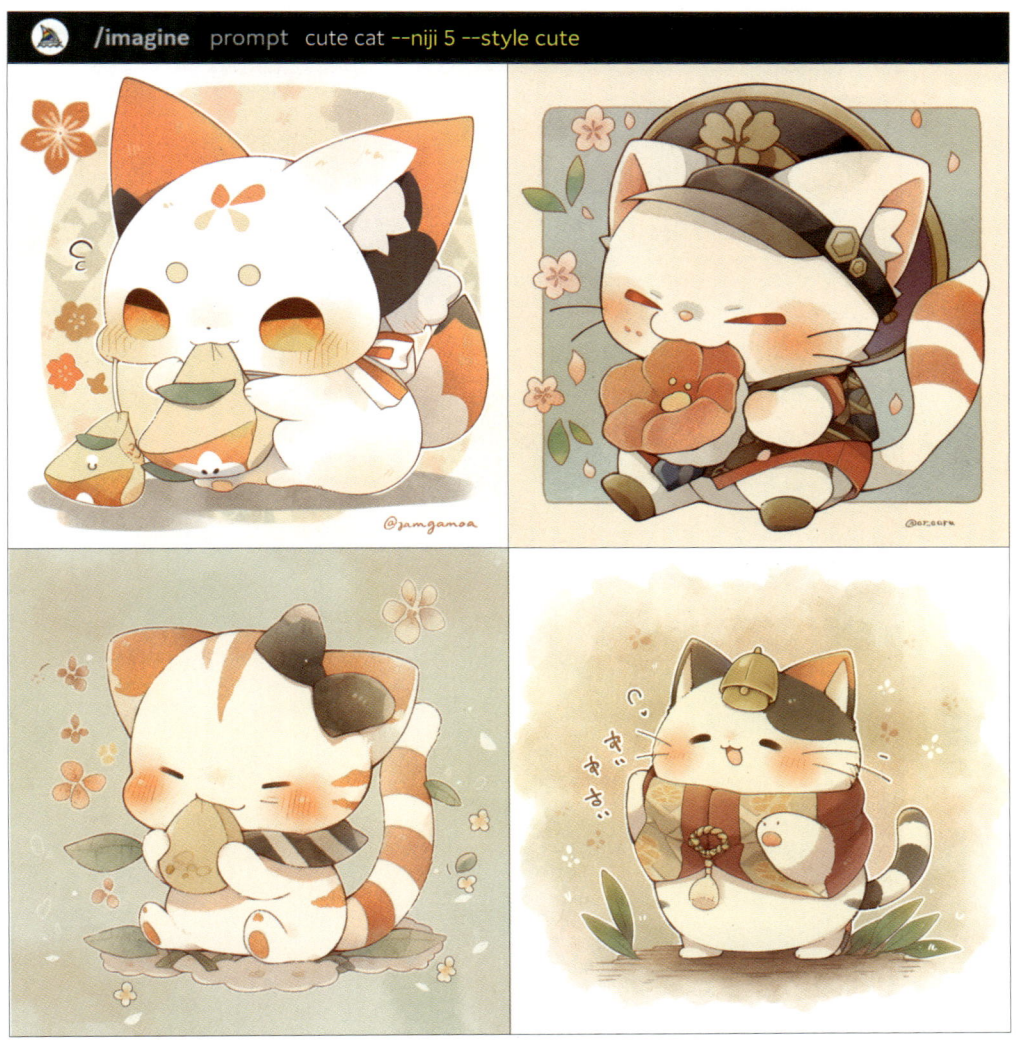

❺ --niji 5 --style expressive

화려한 색감과 인물의 얼굴에 포커스가 들어간 이미지를 만들어 줍니다. 2.5D 캐릭터 생성할 때 효과적인 Style 입니다.

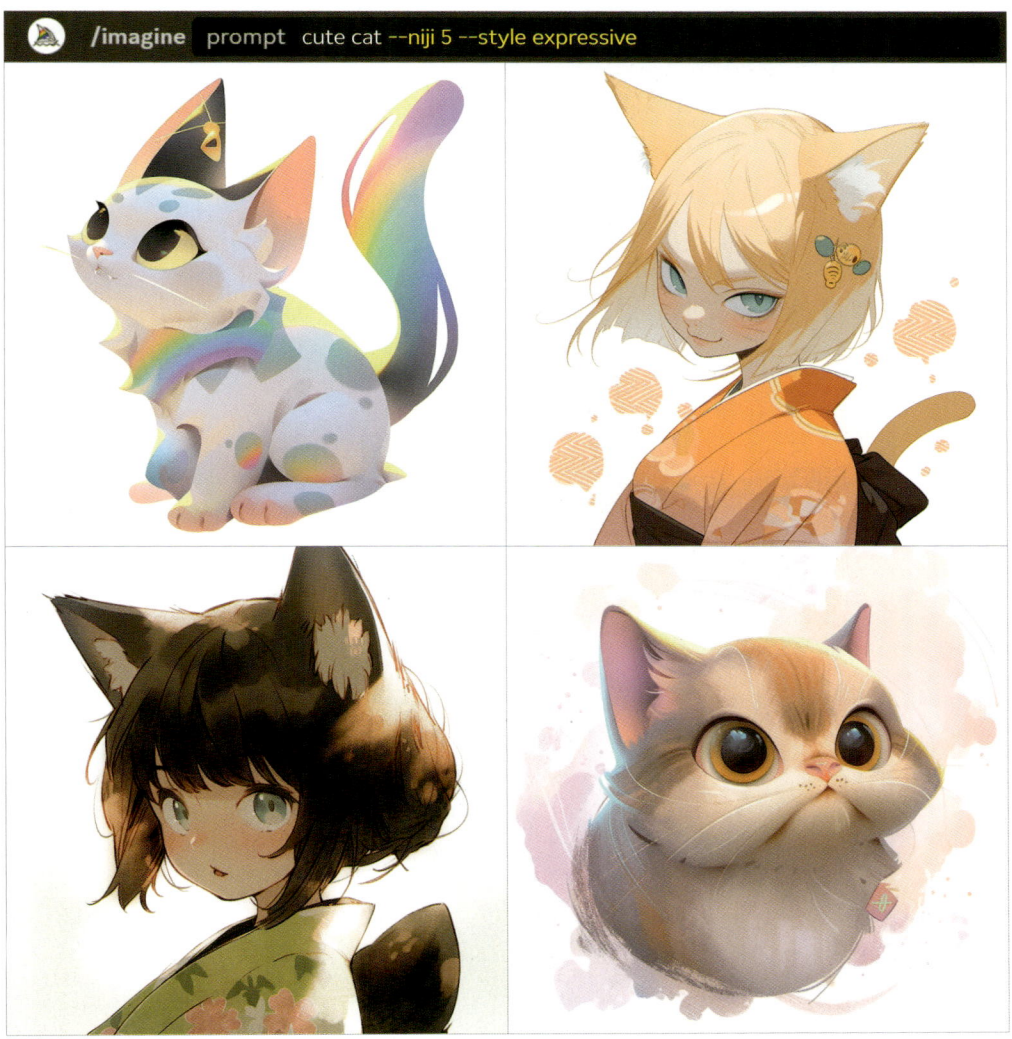

❻ --niji 5 --style scenic

가까운 배경을 더 선명하게 먼 배경은 흐릿하게 만들어 줍니다. 인물의 경우 인물은 또렷하게, 배경은 흐릿하게 분리시켜 만듭니다. 인물이 많은 경우 메인 포커스가 가는 인물을 선명하게 그리고 다른 인물들은 흐리게 만들어 줍니다. 애니메이션 장면처럼 연출할 때 효과적인 Style 입니다.

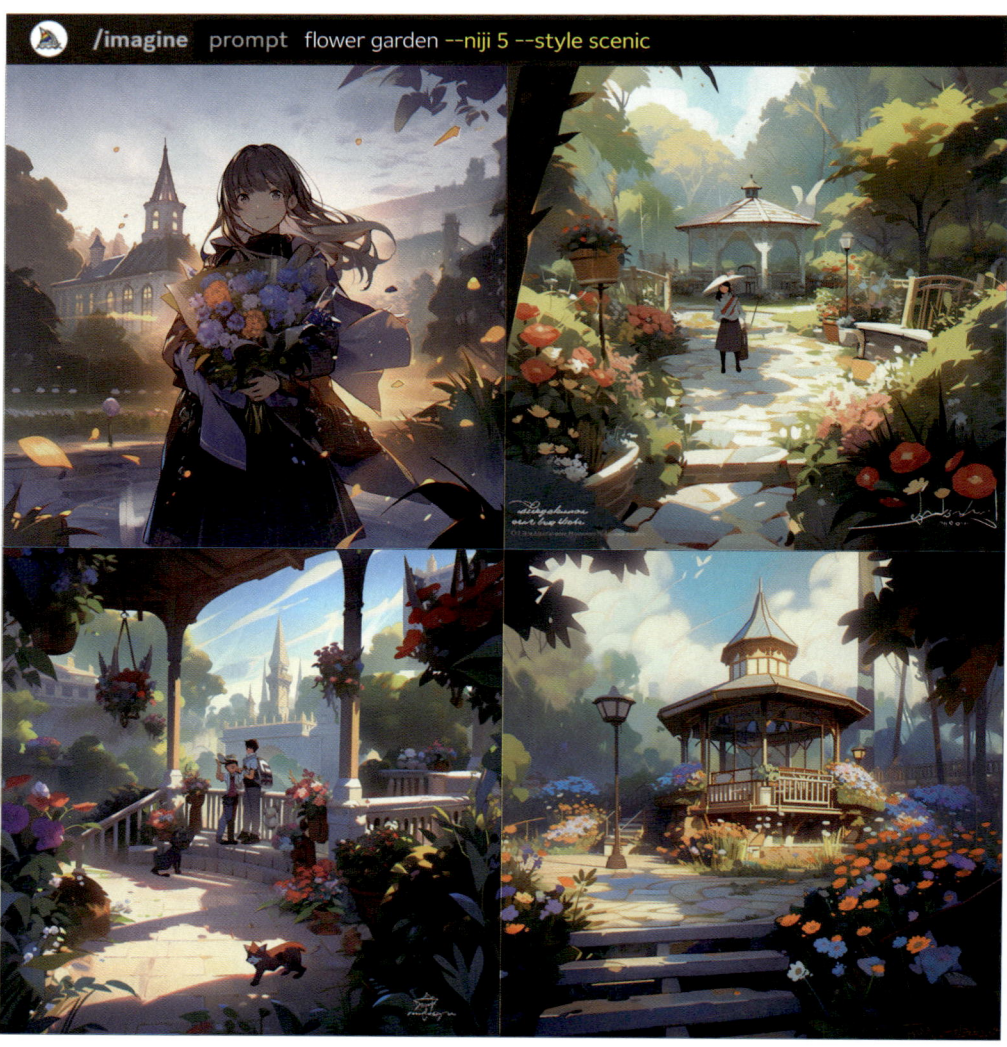

좀 더 꼼꼼하게 편집해 보자! 4

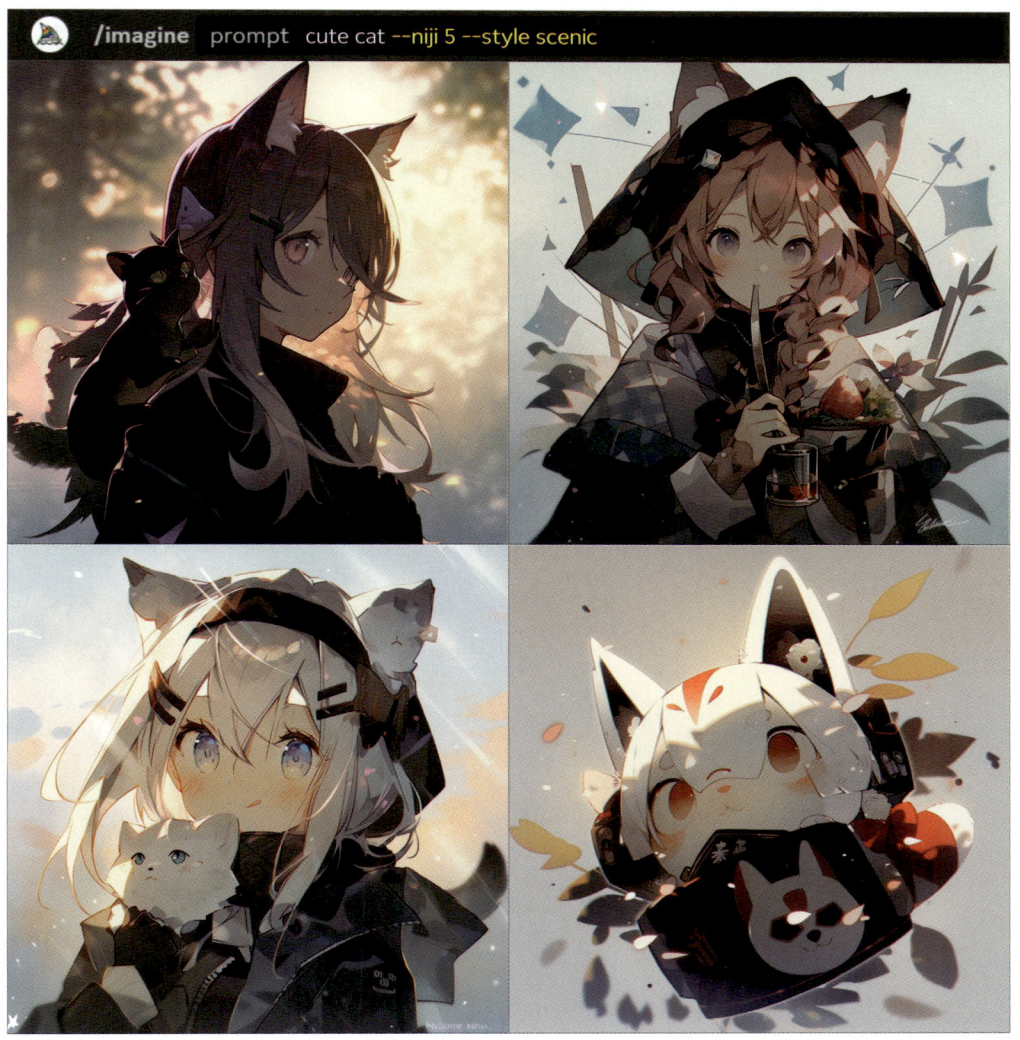

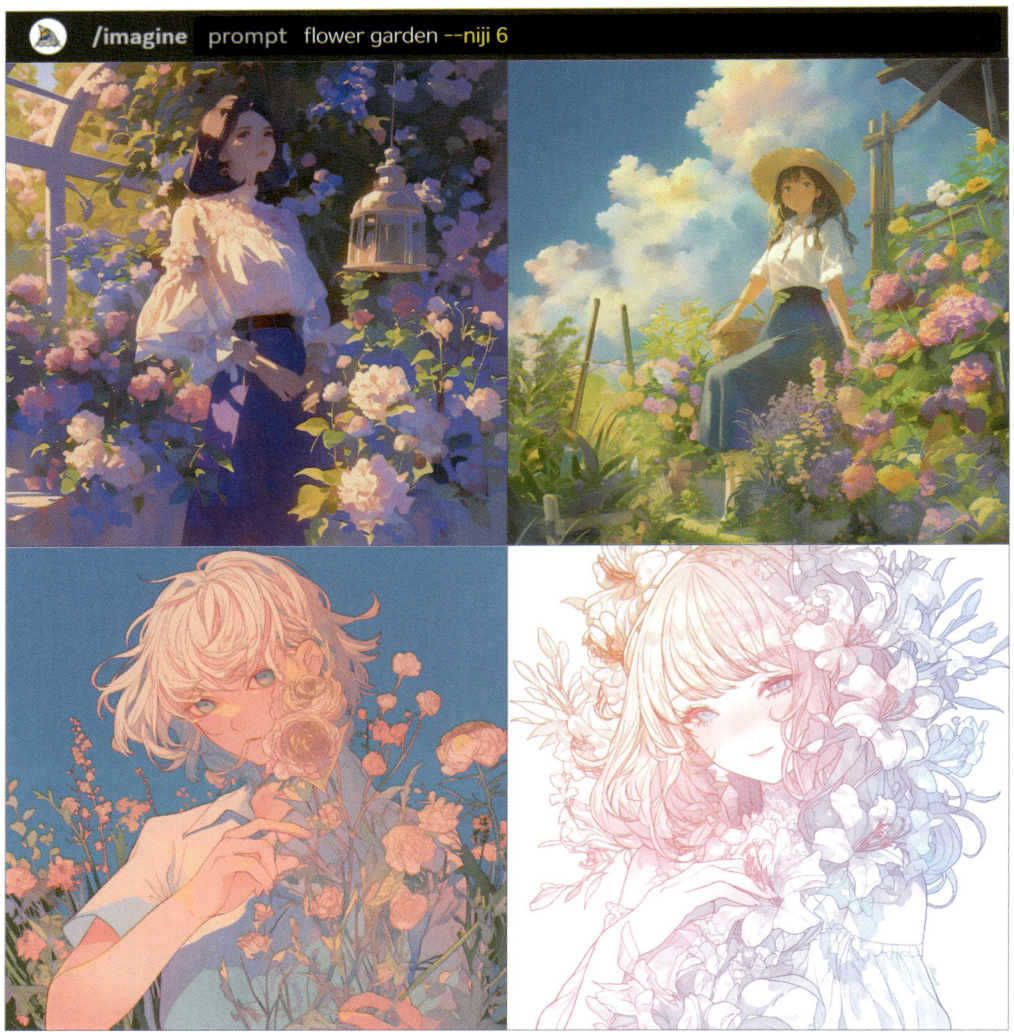

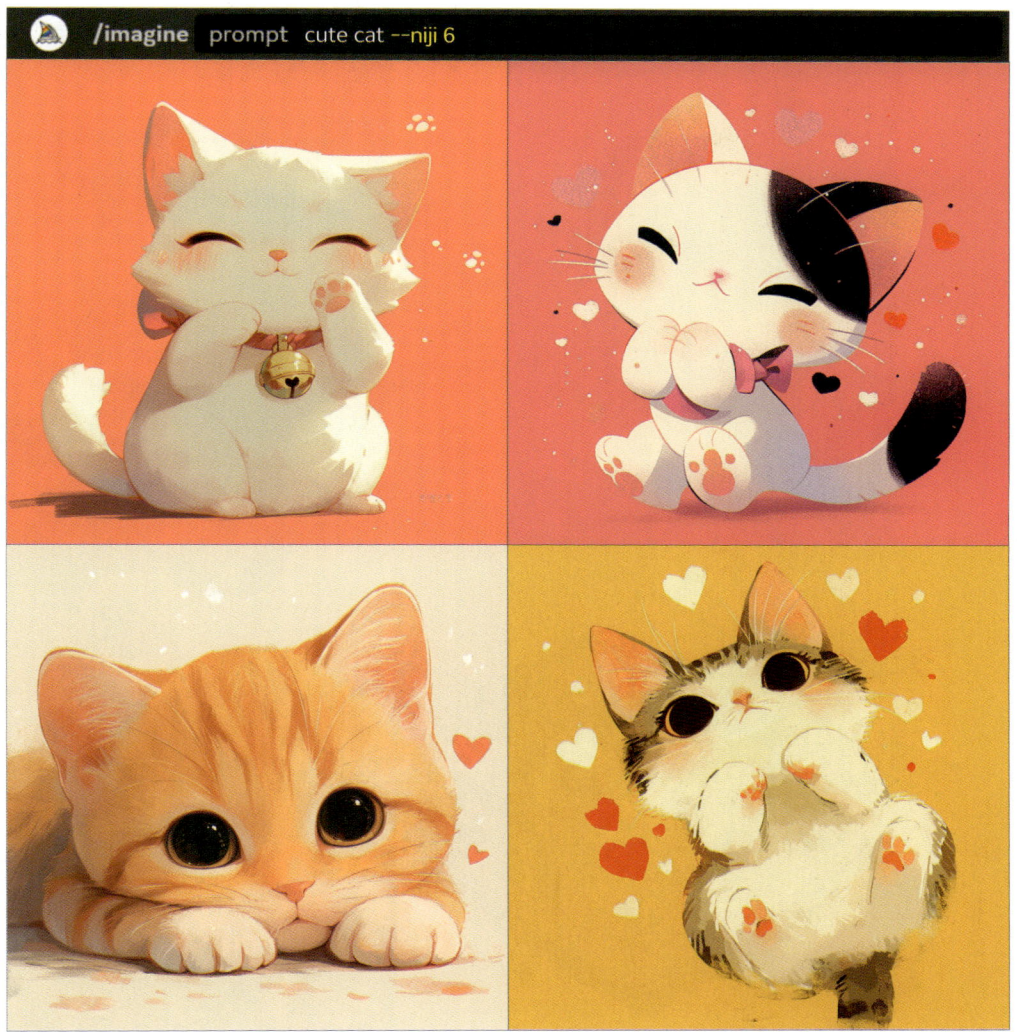

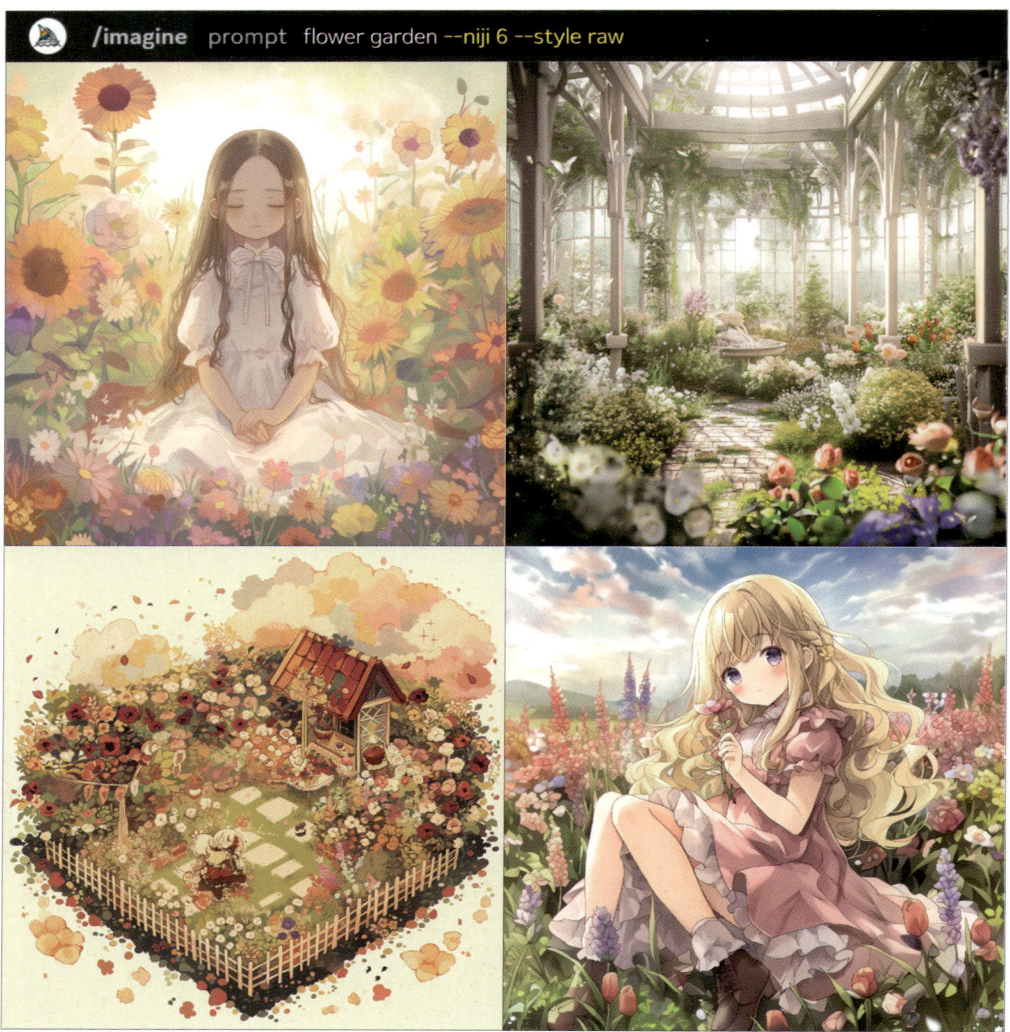

좀 더 꼼꼼하게 편집해 보자! **4**

09. --seed

미드저니는 같은 Prompt를 실행하더라도 매번 다른 이미지를 생성합니다. 그 이유는 이미지 생성 프로세스의 시작점인 Seed 번호를 랜덤으로 발생시켜 이미지를 생성하기 때문입니다.

이 Seed 번호는 무작위로 생성되지만 –seed를 이용하여 지정할 수 있습니다.

> 1. --seed는 0 - 4294967295 정수를 허용합니다.
> 2. --seed 값은 초기 이미지 그리드에만 영향을 줍니다.
> 3. 동일한 프롬프트를 사용 시
>   A. 모델 버전 1, 2, 3, test 및 testp를 사용하는 동일한 --seed 값은 구도, 색상 및 세부 사항이 유사한 이미지를 생성합니다.
>   B. 모델 버전 4, 5, 6 및 niji를 사용하는 동일한 --seed 값은 거의 동일한 이미지를 생성합니다.
> 4. seed 값은 고정되어 있지 않으므로 세션 간에 일관성을 유지되지 않습니다.

생성된 이미지의 seed 번호를 얻는 방법은 다음의 두 가지 방법이 있습니다.

이미지 생성 후 미드저니 봇이 보내는 DM에 Seed 번호가 포함되어 있습니다.

> 주의 :
> /prefer auto_dm으로 auto DM을 활성화 시켜야 생성 후 DM을 받을 수 있습니다.

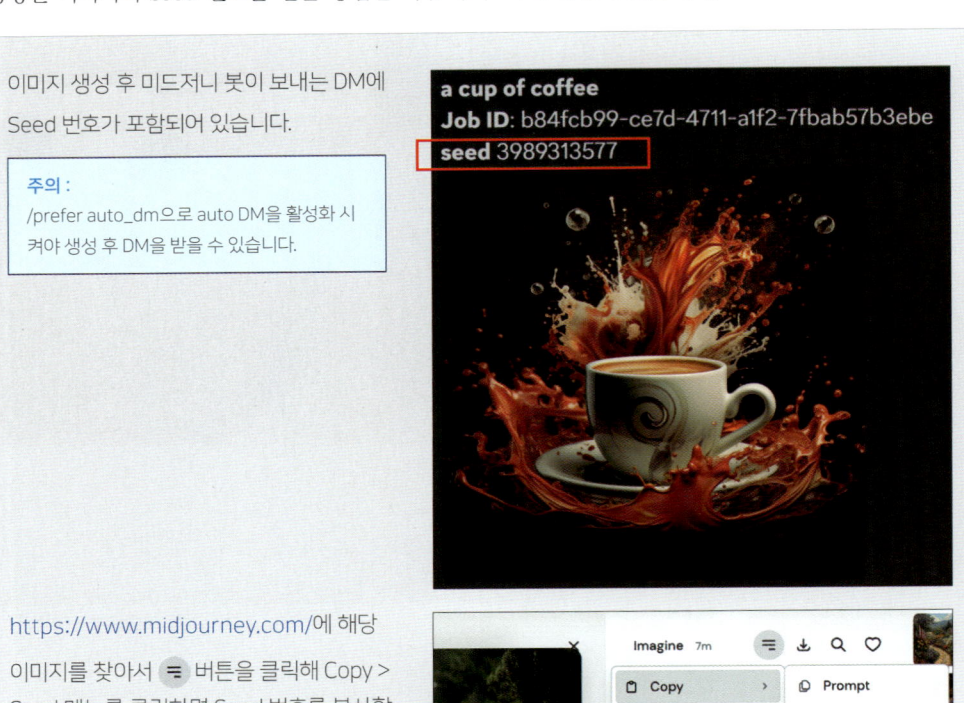

https://www.midjourney.com/에 해당 이미지를 찾아서 ≡ 버튼을 클릭해 Copy > Seed 메뉴를 클릭하면 Seed 번호를 복사할 수 있습니다.

좀 더 꼼꼼하게 편집해 보자! **4**

`/imagine prompt { a cup of coffee, two cups of coffee} , abstract, white background --seed 2661997326`

seed를 일치시켜 입력해서 이미지를 생성하면 비슷한 분위기의 이미지가 나옵니다. 캐릭터나 인물의 경우 얼굴이 같은 것으로 유지되는 것은 아닙니다. 생성 이미지의 전체적인 분위기가 비슷해집니다.

P : a cup of coffee, abstract, white background --seed 2661997326

P : two cups of coffee , abstract, white background --seed 2661997326

10. --no

생성 이미지 요소 중에 제외하고 싶은 요소를 추가하면 이미지에서 해당 요소가 제외됩니다. 완전히 제거 되지는 않습니다. 보다 강력하게 요소를 제거하고 싶다면 Multi Prompt의 Negative Prompt weight를 사용해야 합니다. 자세한 설명은 Multi prompt 편에 Negative Prompt Weight 부분을 참고해 주세요.

11. --tile

패턴 이미지를 만들어 줍니다. 생성된 이미지는 좌우와 상하가 연결되는 이미지로 생성됩니다. 패턴의 품질을 올리고 싶다면 실사 이미지보다는 벡터 일러스트 스타일을 권장하지만 V6 이후 해당기능의 성능이 큰 폭으로 향상되어 실사 이미지도 어느 정도는 생성되는 편입니다.

12. --stop

생성을 중간 단계에서 멈추고 완성되지 않은 이미지를 생성합니다. 실루엣 등이 필요할 때 사용하는 방법입니다. 또한 고급 활용 Tips 편에 있는 SD Controlnet MJ ver.에 응용되는 기능입니다.

P : cute cat --stop 30

P : cute cat --stop 60

P : cute cat --stop 90

13. --video

생성과정을 애니메이션으로 만들어 줍니다. 4장이 생성되는 영상을 하나의 파일로 만들어 줍니다. 분리하거나 따로 나누어서 만드는 옵션은 없습니다. V4, Niji4에서는 작동하지 않습니다.

/prefer auto_dm 명령 실행으로 "Auto-DM is now enabled."가 되어 있어야 DM 박스로 링크를 받을 수 있습니다. 해당 파일을 생성으로부터 30일 이후 삭제됩니다.

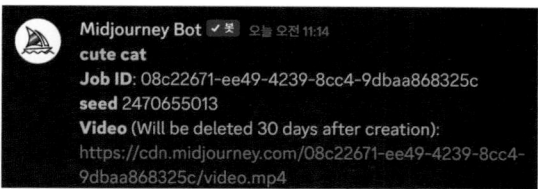

14. --repeat

해당 Prompt를 반복해 실행합니다.
같은 Prompt로 다양한 이미지를 생성이 필요할 때를 위한 자동화 기능입니다.
--repeat [반복횟수]로 사용하는데 이 반복 횟수는 구독하고 있는 Plan에 따라서 제한이 있습니다.

Basic plan	2 ~ 4
Standard plan	2 ~ 10
Pro와 Mega plan	2 ~ 40

이 기능은 특별한 작동이 되는 것이 아니라 re-roll 버튼을 여러번 클릭하는 것과 같은 단순 Prompt 반복이 실행됩니다.

15. --turbo / --fast / --relax

생성 속도를 Prompt에서 개별적으로 제어할 수 있습니다. 기본 세팅 값이 Fast인 경우에도 특정 Prompt는 더 빠른 turbo의 속도로 생성하거나 더 느린 relax의 속도로 생성을 실행할 수 있습니다.

이외에 이전 버전에 잠시 사용된 parameter들이 있는데 최신버전 기준으로 계속 작동이 보장되지도 않고 현재 최신 버전에서는 의미 없는 기능들이어서 이 책에서 다루는 범위에서는 제외하였습니다.
--sref , --cref , --personalize 등의 최신 업데이트 파라미터의 경우에는 고급 Prompt 활용법에 자세히 설명되어 있으니 참고하시기 바랍니다.

Play Prompt / 프롬프트를 즐겨라!

앞서 배웠던 내용을 기억하면서 다양한 Prompt를 즐겨봅시다!

in mockup of

[대상화면] in mockup of [화면에 나타낼 사물]로 조합을 하면 원하는 화면에 원하는 대상이 떠 있는 이미지를 얻을 수 있습니다.

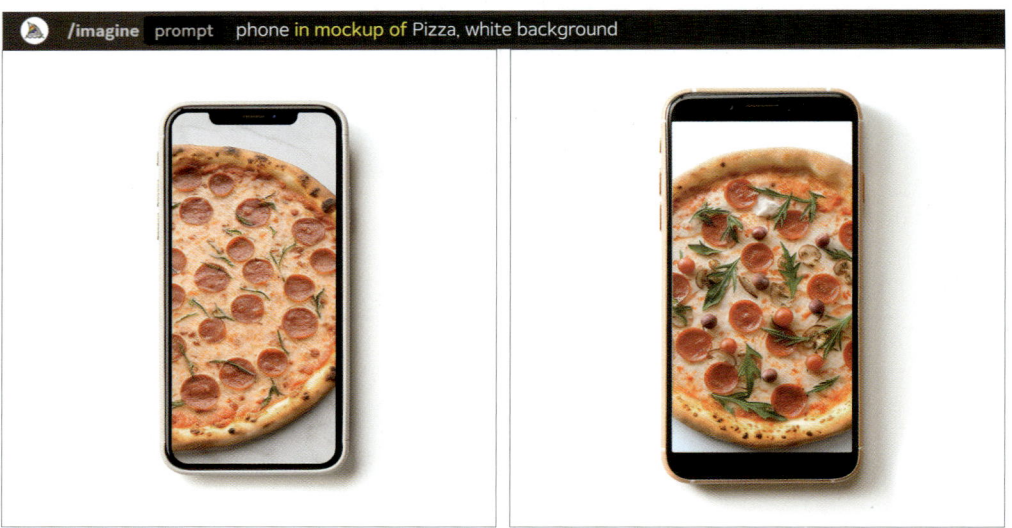

android app about

휴대폰 어플리케이션을 만들어 화면에 필요한 내용을 띠우는 접근 방식인데 이전의 mockup 보다 복잡한 상황이 떠 있는 화면의 이미지를 만들 수 있습니다. 깔끔하게 정리된 사진을 얻을 수 있습니다.

phone screenshot

Phone에 내용이 떠 있는 장면을 screenshot 했다는 방향으로 접근하는 방식.

advertisement background with space for text

광고용 이미지 제작할 때 Text를 위한 공간을 비워 둔 이미지를 만들 때 유용한 접근 방법입니다.

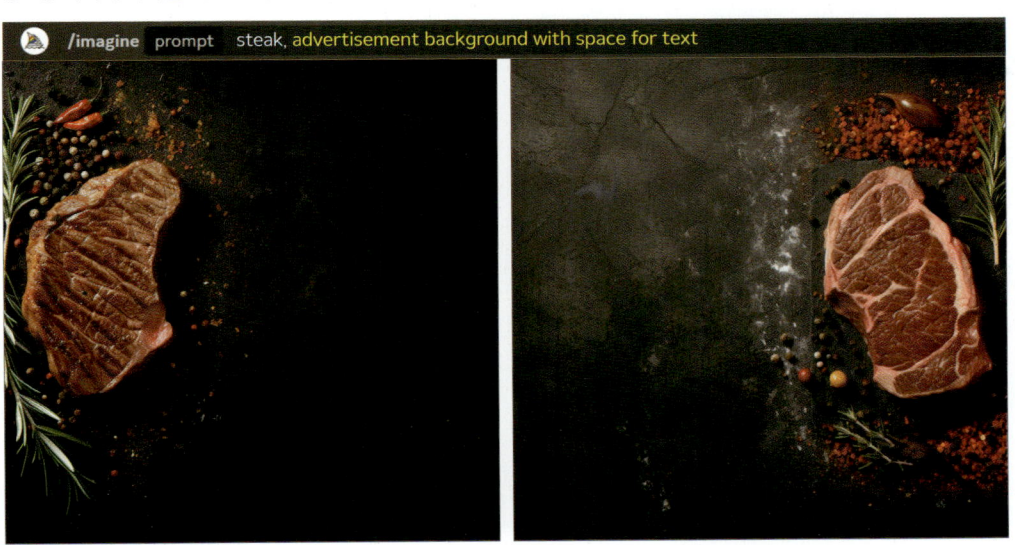

05
디테일을 올려주는
고급 Prompt 활용법

Advanced Prompt

1 Advanced Prompt

01. Variations

미드저니가 다른 이미지 생성 AI와 차별되는 가장 강한 장점인 기능입니다.

Variations을 실행시키는 방법은,

1. 생성 후 이미지 목록에서 V1 V2 V3 V4 클릭으로 실행시킬 수 있습니다.

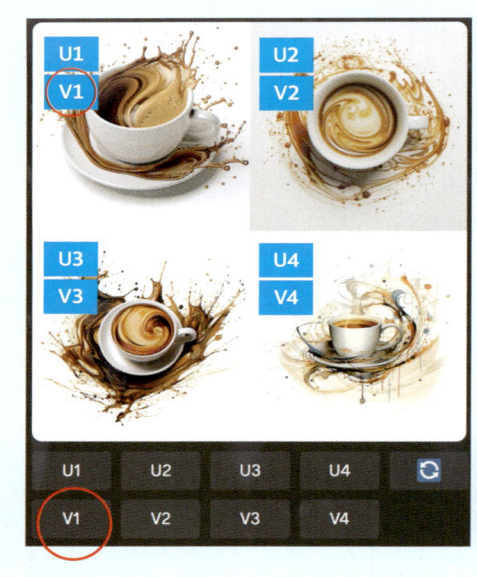 

[V1]의 실행 결과

이 메뉴의 Variation 종류의 설정은 아래의 /settings 메뉴에서 설정 할 수 있습니다.

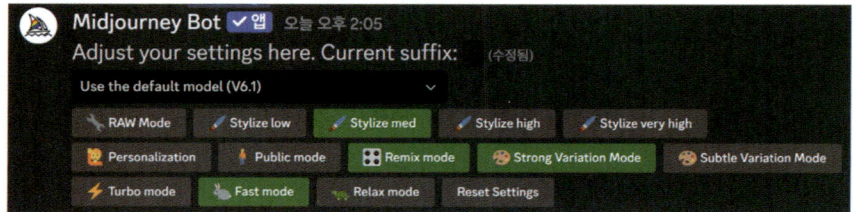

또한, /prefer variability 명령으로 High Variation mode를 토글 할 수 있습니다.
(High variability mode turned off는 Low Variation Mode를 의미합니다.)

2. Upscale을 선택 후 결과 화면에서 두 종류의 Variation을 실행 시킬 수 있습니다.

- Vary (Strong) : High Variation
- Vary (Subtle) : Low Variation
- Vary (Region) : 다음 장에 따로 설명되어 있습니다.

02. High / Low Variation

그림 /imagine prompt abstract , a cup of coffee , white background [추상화, 커피한잔, 흰 배경]

디테일을 올려주는 고급 Prompt 활용법 **5**

> **Vary(Strong) / High Variation**

High Variation : 표면의 움직임의 전체적이 부분이 달라짐. 구도와 앵글만 동일.

> **Vary(Subtle) / Low Variation**

Low Variation : 전체 외곽선이 비슷한 상태로 내부의 튀어 오르는 부분만 달라짐.

동물

디테일을 올려주는 고급 Prompt 활용법 **5**

Vary(Strong) / High Variation

High Variation : 털색은 비슷하게 유지하고 고양이의 시선 방향, 발 모양, 고개의 각도가 모두 바뀜.

Vary(Subtle) / Low Variation

Low Variation : 발 모양, 시선 방향, 고개 각도가 모두 동일하고 눈동자색, 입 모양만 바뀜.

사람

/imagine prompt a girl in NY street [뉴욕 거리의 소녀]

Vary(Strong) / High Variation

High Variation : 구도, 의상컬러 동일, 배경, 포즈, 시선, 방향 바뀜

Vary(Subtle) / Low Variation

Low Variation : 구도와 시선, 의상 컬러, 배경 배치, 헤어스타일 동일, 헤어 스타일 디테일, 소품만 바뀜

사물

디테일을 올려주는 고급 Prompt 활용법 **5**

Vary(Strong) / High Variation

High Variation : 사과 크기, 꼭지 방향, 구도 , 접시 위의 위치 등 모두 바뀜.

Vary(Subtle) / Low Variation

Low Variation : 사과 크기, 꼭지 방향, 접시 위는 위치 동일, 꼭지, 표면 디테일만 바뀜.

High / Low Variation은 그림, 사람, 사물, 동물 등 다양한 상황에서 다양한 목적으로 사용됩니다. 특히 사람의 경우 손가락 모양이나 손가락 개수(Bad Hands)에 문제가 있을 때 효과적입니다.

/imagine prompt Boy playing guitar

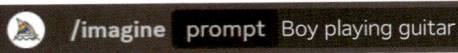

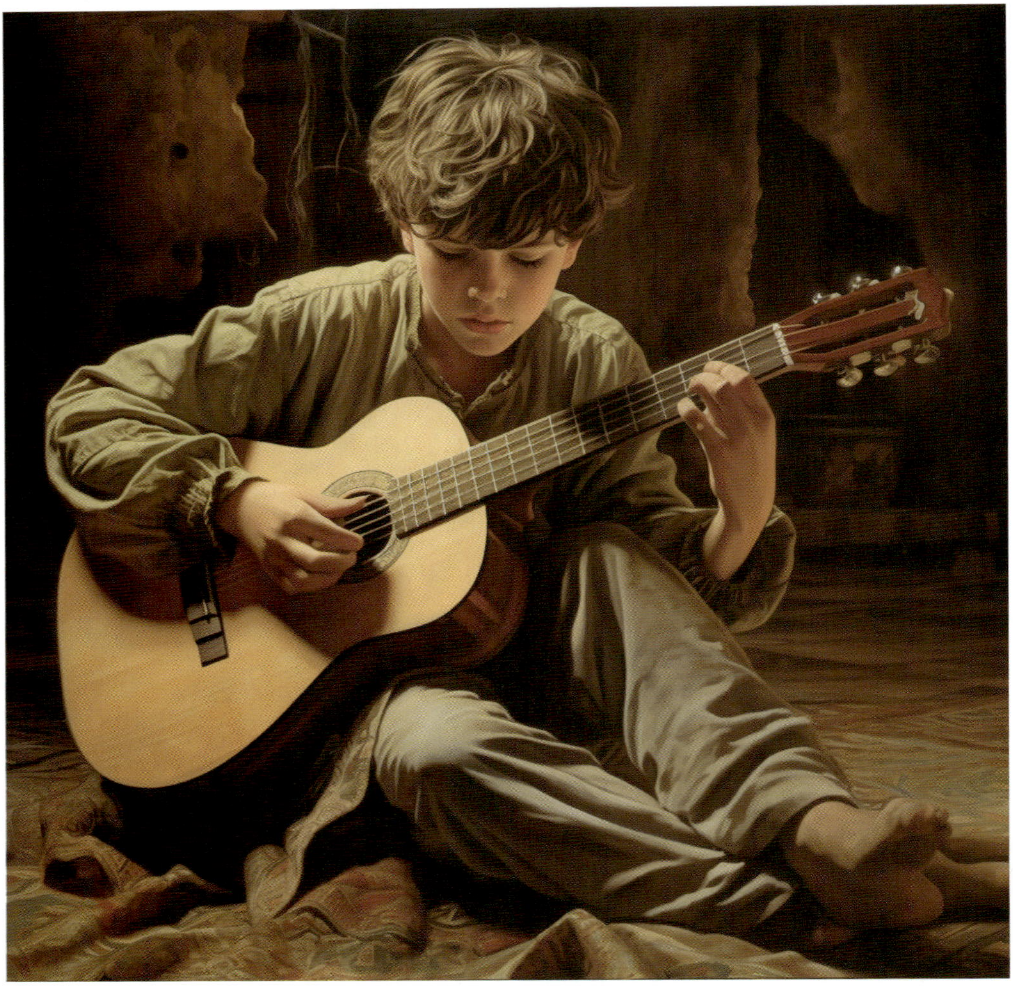

왼손이 손가락 3개인 것을 Low Variation으로 수정이 가능합니다.

03. Vary Region (부분 수정)

❶ Basic UI 사용법

미드저니의 In-painting(생성된 이미지의 일부분을 수정) 기능입니다.

`/imagine prompt  A cute cat with a crown [왕관 쓴 귀여운 고양이]`

Upscale을 실행시킨 후 나오는 UI에서 Vary(Region)을 클릭하면 팝업이 뜹니다.

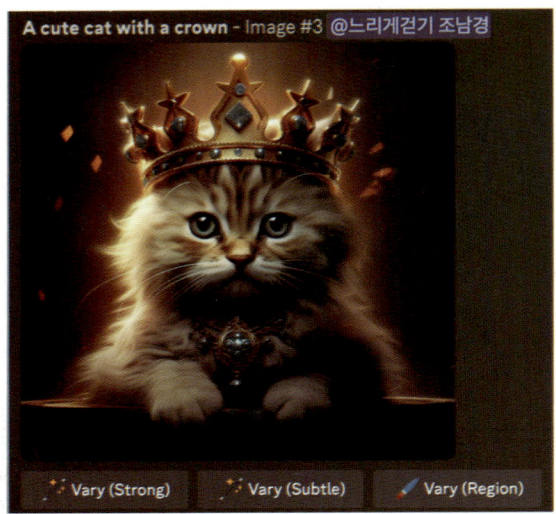

1. 사각선택 툴 : 사각영역을 설정합니다.
2. 올가미 툴 : 드레그해서 지나간 영역을 설정합니다.
3. undo : 영역 설정을 취소합니다.
4. Submit : 해당 영역에 Variation을 실행합니다.

영역 선택 후 Submit을 하면 이미지의 맥락과 톤에 맞는 Variation을 만들어 냅니다.

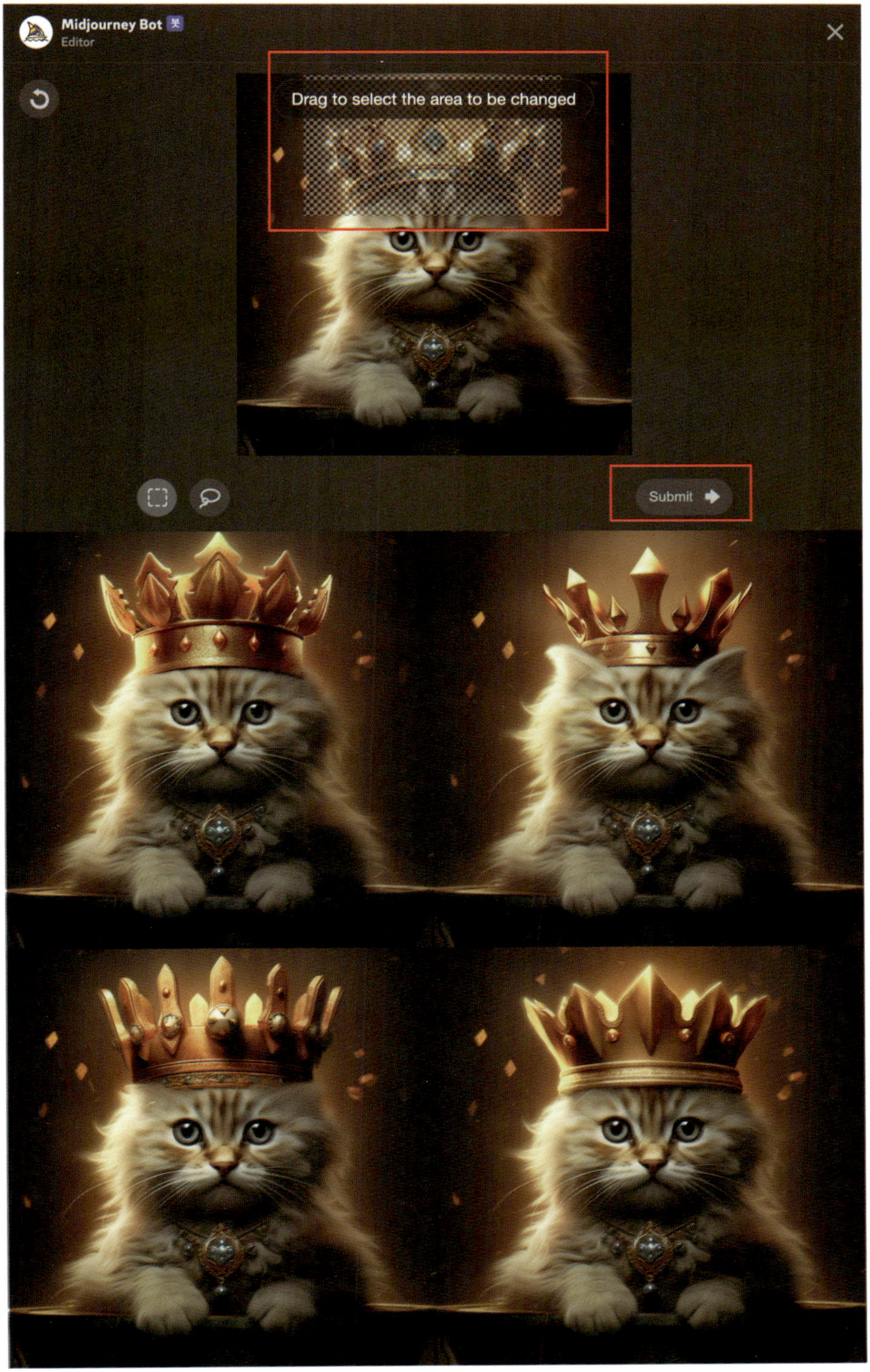

❷ 영역 선택 Tips

한번 영역을 선택하고 다시 영역을 선택하면 특별한 키 조작이 없어도 계속 추가됩니다. 이후 추가된 각각의 영역은 하나의 객체로 인식됩니다. 마우스 오버가 되면 해당 영역이 파란 외곽선으로 표시됩니다. 이렇게 마우스 오버로 선택된 영역에서 마우스 오른쪽 버튼을 누르면 해당 영역이 삭제됩니다.

Variation이 실행된 후 원본 이미지에서 다시 Vary(Region)을 실행시켜 한 번 더 팝업을 띄우면 이전에 설정한 선택 영역이 그래도 유지됩니다. 이후 영역을 추가해서 Variation을 실행시킬 때 정확히 같은 부분을 유지하는데 용이합니다.

04. Remix

Remix 모드를 사용하면 Vary(Strong, Subtile, Region), Re-roll, Pan, Zoom 등의 이미지 변형이 동반된 기능을 실행했을 때 Prompt(Image, Text), Parameter(생성 모델 버전, 가로세로비율 등 일부 Parameter)를 변경할 수 있는 기능입니다. Remix는 시작 이미지의 전체적인 구성(구도, 레이아웃, 컬러톤 등)을 가져와서 선택된 기능의 실행 범위에 따라서 새로운 이미지에 반영합니다.

Remix 모드를 켜는 방법 다음의 두 가지가 있습니다.

1. /settings 메뉴에서 Remix 버튼을 눌러서 켭니다.(녹색 : On / 회색 : Off)

2. /prefer remix를 실행시켜 토글합니다.

Remix 모드를 사용하는 방법은 Remix 모드를 켠 후에,
Prompt를 실행시키면 나오는 결과 화면에서 V1 V2 V3 V4 🔄 버튼을 실행시키면 Prompt를 변경할 수 있는 창이 뜹니다.

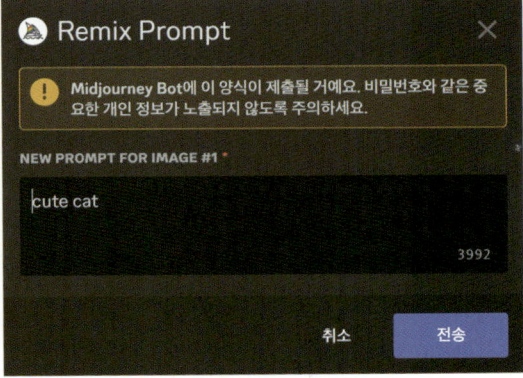

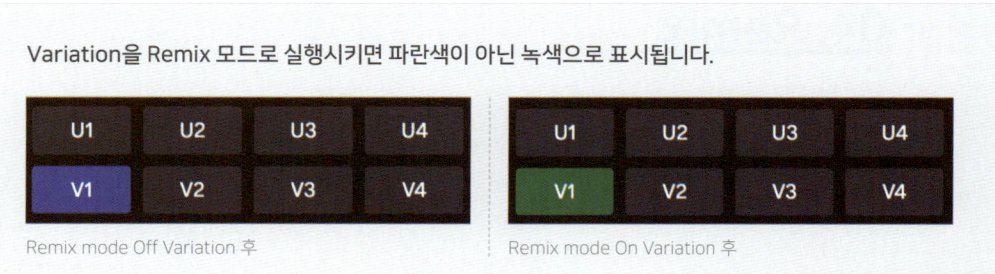

Variation을 Remix 모드로 실행시키면 파란색이 아닌 녹색으로 표시됩니다.

Remix mode Off Variation 후   Remix mode On Variation 후

P : cute cat

Remix : cute cat --niji 6
생성모델 변경

Remix : cute dog
Prompt 변경

[Low variation]
Remix : cute cat --v 6.0 --ar 4:3 --style raw
Parameter 변경

[High variation]
Remix : cute cat --v 6.0 --ar 4:3 --style raw
Parameter 변경

Remix Prompt로 Parameter 변경이나 추가를 할 때 가로세로 비율의 경우에는 외곽선을 유지하고 변경하는 Low Variation으로 실행하면 이미지와 같이 찌그러질 수 있습니다. 이런 경우에는 High Varication을 사용하는 것이 좋은 품질의 결과물을 얻을 수 있습니다.

> Parameter의 경우 Remix mode에서 효과가 나타나는 것은,
> **--ar, --no , --stop, --tile, --video, --v, --niji, --weird, --sref, --cref, --personalize** 입니다.

Remix mode를 켜고 Re-roll를 할 때 Prompt 변경 팝업이 뜨는데, 이 때 Prompt를 변경하면 시작 이미지가 없음으로 Prompt를 새로 입력해 실행한 것과 같은 결과가 나옵니다.

이외에도 Pan, Vary(Region)의 Remix mode 부분은 해당 내용에 자세히 다뤄져 있습니다.
또한, 고급활용 Tip의 Stable Diffusion Controlnet MJ ver.에서는 Remix mode를 좀 더 적극적으로 활용하는 방법에 대해서 다루고 있으니 자세한 활용방법은 해당 챕터를 참고하세요.

05. Vary Region + Remix

Remix 모드를 켜고 Vary(Region)을 실행시키면 팝업창의 기존 UI에 Prompt 수정 가능한 입력창이 추가됩니다.

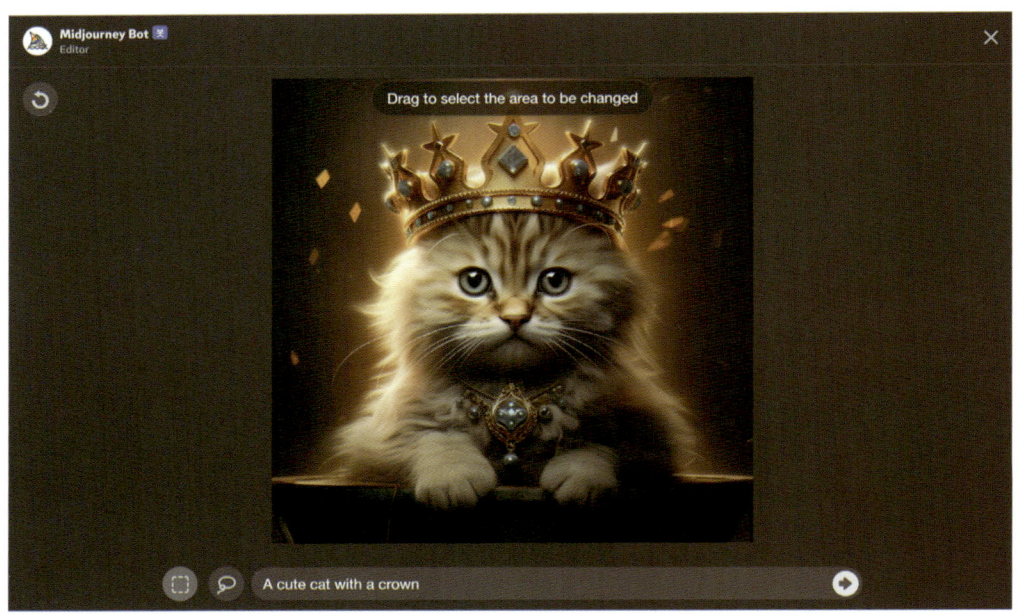

영역을 설정하고 Prompt를 A cute cat with a ball cap으로 수정해 주었습니다.

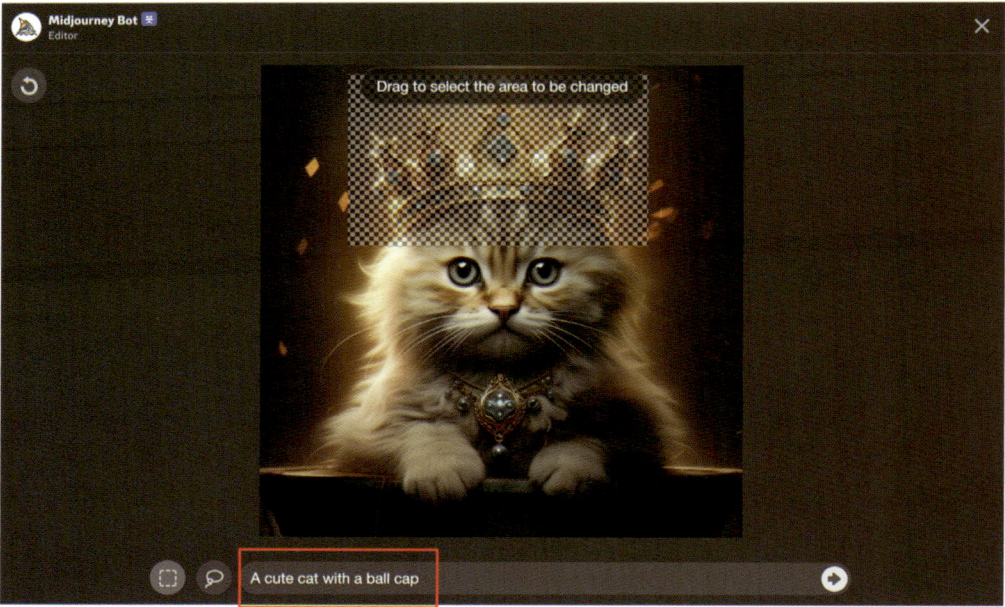

선택 부분이 바뀐 Prompt에 맞게 수정되어 생성됩니다.

[Vary Region + Remix Prompting Tip] From 미드저니 Official Website

선택 영역	크기가 결과에 영향을 미칩니다. 선택 항목이 많을수록 Midjourney Bot에 더 많은 상황 정보가 제공되므로 새로운 추가 항목의 확장 및 상황이 개선될 수 있습니다. 그러나 너무 많이 선택하면 새로 생성된 요소가 보존하려는 원본 이미지의 일부를 혼합되거나 교체 될 수 있습니다.
Prompt	Prompt는 선택한 영역에서 발생하려는 작업에 초점을 맞추어야 합니다. Midjourney Bot은 선택한 영역을 생성할 때 기존 이미지도 고려하므로 직접적인 Prompt가 더 효과적인 경우가 많습니다. 수정 Prompt는 대화체는 안 됩니다. "Please change the meadow trail into a beautiful stream"[초원길을 아름다운 시냇물로 바꿔주세요] (X) "meadow stream"[초원 시냇물] (O)
작은 단위로 반복 작업	이미지의 많은 부분을 변경하려면 작은 단위로 여러 번 반복 작업하세요. 이렇게 하면 각 부분에 집중된 Prompt를 만들 수 있습니다.

Region + Remix로 Prompt를 변경할 때 사용할 수 있는 파라미터

--chaos , --fast ,--iw , --no , --stylize , --relax , --style , --version , --niji , --video , --weird , --sref, --cref, --personalize

Vary Region + Remix 예시

1. 캐릭터 표정 바꾸기

P : cute cat --niji 6

Update Prompt : cry cat --niji 6

2. 여러 영역 변경

P : flowers

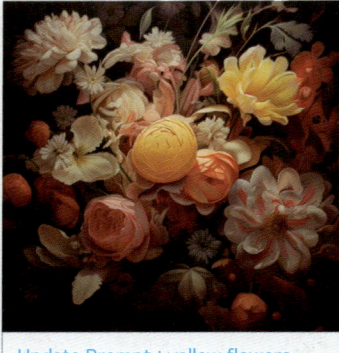
Update Prompt : yellow flowers

3. 배경 변경

P : cute cat

Update Prompt : blue sky

06. Multi Prompts :: (멀티 프롬프트)

❶ Multi Prompts란

미드저니는 Image Prompt와 Text Prompt가 있을 때 Image Prompt와 Text Prompt를 일정 비율 (--iw)로 반영하여 이미지를 생성합니다. 이와 같은 맥락으로 Text Prompt도 두 개(혹은 그 이상)의 문장으로 나누어서 반영하여 이미지를 생성하도록 지시하는 것이 Multi Prompts 입니다.

Multi Prompts 사용은 문장을 구분기호 [::] 로 앞과 뒤의 문장을 나누어 개별적으로 작동합니다.

/imagine prompt dragon :: fly [드래곤 :: 날다]

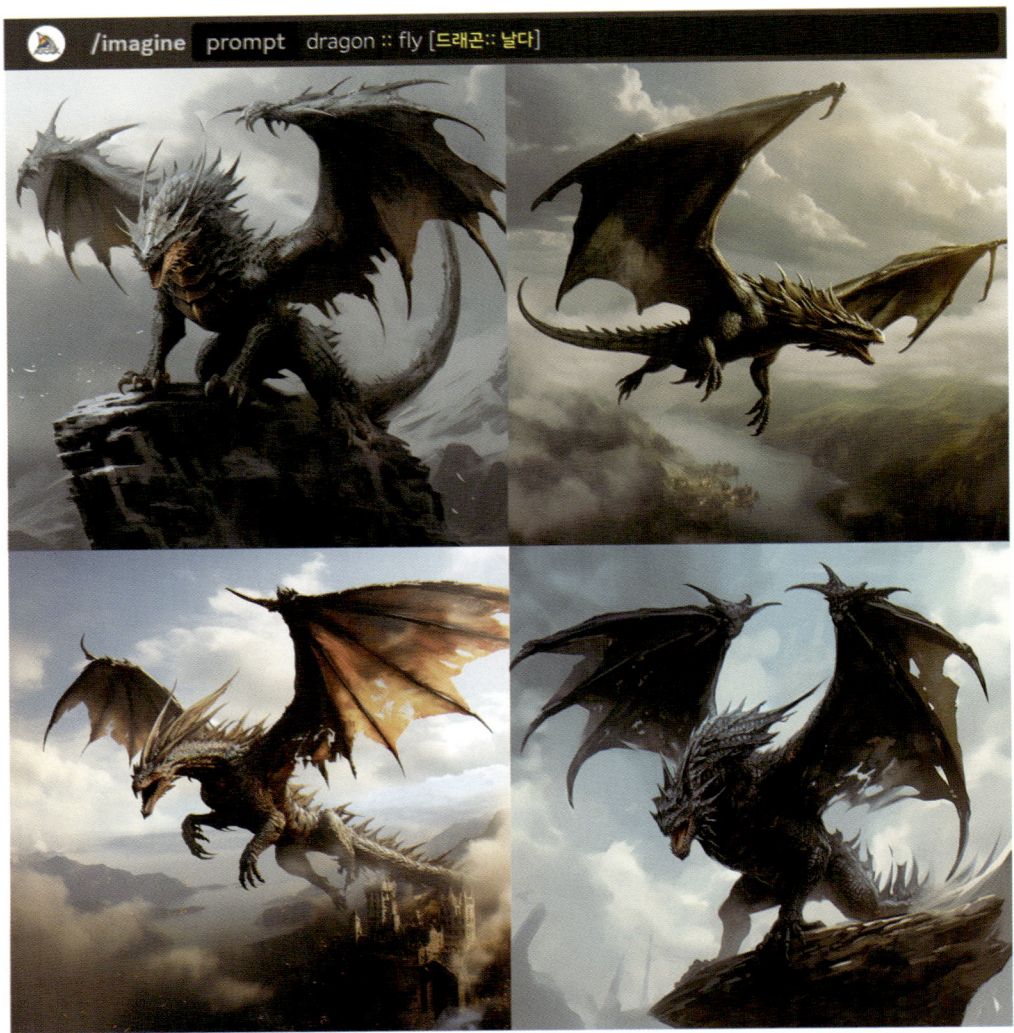

❷ Prompt Weight (가중치)

Multi Prompts에서 각각 반영할 때 문장별로 가중치를 부여할 수 있습니다. 이렇게 부여하는 가중치를 Prompt Weight이라고 합니다.

사용 방법은 :: 뒤에 숫자로 표시하면 됩니다.
주의해야 할 사항은 ::에 바로 붙여서 숫자를 작성해야 합니다. :: 와 숫자 사이에 스페이스가 존재하면 정상적으로 작동하지 않습니다. 그리고 Prompt Weight의 입력 값은 음수와 양수 그리고 소수점을 입력할 수 있습니다.

이전 Prompt(**dragon :: fly**)에서는 dragon과 Fly가 1 : 1 로 반영된 되었지만,
아래 Prompt(**dragon ::2 fly**)에서는 dragon에 가중치 2가 붙어서 dragon이 더 강조되어 있습니다.

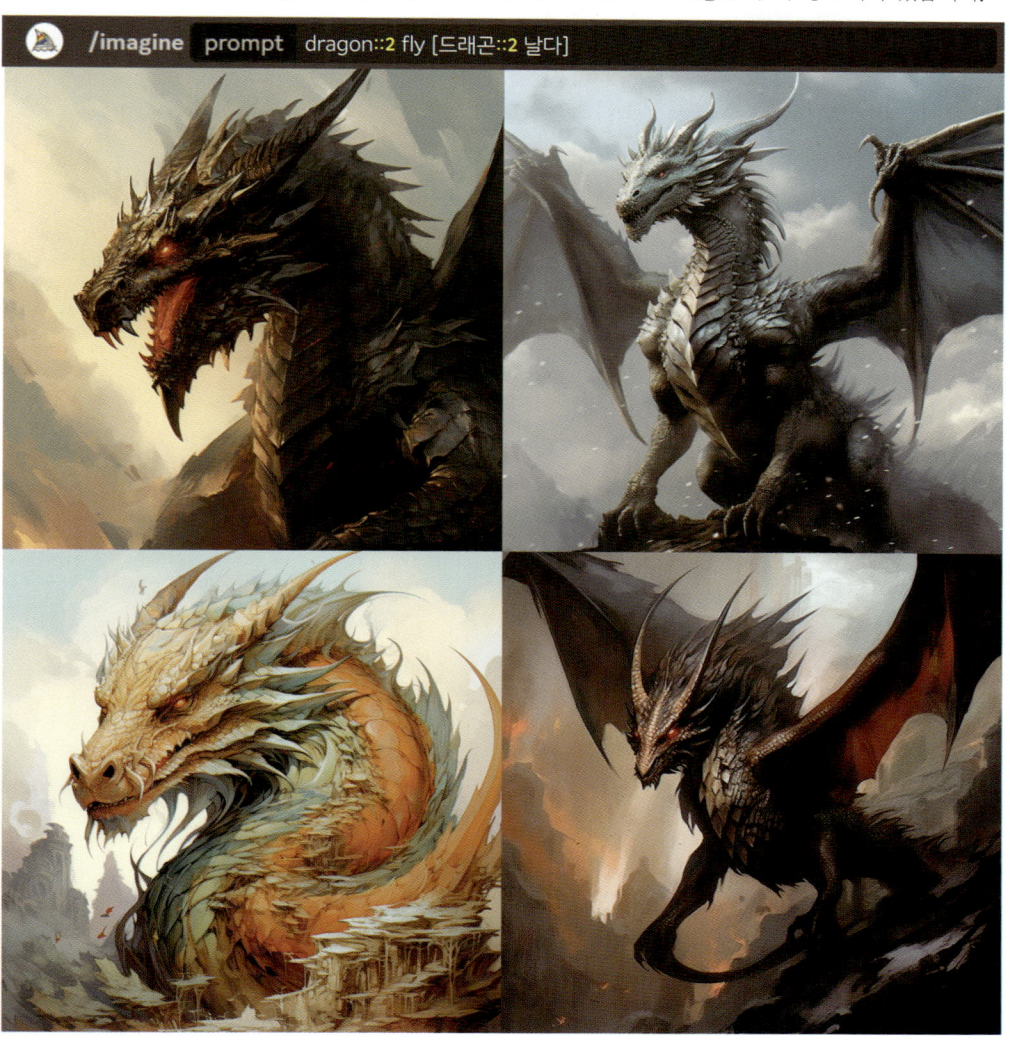

:: 를 단독으로 사용하면 기본적으로 ::1 이 적용되면 나머지 문장에도 ::1 이 적용됩니다.

```
dragon:: fly == dragon::1 fly::1
strawberry:: Cup cake == strawberry::1 Cup cake::1
strawberry::2 Cup:: cake == strawberry::2 Cup::1 cake::1
```

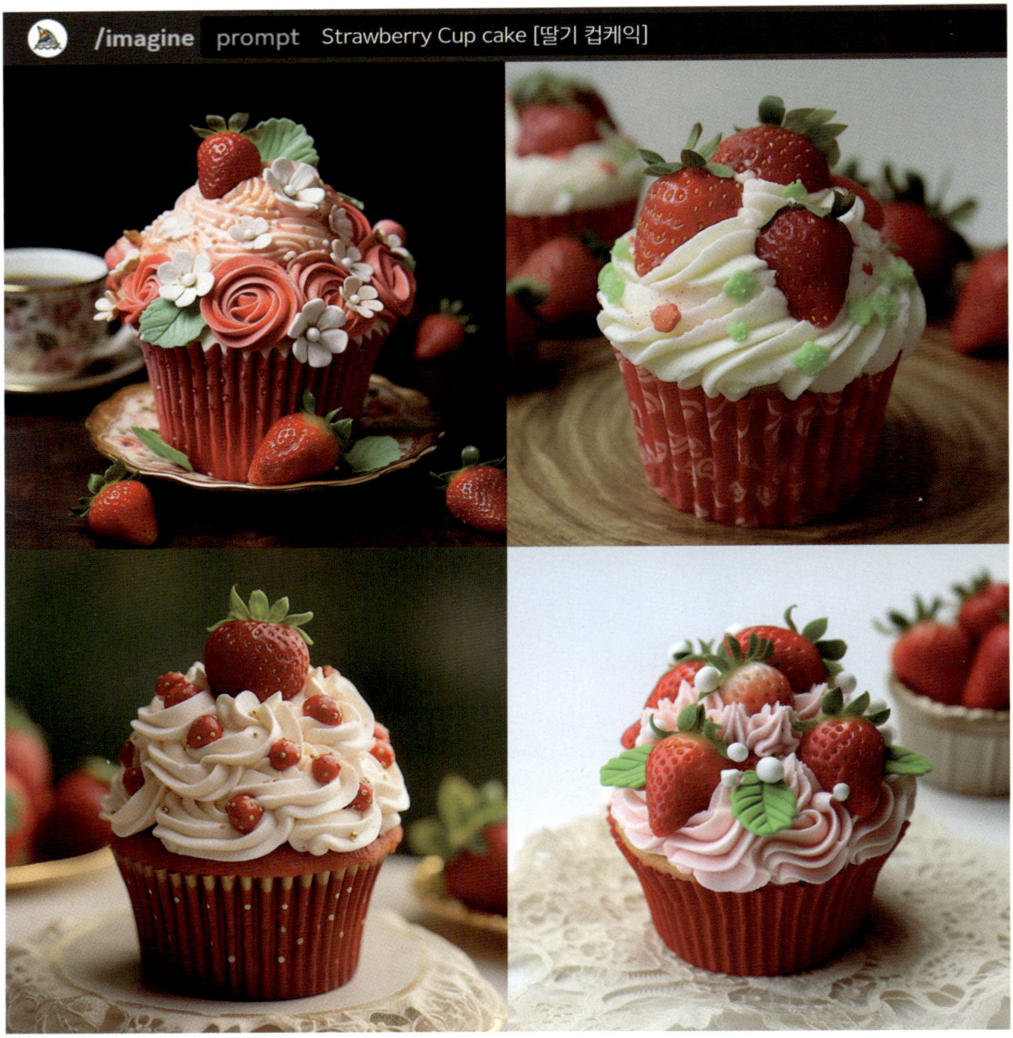

Prompt weight의 의도하는 범위에 정확히 작용이 안되더라도 이미지는 생성되기 때문에 제대로 반영 됐다고 착각하는 경우가 종종 있습니다.

예시처럼 간단한 문장에서는 생략해도 한 눈에 들어와서 이해하기 쉽지만, 복잡한 문장 구조에서 Prompt weight을 사용할 때는 명시적으로 :: 뒤에 1을 붙이고 뒷부분에도 ::1 을 표시하는 것이 오작 동을 막을 수 있습니다.

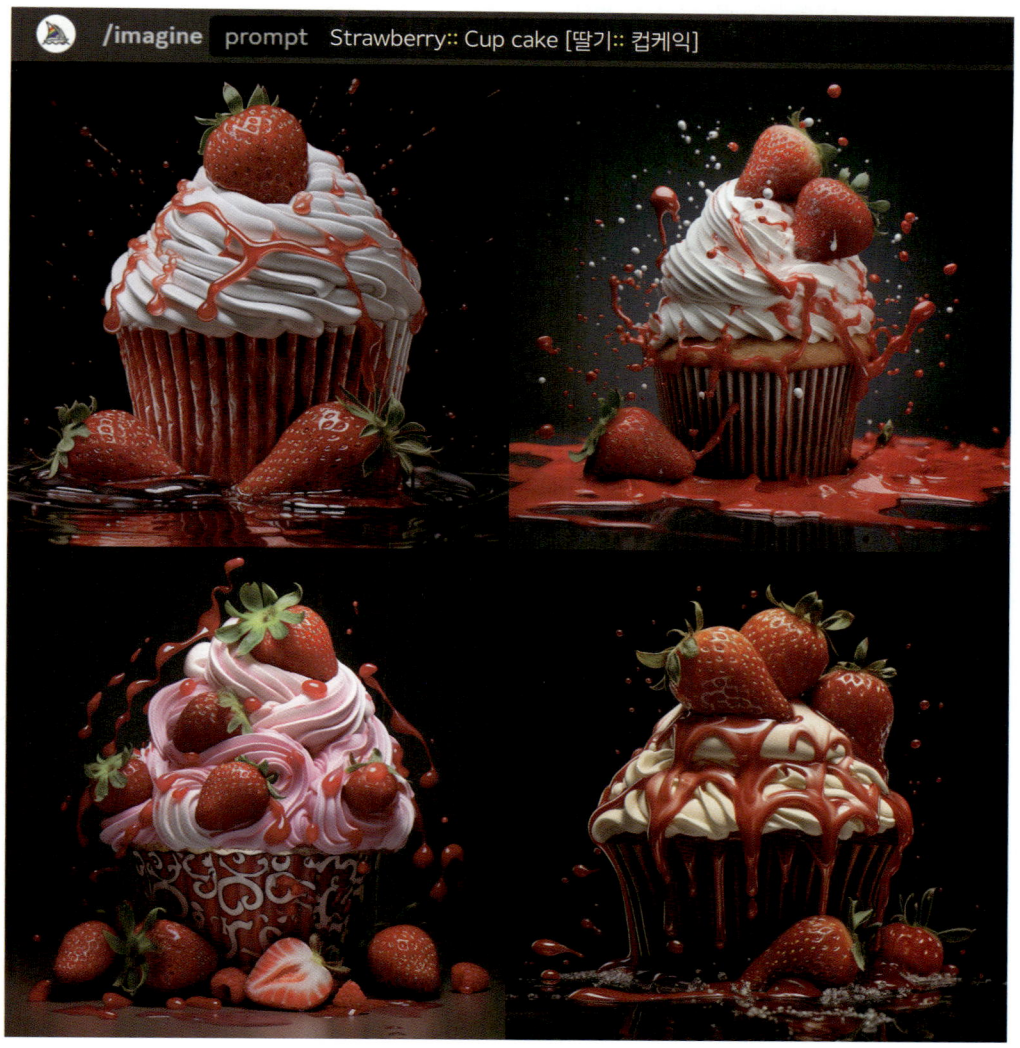

/imagine prompt Strawberry::2 Cup:: cake [딸기::2 컵:: 케익]

디테일을 올려주는 고급 Prompt 활용법 **5**

/imagine prompt Strawberry:: Cup::2 cake [딸기:: 컵::2 케익]

또한 Prompt Weight는 정규화되어 반영됩니다.

```
dragon:: fly == dragon::1 fly == dragon:: fly::1 == dragon::50 fly::50 == dragon::100 fly::100
strawberry:: cup::2 cake == strawberry::2 cup::4 cake::2 == strawberry::50 cup::100 cake::50
```

❸ Negative Prompt weight

Parameter **-no**는 내부적으로 ::-0.5로 작동됩니다.

❹ The sum of all prompt weights must be positive

--no와 ::-0.5로 같은 작동을 보인다고 해서 아래와 같이 실행시키면,

다음과 같은 에러가 발생합니다.

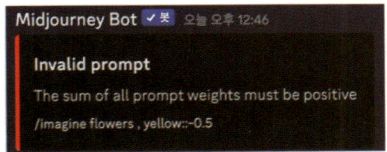

Negative Prompt Weight이 아래와 같이 적용한다고 착각하지만,

실제 가중치 적용 범위는 Flowers, yellow 전체에 적용되는 것입니다.

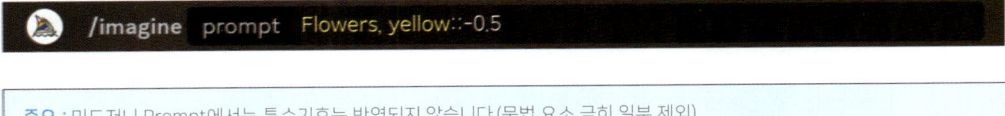

> 중요 : 미드저니 Prompt에서는 특수기호는 반영되지 않습니다.(문법 요소 극히 일부 제외)

에러 없이 사용하려면 다음과 같이 사용해야 합니다.

1. Flowers --no yellow
2. yellow::-0.5 flowers
3. Flowers:: yellow::-0.5

Prompt Weight의 문법의 가장 많은 잘못된 사용은 문장 내에서 단어를 강조하려고 사용하는 경우입니다. 이런 경우 문장 구조가 무너짐으로 문장 내 사용을 추천하지 않습니다.

추천하는 Prompt weight의 사용 방식은 아래와 같이 문장을 완성하고 그 문장을 [::]로 구분을 짓고 뒷 부분에 컨트롤하고 싶은 요소를 추가해서 표시하는 방법입니다.

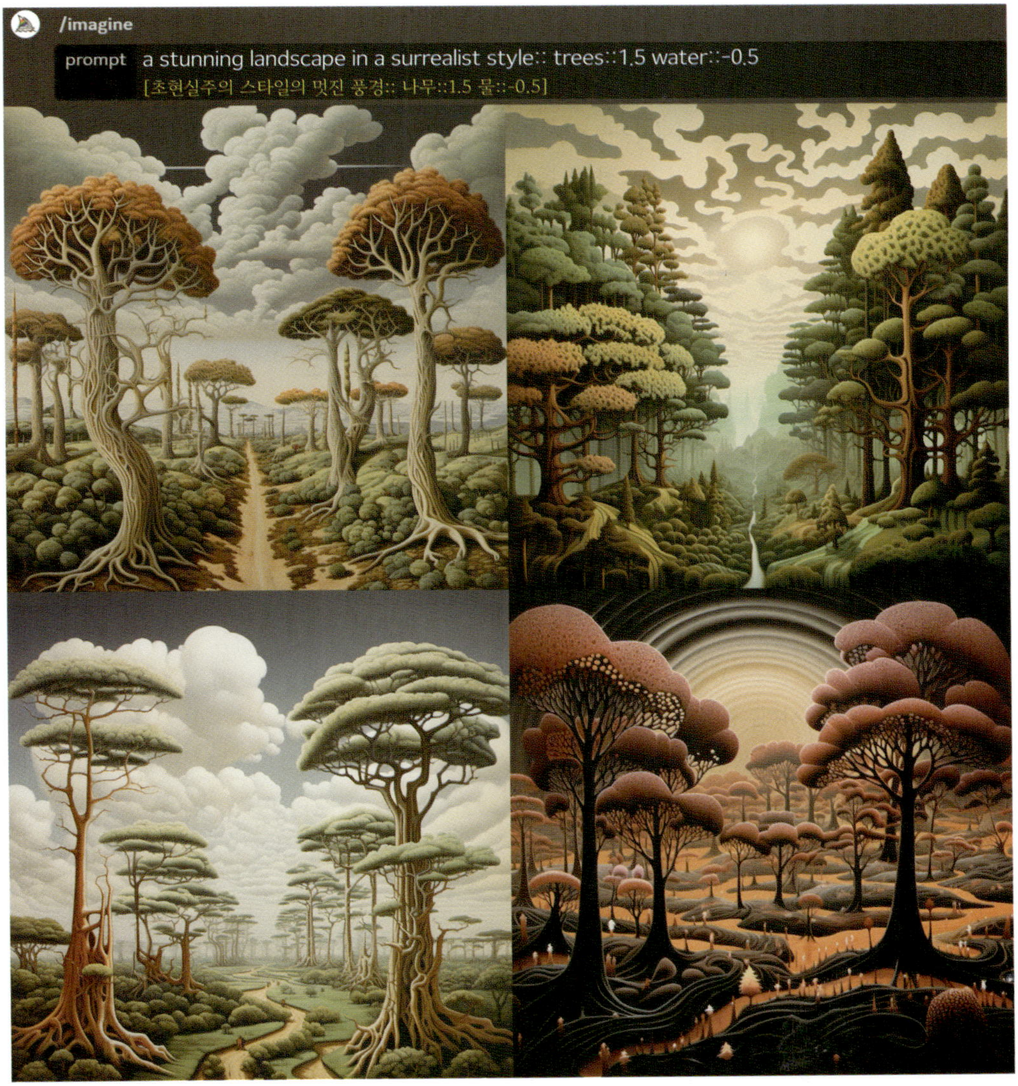
/imagine
prompt a stunning landscape in a surrealist style:: trees::1.5 water::-0.5
[초현실주의 스타일의 멋진 풍경:: 나무::1.5 물::-0.5]

❺ Individual Image Weight(IIW)

Prompt weight을 Text Prompt에 :: 을 붙여서 사용하는 것과 같은 방식으로 Image prompt에도 같은 방식으로 작동을 합니다. 이렇게 사용하는 방법을 Individual Image Weight(IIW) 라고 부릅니다.

원리상 정리하면 Prompt weight은 Individual Text Prompt weight 라고 할 수 있고 이 기능(IIW)은 Individual Image Prompt weight이라고 할 수 있습니다. 처음부터 뿌리는 같은 기능이라고 이해하시면 됩니다.

사용 방법은 Prompt weight과 같은 방식입니다.

> **Prompt**   imageURL1 ::1 imageURL2 ::2 imageURL3 ::3

주의해야 할 점은 URL 끝부분의 특수 기호와 '::' 기호가 연결된 것으로 인식, 입력되어 에러가 발생하는 경우가 종종 있습니다. 예시처럼 URL을 쓰고 한 칸 띄어서 '::' 를 사용하면 에러를 피할 수 있습니다.

또 다른 방법으로는 Discord에서 URL 링크를 입력하는 문법인 〈 〉을 사용합니다. 〈 〉을 사용하는 것은 Discord 문법이기 때문에 특별히 노이즈가 추가되거나 작동에 문제가 생기지 않습니다.

> **Prompt**   <imageURL1>::1 <imageURL2>::2

Image1 Prompt : cute cat , chibi, white background --niji 6

Image2 Prompt : cute blue monster, chibi, white background --niji 6

디테일을 올려주는 고급 Prompt 활용법 5

Image1_URL ::2 , Image2_URL ::1
--niji 6

Image1_URL>::1 ,
<Image2_URL>::1 --niji 6

Image1_URL ::1 ,
Image2_URL ::2 --niji 6

기본적으로 image prompt 2개를 사용하여 생성하면 1 : 1이 작용됩니다. 이해를 돕기 위해 캐릭터가 섞이는 것을 보이기 위해 niji 모델을 사용했지만 기존의 v 모델에서도 같은 방식으로 작동됩니다.

Individual image weight은 Text prompt의 prompt weight와 함께 사용해도 잘 작동합니다. 그러나 숫자적으로 weight가 작동하기보다는 프롬프트 내에서 맥락에 따라 작동하는 편이어서 어떤 맥락이냐 에 따라 다르기 때문에 Text prompt weight와 individual image weight을 함께 사용하는 것은 미드저니 사용법을 충분히 익힌 후에 시도하는 것을 권장합니다.

Prompt의 작동 원리와 맥락이 파악이 안된 상태에서 prompt weight과 individual image weight을 섞어서 함께 사용하면 원하는 결과와 점점 멀어지는 미로에 빠질 수 있습니다.

입력 형식이 숫자가 들어가서 정량적 작동이 될 것이라는 착각을 하기 쉬운 형태인데 이렇게 작동 안 될 때 생성형 AI 구조상 정상 작용하는 범위에 관해 설명이 불가능하기 때문에 공식 홈페이지의 매뉴얼에도 빠져 있는 내용입니다.

이러한 이유로 현재는 기능이 작동하지만, 언제든지 작동하지 않을 수 있음을 유념해야 합니다.

07. Zoom out

❶ Zoom out Basic

Upscale 인터페이스에 이미지의 비율에 따라서 아래와 같은 버튼이 나옵니다.

가로×세로 비율이 1 : 1 이미지의 경우,
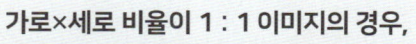 버튼

가로형 이미지는  버튼 추가

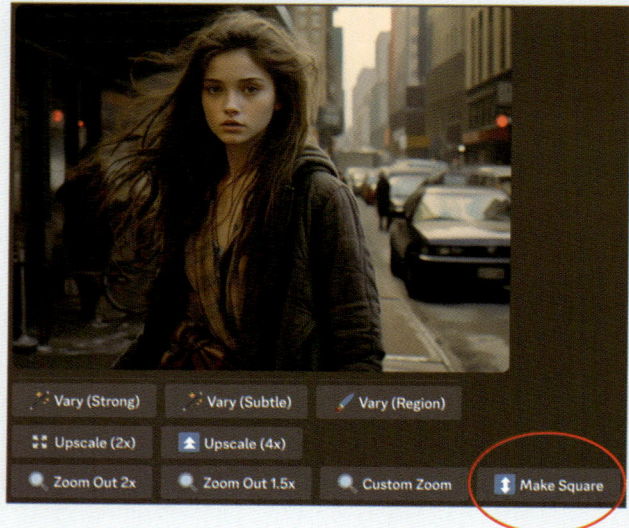

세로형 이미지는 Make Square 버튼 추가

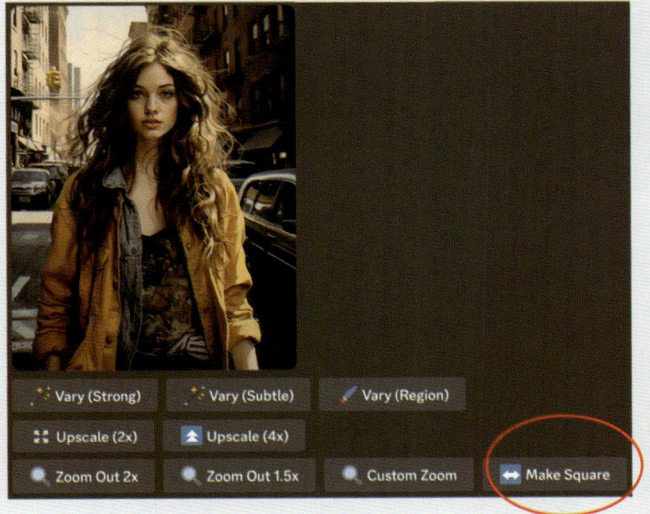

- **Zoom Out 2x** : 이미지 중심에서 상하좌우로 2배 영역을 생성합니다.
- **Zoom Out 1.5x** : 이미지 중심에서 상하좌우로 1.5배 영역을 생성합니다.
- **Custom Zoom** : Prompt 변경와 --zoom , --ar 값을 입력 할 수 있는 팝업이 뜹니다.
- 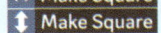 : 이미지를 1:1로 만듭니다. Custom Zoom으로 --zoom 1, --ar 1:1과 같은 결과가 나옵니다.

P : a girl in NY street

Zoom Out 1.5x

Zoom Out 2x

이미지 사이즈

1 : 1 - 1024px × 1024px
2 : 1 - 1536px × 768px
1 : 2 - 768px × 1536px

Custom Zoom : a girl in NY street --zoom 1 --ar 1:2

Custom Zoom : a girl in NY street --zoom 1 --ar 1:2

Custom Zoom : a girl in NY street --zoom 2 --ar 2:1

❷ Custom Zoom + Remix

Zoom out 시 중앙 부분은 이미 생성이 끝난 상태로 고정되어, Prompt를 변경하면 다음 같은 응용이 가능합니다.

P : cute cat -niji 5

Custom zoom : cute cat in frame --zoom 2 -v 5.2

[생성모델 변경]

Custom zoom : A picture frame in the living room --v 5.2 --ar 2:1 --zoom 2

[비율 변경]

이것을 응용하면 그림을 만들고 원하는 곳에 그림이 걸려 있는 이미지를 만들 수 있습니다.

P : a cup of coffee, abstract, oil painting

Custom Zoom : Picture frames on a cafe wall --ar 2:1 --zoom 2

P : a cup of coffee, abstract, watercolor --s 250 --ar 3:4
[커피한잔, 추상화, 수채화]

Custom Zoom : frames in gallery wall --ar 2:1 --zoom 2

08. Pan

Upscale 후 나오는 화살표 를 누르면 이미지를 중심으로 선택한 방향으로 이미지가 늘어납니다. 우측 그림은 Pan Right 결과입니다.

(V 5.x / Niji 5 모델에서는 Pan으로 이미지를 확장하면 Variation은 지원하지 않습니다.)

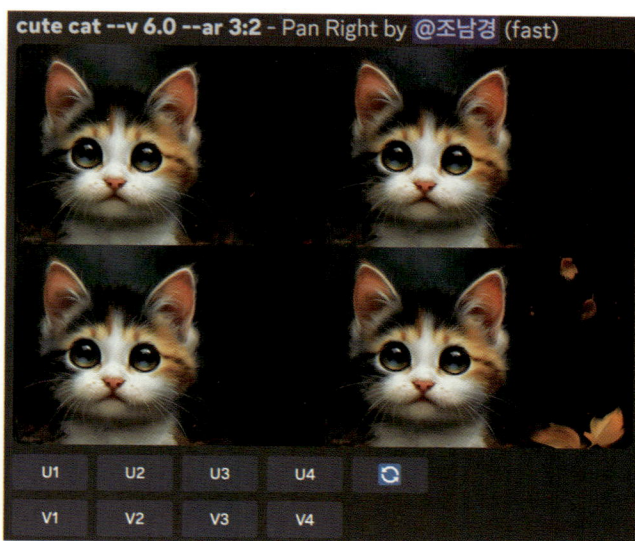

이 중 하나를 선택하여 Upscale하면 아래 그림처럼 나타납니다. (V 5.x / Niji 5 모델에서는 만 보입니다.)

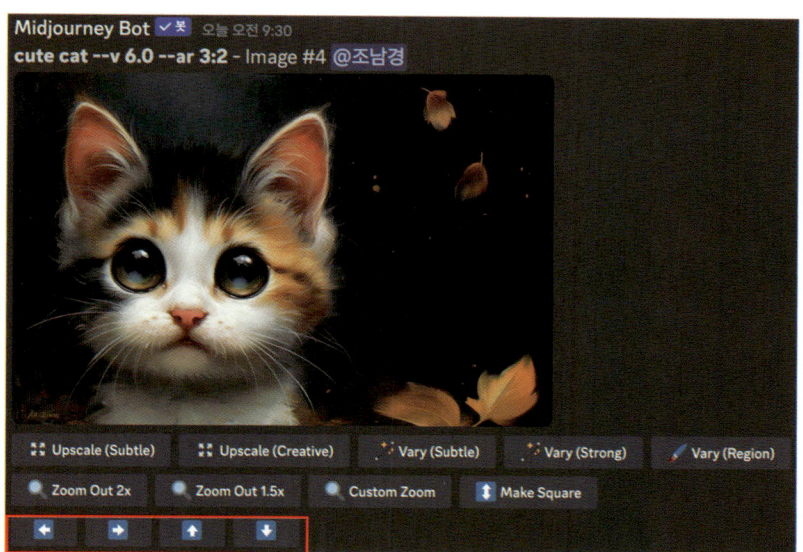

이 부분은 V6 업데이트 후 내부적 기능 변화가 있는 내용이라 V5.x와 V6의 기능을 비교해서 한 번에 설명하고 이후는 V6 기준으로 설명하겠습니다.

V5.x / Niji 5

Pan 사용 시 좌우 혹은 상하를 선택하면 이후 선택한 방향(좌우 or 상하)만 확장이 가능합니다. 또한 Vary(Subtle/Strong/Region)은 지원하지 않습니다.

확장되는 영역은 기존 이미지의 절반 크기입니다.(1024px×1024px의 Right Pan은 1536px×1024px) 그리고 확장을 계속하면 이미지 리사이즈 없이 이미지가 계속 추가됩니다. **이론상** 무한대 이미지를 제작할 수 있습니다. 확장하는 방향(가로 or 세로)을 바꾸고 싶으면 Make Square 을 클릭해서 1 : 1 이미지로 만들면 됩니다. (이때 이미지 사이즈는 1024px×1024px로 리사이즈 됩니다.)

V6 / Niji 6

V5.x / Niji 5의 무한 확장 Pan 기능은 이미지가 커질수록 1회 이미지 추론을 위한 한정된 연산 능력으로는 기존에 이미 생성된 부분과의 일관성을 점점 잃게 됩니다. 또한 Pan 이후에 Vary(Subtle/Strong/Region) 등을 사용할 수 없는 것에 대한 사용자들의 불만도 꾸준히 있었습니다.

이상의 이유로 V6 / Niji 6에서는 이 Pan의 기능에 변경이 있습니다.

기본적인 사용방법은 이미지를 확장하고 싶은 방향으로 ⬅ ➡ ⬆ ⬇ 를 클릭해서 이미지를 확장합니다. 위의 예시 이미지에 보면 실행되는 Prompt에 --ar 3:2이 추가된 것을 볼 수 있습니다. 현재 이미지를 기준으로 확장하려는 방향의 50%가 비율상 커집니다. 단, 이렇게 생성된 이미지의 크기는 1344px×896px 입니다. 최초 생성 시 --ar 3:2으로 생성한 이미지 사이즈와 같습니다.

변경된 이 방법을 통해서 이미지 사이즈는 줄어들지만, Pan 이후에 최초 확장한 방향으로만 확장이 가능해 발생하는 묶기는 현상(Pan Locking)이 없어져서 모든 방향(상하좌우)으로 추가적인 Pan이 가능해졌고, Vary(Subtle/Strong/Region)도 사용할 수 있게 되었습니다. 또한 V5.x/Niji 6와 비교했을 때 여러 번의 Pan을 실행시키더라도 생성된 부분의 일관성이 향상되었습니다.

줄어든 사이즈는 Pan/Zoom/Vary 작업이 끝난 단계에서 Upscale(Subtle / Creative)를 사용하여 최종적으로 큰 사이즈의 이미지를 얻을 수 있습니다.

디테일을 올려주는 고급 Prompt 활용법 **5**

Pan 기능을 사용하여 확장되는 이미지의 비율과 사이즈는 아래와 같습니다.

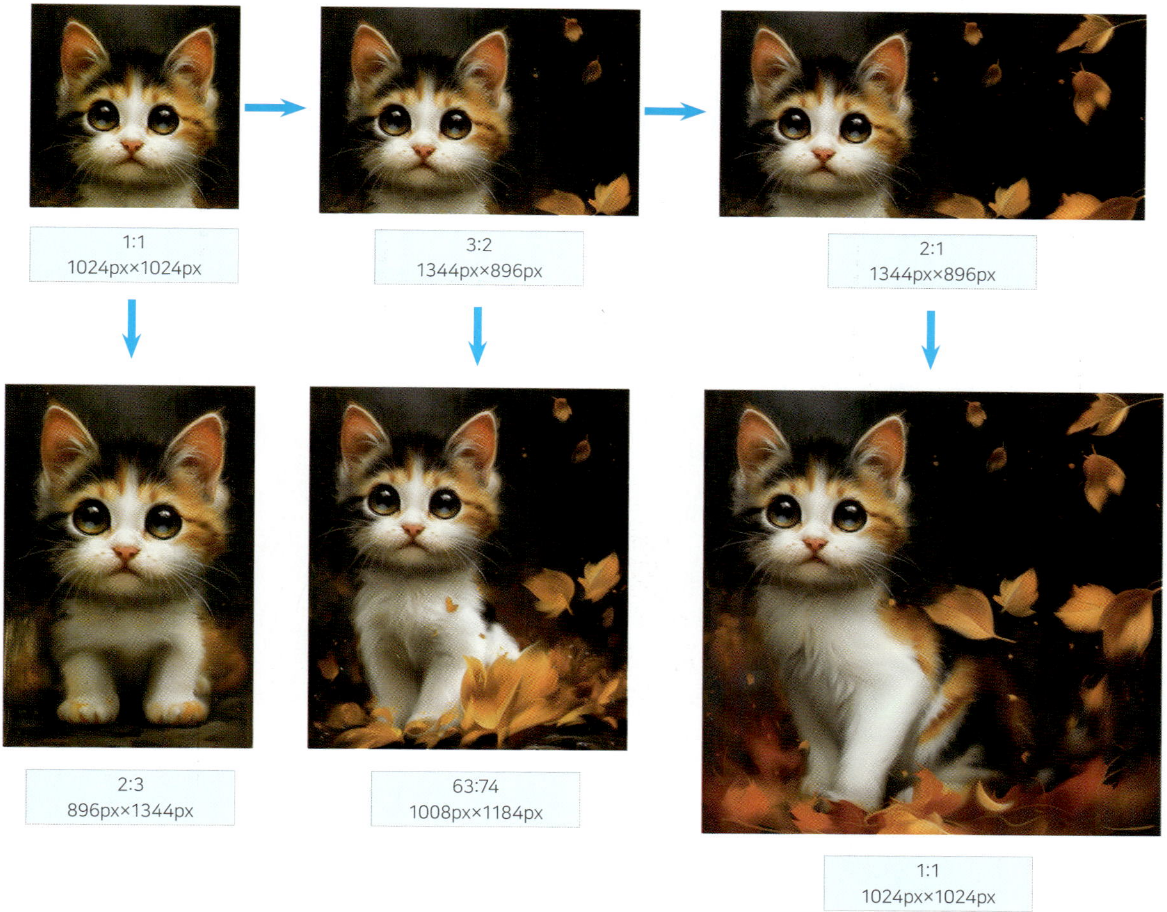

1:1
1024px×1024px

3:2
1344px×896px

2:1
1344px×896px

2:3
896px×1344px

63:74
1008px×1184px

1:1
1024px×1024px

아래 이미지와 같은 Pan 기능을 활용해서 캐릭터 일관성 있게 추가하는 부분은 [고급 활용 Tips] 편에서 좀 더 자세히 다루고 있으니 참고하세요.

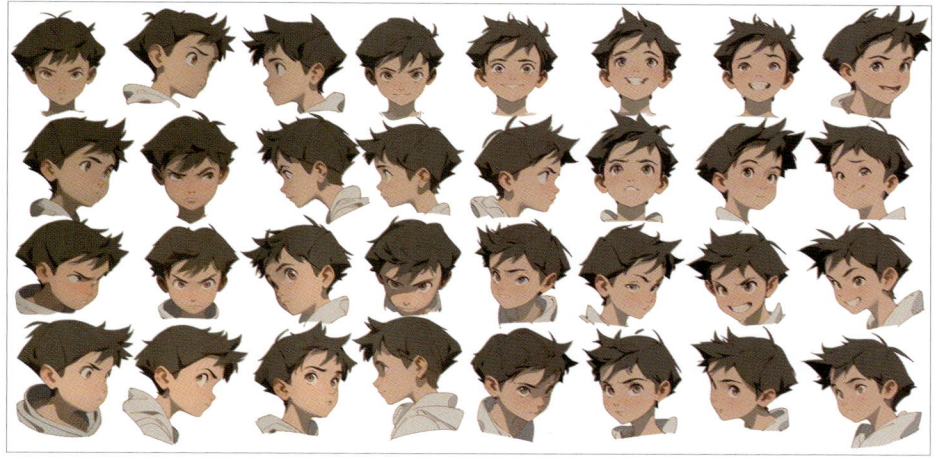

167

[V6.x , Niji 6 Only]

09. Style Reference : --sref

❶ --sref

이미지를 첨부하여 첨부된 이미지의 스타일을 참조하는 Parameter 입니다. 사용 방법은 다음과 같습니다.

Prompt   [Text Prompt] --sref [reference Image URL]

P : cute cat, oil painting, abstract

P : cute dog --sref 스타일 참조 이미지 URL

생성된 이미지에서 마우스 우클릭하면 이미지 링크(URL)를 얻을 수 있습니다. 새로운 프롬프트에서 --sref 옆에 복사한 이미지 링크(URL)를 넣어 주면 해당 링크의 스타일이 참조된 이미지가 생성됩니다.

예시에서 보는 것처럼 두 번째 이미지의 Prompt는 cute dog가 전부임에도 참조한 이미지의 스타일 (oil painting, abstract, 색감 등)이 그대로 반영된 것을 볼 수 있습니다.

> **유의 사항**
>
> 1. 사진 같은 사실적인 결과물의 Text Prompt를 입력하고 이와는 상충되는 일러스트 스타일의 이미지를 스타일 참조 이미지로 사용할 경우, Text Prompt에 **photorealism, photograph** 등의 키워드를 추가해야 원하는 사실적인 결과물을 얻을 수 있습니다.
>
> 2. 스타일 참조는 Image Prompt에 직접적으로 영향을 주지 않으며, Text Prompt가 하나 이상 포함된 작업에서만 작동을 합니다.

❷ 다중 이미지 참조(Multiple Reference Images)

한 개 이상의 이미지를 스타일 참조 이미지로 사용할 수 있습니다. 사용 방법은 다음과 같습니다.

Prompt [Text Prompt] --sref [Reference Image URL1] [Reference Image URL2] [Reference Image URL3]

[Ref. Image 1]
P : cute cat, oil painting, abstract

[Ref. Image 2]
P : a cup of coffee, oil painting, abstract --s250

[Ref. Image 3]
P : landscape, sea

P : dog --sref [Ref.Image1_URL] [Ref.Image2_URL]

[Ref. Image 1]+[Ref. Image 2]

P : dog --sref [Ref.Image1_URL] [Ref.Image2_URL] [Ref.Image3_URL]

[Ref. Image1]+[Ref. Image2]+[Ref. Image3]

1번과 2번 이미지를 참조해서 나온 이미지를 보면, 1번 이미지의 고개를 위로 보고 있는 회화톤과 2번 이미지의 빨간색과 녹색이 흩날리는 느낌을 참고한 결과가 보입니다. 1, 2, 3번의 이미지를 모두 참조한 이미지는 색감은 전체적으로 섞여 있고 참조 3번 이미지의 햇빛이 떨어지는 느낌까지 반영한 것을 볼 수 있습니다.

스타일을 참조하는 것이지 실제 그림이 합성되는 것이 아니라는 것을 꼭 기억해야 합니다.
두 이미지의 특징을 섞어서 결과물을 얻고 싶다면 이 기능이 아닌 /blend 기능을 사용해야 합니다. 이 기능은 분위기, 그림 스타일을 참고하는 것입니다. 그러기 때문에 /blend와 비교하면 덜 직관적입니다.

❸ 다중 이미지 가중치 (Reference Images Weight)

Image Prompt의 individual image weight 방식과 동일한 방법으로 참조 이미지들 간에 가중치를 줄 수 있습니다. 사용 방법은 다음과 같습니다.

Prompt [Text Prompt] --sref Image1_URL ::1 Image2_URL ::2 Image3_URL ::1

[Ref. Image 1]
P : cute cat, --style raw

[Ref. Image 2]
P : cute cat, --niji 6

P : dog --sref Ref.Image1_URL ::2
Ref.Image2_URL ::1

P : dog --sref Ref.Image1_URL ::1
Ref.Image2_URL ::1

P : dog --sref Ref.Image1_URL ::1
Ref.Image2_URL ::2

결과의 차이점을 더 확실히 보이기 위해서 참조이미지 1번은 실사, 2번은 Niji의 만화 스타일로 사용하였습니다.

각각 다른 비율로 참조 이미지 가중치를 달리한 결과를 보면 실사 쪽에서 점점 만화 쪽으로 변해가는 것을 볼 수 있습니다.

❹ 애니메이션 그림 스타일 참조

90년대 스타일의 애니메이션 스타일을 이미지를 참조시켜서 이미지를 생성하면 비슷한 그림 스타일의 다양한 결과물을 얻을 수 있습니다.

P : cute girl in the school , 1990s anime style --niji 6

아래 그림을 보면 --sref 가 참조하는 대상이 그림 스타일뿐만 아니라 조명, 컬러 등이 포함돼 있는 것을 확인 할 수 있습니다.

P : boy and girl in the street --niji 6
--sref **Ref_Image_URL**

P : boy and girl in school play ground --niji 6
--sref **Ref_Image_URL**

이렇게 다양한 부분이 모두 참조가 되고 특정 부분만을 선택할 수 없기 때문에 그림 스타일만 참조하고 싶을 때는 참조 이미지를 **흰색 배경**에 생성해 사용하면 **보다 효과적**입니다.

P : cute girl , white background --niji 6

아래 그림을 보면 --sref 가 참조하는 대상이 그림 스타일뿐만 아니라 조명, 컬러 등이 포함돼 있는 것을 확인 할 수 있습니다.

P : boy and girl in the street --niji 6
--sref **Ref_Image_URL**

P : boy and girl in school play ground --niji 6
--sref **Ref_Image_URL**

❺ Style Reference Seed

Style Reference(sref)를 이미지를 사용하는 참조하는 방법 이외에 기존에 미드저니가 생성해 둔 스타일을 사용하는 방법도 있습니다.

이런 기존에 이미 생성된 스타일의 코드를 Style Reference Seed 라고 부르면 줄여서 sref seed라고 부릅니다.

Sref seed는 이미지 생성에서 사용하는 seed와 **완전히 다른 개념** 입니다. 이 두 기능을 혼동하는 경우가 종종 있는데 주의하셔야 합니다.

5-1. Sref Seed 생성

다음과 같이 프롬프트를 실행시키면, 그림과 같이 번호가 무작위로 생성되며, 이때 생성된 번호를 sref seed 라고 부릅니다.

Sref seed의 범위는 0 ~ 4,294,967,295(2^32)이고, 무작위(Random)로 생성됩니다.

P : cute cat --sref random
▼
P : cute cat --sref random **405078434**

P : cute cat --sref random
▼
P : cute cat --sref random **3256926476**

5-2. Sref Seed 사용

무작위로 생성된 번호를 --sref 405078434와 같이 Image URL 대신 이 번호를 적어주면 됩니다.

생성된 이미지에서 볼 수 있듯이 전체적으로 그림 스타일이 동일한 것을 확인할 수 있습니다.
Sref Seed를 사용하면 이미지를 참조할 때 그림 스타일 뿐만 아니라 컬러나 구도, 분위기 등까지 참조되어 그림 스타일만 참조하는 것이 힘든 한계를 넘어설 수 있습니다.

Niji 모델에서도 비슷한 스타일이 애니메이션 효과로 적용되어 좀 더 깔끔한 결과물이 나옵니다.

Sref Seed는 예시의 애니메이션 스타일만 있는 것이 아닌 다양한 스타일의 Sref Seed가 존재합니다.

보다 다양한 Sref Seed는 [고급 활용 Tips] 편에서 다루고 있으니 참고하세요.

5-3. 다중 Sref Seed 참조

여러 개의 Sref Seed를 동시에 참조할 수 있습니다.

사용방법은 --sref 뒤에 sref seed를 연속해서 입력하면 됩니다. 순서에는 상관이 없습니다.

P : cute girl --sref 2964623349   P : cute girl --sref 206453950

위의 예시에서 보는 것처럼 위좌측은 애니메이션 스타일의 Sref Seed(2964623349)이고, 위우측은 Artwork 스타일의 Sref Seed(206453950)인데, 이를 함께 사용해서 이미지를 생성하면 아래의 그림처럼 애니메이션 스타일과 Artwork 스타일이 반반 섞인 결과물이 나오는 것을 확인할 수 있습니다.

P : cute girl --sref 2964623349 206453950

좀 더 주의 깊게 봐야 할 내용은 공통의 프롬프트인 cute girl의 나이를 해석할 때 애니메이션 스타일의 Sref Seed(2964623349)는 10대 초반의 어린 여자 아이로, Artwork 스타일의 Sref Seed(206453950)는 20대의 여성으로 해석한다는 것입니다. 이 둘을 섞은 결과물은 10대 중반의 인물이 나오는 것으로도 두 Sref Seed가 섞인 것을 확인 할 수 있습니다.

또한 2개 이상의 Sref Seed를 섞는 것도 가능합니다.

애니메이션 스타일의 Sref Seed(2964623349)와 Artwork 스타일의 Sref Seed(206453950)에 회화적 특징이 강한 Sref Seed(3764293199)를 섞으면 아래의 그림처럼 애니메이션 스타일의 특징과 Artwork 스타일의 색감이 약해지고 회화 스타일의 붓터치가 반영된 결과물이 나타납니다.

이해를 돕기 위해 굉장히 강한 특징을 보이는 Sref Seed를 사용했음에도 Sref Seed의 스타일적 특징을 겨우 확인할 정도의 결과물이 나옵니다.

기술적으로 2개 이상의 Sref Seed를 섞어서 사용하는 것이 가능하지만, Sref Seed의 스타일과 특징을 정확히 파악이 안 된 있는 상태에서 섞어 쓰면 원하는 결과물과 점점 멀어질 수 있으니 참고하시기 바랍니다.

5-4. 다중 Sref Seed 참조 가중치

여러 개의 Sref Seed를 섞어서 사용할 때 Multi Prompt 의 문법인 :: 을 사용해서 Sref Seed 참조 강도를 조절할 수 있습니다.

| P : cute girl --sref 2964623349::2 206453950::1 | P : cute girl --sref 2964623349::1 206453950::1 | P : cute girl --sref 2964623349::1 206453950::2 |

5-5. Sref Seed 와 Image 참조 같이 사용하기

Sref로 Image를 직접 참조해서 사용할 때 여러 개의 Image 를 참조 시킬 수 있습니다. 또한 Sref Seed 를 이용할 때도 이 또한 여러 개의 Sref Seed를 섞어서 사용할 수 있습니다.

또한 Sref Image 와 Sref Seed 도 함께 섞어서 사용할 수 있습니다. 사용방법은 --sref 파라미터 뒤에 Sref Seed와 Image URL을 동시에 적어주면 됩니다. 입력 순서에는 관계 없습니다.

--sref 2964623349

참조 Image

P : cute girl --sref 2964623349 참조_Image_URL

| Sref Seed를 섞어서 참조한 경우 | Sref Seed와 Image로 참조한 경우 |

두 가지 방법의 차이를 확인 할 수 있는데 Sref Seed와 Image를 함께 사용해 스타일을 참조한 경우에는 Sref Seed를 섞어서 사용한 것에 비해서 Image의 스타일의 특징이 조금 덜 반영되는 것을 확인할 수 있습니다. 이 부분은 장점과 단점이라고 이해하기보다는 방법적 특징으로 이해해서 필요한 경우에 적절한 방법을 선택해서 사용하시면 됩니다.

이 경우에도 Multi Prompt 문법(::)을 사용해서 참조 가중치를 줄 수 있습니다.

| P : cute girl --sref 2964623349::2 참조_Image_URL::1 | P : cute girl --sref 2964623349::1 참조_Image_URL::1 | P : cute girl --sref 2964623349::1 참조_Image_URL::2 |

이 방법 또한 여러 개의 Sref Seed와 여러 개의 Sref Image를 사용할 수 있습니다. 하지만 3개 이상의 참조가 됐을 때 특성들이 나타나는 것이 정량적이 아닌 경우들이 많습니다.

이럴 때는 가중치를 사용하시면 개별 스타일의 특징을 보다 명확하게 확인 할 수 있습니다.

❻ 참조 강도 조절(Style Reference Weight) Parameter : --sw

--sref와 함께 발표된 --sref의 스타일 참조 강조 조절 파라미터입니다.

기본값 : 100 / 최솟값 : 0(참조 꺼짐) / 최댓값 : 1000

스타일 참조 이미지

--sw 50

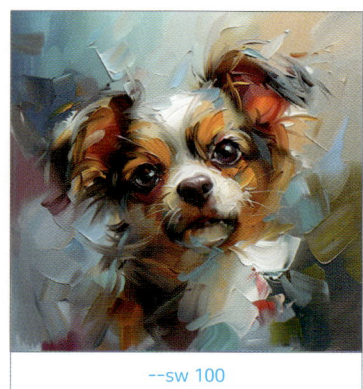
--sw 100
기본값

--sw 200

--sw 500

--sw 1000
최댓값

스타일 참조 이미지를 사용하는 경우, 기본 스타일(oil painting, abstract)은 조절 강도와 관계없이 일관되게 적용되는 것으로 보입니다. 참조 이미지의 색상과 형태(예: 고양이의 얼굴 부분만 자세히 묘사되고 몸통 부분은 뭉개져 표현된 것)는 '--sw' 값이 증가함에 따라 점차 유사해지는 경향을 보입니다.

이를 통해 미드저니가 말하는 '스타일 참조'는 단순히 기법만을 의미하는 것이 아니라 구성, 색상, 분위기 등을 포괄하는 개념임을 유추할 수 있습니다. 또한 '--sw' 값의 높고 낮음에 따라 결과가 달라지는 것은 미드저니의 미학적 파라미터('--stylize', '--chaos', '--wired')와 유사하며, 높은 값이 항상 산술적으로 비례하는 결과를 내는 것은 아닙니다.

[V6.x , Niji 6 Only]
10. Character Reference : --cref

기존 캐릭터 이미지를 참조해서 다양한 상황에 같은 캐릭터를 생성할 수 있게 하는 파라미터 입니다.

❶ 이미지 생성

참조 이미지는 흰색 바탕에 캐릭터를 생성하는 편이 Cref 사용시 배경의 영향을 덜 받아 좀 더 잘 작동합니다.

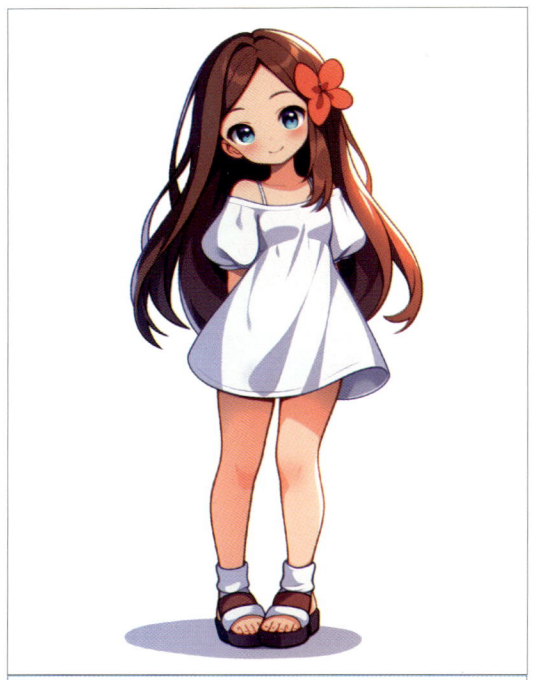

P : cute girl , full body, **white background** --niji 6 --ar 3:4

P : a girl with long hair, sitting on bench in the park --niji 6 --ar 3:4 --cref **Ref_Image_URL**

위와 같은 이미지를 준비한 후,

1. 캐릭터를 묘사해줍니다.
-> a girl with long hair

2. 행동과 배경을 묘사해 줍니다.
-> sitting on bench in the park

이를 모두 조합해서 프롬프트를 만듭니다.

P : a girl with long hair, sitting on bench in the park
--cref Ref_Image_URL

예시에서는 참조 이미지가 Niji 모델로 생성한 이미지라서 결과물도 Niji 모델을 사용했지만 V 모델에서도 잘 작동합니다.

Cref는 한번에 하나의 캐릭터만 사용이 가능하고 휴머노이드(인간형)캐릭터에 작동합니다.

❷ 다중 이미지 참조

Cref 는 여러장의 이미지를 참조 이미지로 사용할 수 있습니다.

사용 방법은 --cref 뒤에 참조 이미지 URL 을 연속해서 입력해 주시면 됩니다.

참조 이미지1   참조 이미지2

예시에서 볼 수 있듯이 두 참조 이미지의 스타일이 반반씩 섞인 스타일의 캐릭터가 만들어 집니다.

기존 캐릭터들을 이용해서 새로운 캐릭터를 만들 때 유용한 방법입니다.

a girl with long hair, sitting on bench in the park --niji 6 --ar 3:4 --cref 참조_이미지_1_URL 참조_이미지_2_URL

❸ 캐릭터 시트를 참조하는 방법

참조하는 이미지로 다양한 각도와 표정의 캐릭터 시트를 사용하면 보다 다양한 표정과 각도에서도 일관성 있는 캐릭터 생성이 가능합니다.

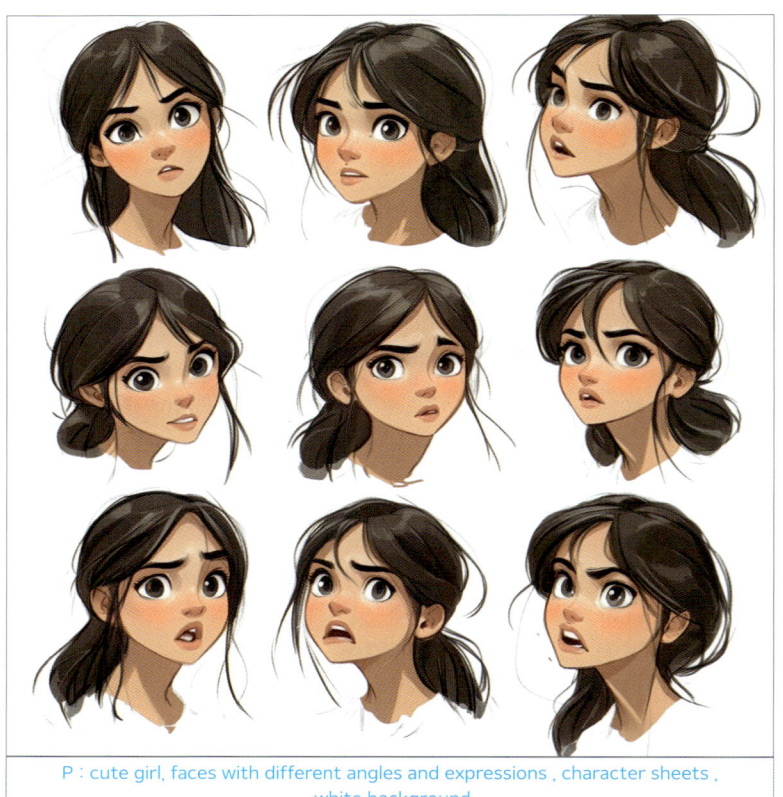

P : cute girl, faces with different angles and expressions , character sheets , white background

P : cute girl in the park --cref 참조_이미지_URL

P : cute girl in the street --cref 참조_이미지_URL

❹ 참조 강도 조절(Character Reference Weight) Parameter : --cw

--cref와 함께 발표된 --cref의 캐릭터 참조 강조 조절 파라미터입니다.

기본값	100	
최솟값	0	얼굴만 참조
최댓값	100	얼굴, 헤어스타일, 의상, 액세서리 등을 모두 참조

P : a girl with long hair, sitting on bench in the park --niji 6 --ar 3:4
--cref 참조_이미지_URL

--cw 0 / --cw 30 / --cw 70 / --cw 100 기본값

--sw의 경우는 0은 참조 기능을 끄는 효과가 나오지만,
--cw의 경우는 0의 경우 **얼굴 부분만 참조**하게 작동합니다.

얼굴의 유사성을 유지하고 Prompt를 사용해서 헤어스타일과 의상 등을 변경하고 싶을 때는 낮은 --cw 값을 사용하셔야 Prompt가 반영됩니다.

[V6.x , Niji 6 Only]

11. 개인화(Personalization) : --p , --personalize

❶ 생성

--v 6.x	https://midjourney.com/personalize
--niji 6	https://nijijourney.com/personalize

이미지 순위 매기기(Image Rank)

1. 이미지 순위 매기기(Image Rank)를 200개 이상 시행합니다.
2. 프롬프트에 --p 파라미터를 붙여서 실행합니다.
3. 2번을 실행시킬 때 1을 반영하여 개인화 코드가 생성됩니다.
4. 1번을 더 시행하고 2번을 다시 실행하면 누적된 선택 결과물이 반영되서 새로운 개인화 코드가 생성됩니다.

> 200개를 선택하고 개인화 코드를 생성하면 1~200개의 결과가 반영된 코드가 생성됩니다. 이후 다시 100개를 선택하고 다시 코드를 생성하면 201 ~ 300번의 선택이 반영된 코드가 아니라 0~300번의 선택이 누적 반영된 코드가 생성됩니다.

❷ 사용

프롬프트에 개인화 코드 파라미터(--p)를 붙이면 자동으로 생성된 개인화 코드 중에 가장 최신의 코드가 붙어서 실행됩니다.

P : cute cat in a field of poppies

P : cute cat in a field of poppies --p

▼

P : cute cat in a field of poppies --p **lp2ivh5**

프롬프트를 작성할 때 매번 --p 파라미터를 적어주어도 개인화 코드를 사용할 수 있지만 /settings 에서 기본값으로 설정할 수 있습니다.

/settings 의 개인화(Personalization) 설정

Personalization 기능을 켜면 접미사(suffix) 형태로 --p 가 프롬프트에 자동으로 붙어서 실행됩니다. 개인화 코드(Personalize Code)의 적용 강도 조절은 별도의 파라미터가 아닌 기존의 --stylize 파라미터를 사용합니다.

❸ 조회

추가적인 이미지 순위 매기기(Image Rank)와 개인화 코드를 생성하면 여러 개의 개인화 코드를 소유할 수 있습니다. 이것을 조회하는 명령은 /list_personalize_codes 입니다.

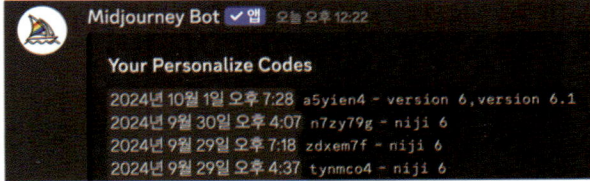

생성일시 / Personalize Code - Model Version

❹ 공유

다른 사용자의 개인화 코드를 내가 사용하거나 나의 개인화 코드를 다른 사용자가 사용하는 방법은 개인화 코드(Personalize Code)를 공유해서 프롬프트를 실행할 때 개인화 파라미터(--p) 뒤에 적어주면 됩니다.

P : cute cat in a field of poppies --p **2et5olc**   P : cute cat in a field of poppies --p **rjtklrg**

보다 다양한 개인화 코드(Personalize Code)는 [고급 활용 Tips] 편에 다루고 있습니다.

❺ 다중 개인화 코드(Multi Personalize Code)

여러 개의 개인화 코드(Personalize Code)를 섞어서 사용할 수도 있습니다. 방법은 --p 파라미터 뒤에 개인화 코드(Personalize Code)를 여러 개 입력하시면 됩니다. 코드의 순서는 영향을 주지 않습니다.

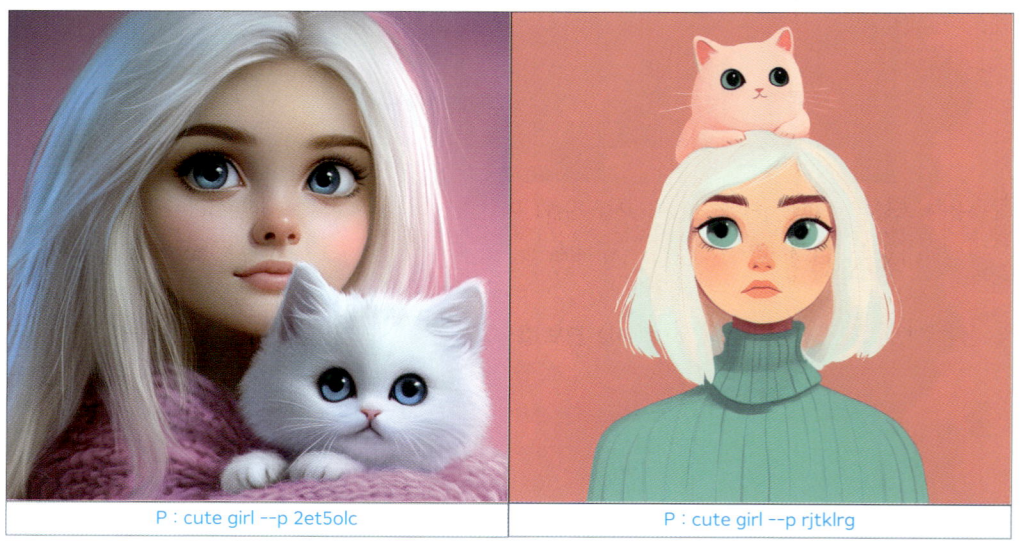

P : cute girl --p 2et5olc   P : cute girl --p rjtklrg

디테일을 올려주는 고급 Prompt 활용법 **5**

P : cute girl --p **2et5olc rjtklrg**

❻ 다중 개인화 코드 가중치(Multi Personalize Code Weight)

여러 개의 개인화 코드(Personalize Code)를 섞어서 사용할 때도 Multi Prompt 문법(::)을 사용해서 가중치를 줄 수 있습니다.

187

[V6.x , Niji 6 Only]
12. Minor Text Drawing(MTD)

Midjourney V6 업데이트 이후 텍스트 그리기 기능이 추가되었지만, 간단한 텍스트에 한정되어 있습니다. 몇 개의 단어(2~3개의 영어)는 가능하지만, 여전히 그 이상의 텍스트는 그려내지 못합니다. 이는 이전에 단어 하나를 생성하기 위해 많은 반복 작업을 해야 했던 것에 비교하면 상당히 발전된 기능이라고 할 수 있습니다. 이 기능은 앞으로도 계속 성능 향상이 될 기능이니 그림에 적당량의 글씨가 필요할 때 유용하게 사용할 수 있습니다.

P : a photo of the text "Hello World!" written with a marker on a sticky note --ar 16:9 --v 6

Text Drawing 사용법

1. 원하는 단어를 큰 따옴표(quotations)로 구분해서 작성해야 합니다.
2. **--style raw**나 낮은 **--stylize** 값에서 좀 더 잘 작동합니다.

P : 3D text, "LOVE" --v 6.1

P : text "Coffee" on coffee cup --niji 6

[Tip 1] 글씨를 좀 더 잘 써지도록 하려면?

글씨가 써지는 행동 추가	says, printed on, entitled, inscribed with, labeled as, marked with, branded with, embossed with, engraved with, stamped with, adorned with, scripted with, lettered with
글씨가 써지는 대상을 지정	speech bubble, post-it note, book cover, poster, sign, t-shirt, mug, billboard, newspaper, magazine, greeting card, envelope, license plate, calendar, ticket, product packaging, business card
텍스트나 글자만 표시할 때	typography design
배경을 비우고 싶다면	isolated on a white background

[Tip 2] 생성된 텍스트에 오타를 발견했을 때

1. Vary(subtle)을 사용하면 생성된 이미지를 거의 유지한 채 오타 수정이 가능(한 두 글자 오타일 때 효과적)
2. Vary(region)으로 해당 글자 부분만을 수정하면 연산 범위가 좁아서 보다 효과가 좋습니다.

[V5.x , Niji 5 Only]
13. Upscale (2x, 4x)

Midjourney의 생성 이미지(1 : 1기준) 사이즈는 1024px×1024px 입니다.
이것을 2배 혹은 4배로 확대해 주는 기능을 지원합니다. 2x의 경우 2048px×2048px, 4x의 경우는 4096px×4096px의 최종 사이즈를 만들 수 있습니다.

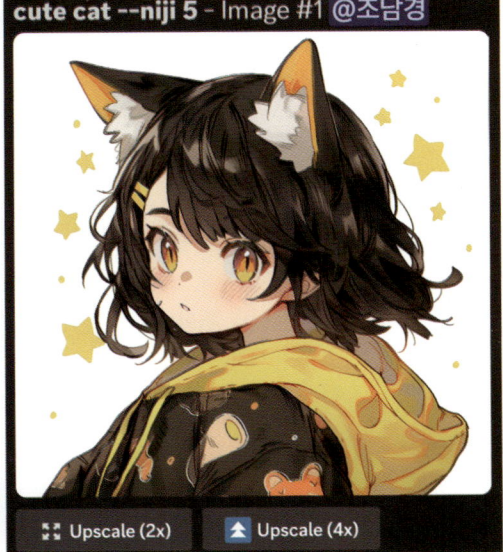

Upscale(2x)와 Upscale(4x)

기존 다양한 AI Upscaler와 마찬가지로 이미지가 커지면서 빈 부분을 추가로 채워주며 단순 확대가 아닌 이미지의 밀도를 그대로 유지하면서 사이즈를 키울 수 있습니다.

Upscale(4x)의 경우는 Midjourney 단일 실행 명령 중 가장 많은 Fast Hour를 소모하게 됩니다. 이미지를 생성하고 U1, U2, U3, U4를 클릭해서 Upscale 하는 것과는 비교가 안 될 만큼 과금이 될 수 있으니 최종 필요한 이미지만 Upscale 하는 것을 권장합니다.

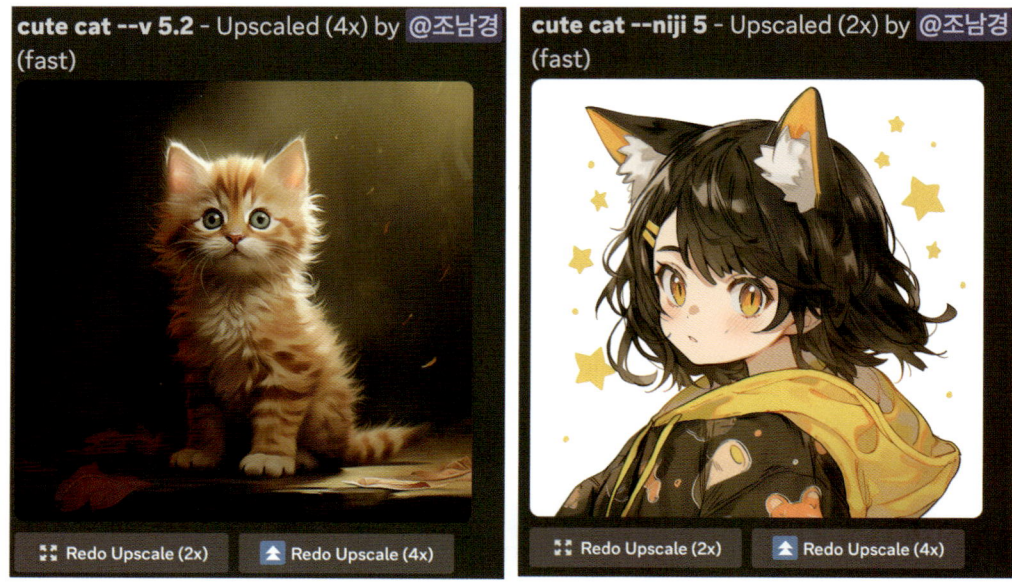

Upscale(2x)와 Upscale(4x)를 실행 시킨 후 결과 화면

Upscale(2x, 4x)을 실행시킨 후에는 Vary, Zoom, Pan 등의 기능을 사용할 수 없고, 오직 Redo Upscale(2x)과 Redo Upscale(x4)만 선택이 가능합니다.

Redo Upscale(2x)의 경우, 확대 실행이 된 후, 디테일이 마음에 들지 않을 때, 원본(1024px×1024px)에서 다시 Upscale(2x)를 실행시키는 명령입니다.

이와 같은 방식으로 Redo Upscale(4x)의 경우도 원본(1024px×1024px)에서 Upscale(4x)가 실행됩니다. 이 부분은 현재 만들어진 이미지(2048px×2048px)에서 2배 Upscale 한다고 오해해서, 기능 발표 초반에 단계적으로 Upscale을 실행하다가 과도하게 Fast Hour가 소비되었다는 사용자가 종종 있었던 기능이니 주의가 필요합니다.

[V6.x , Niji 6 Only]
14. Upscale(Subtle/Creative)

V6 으로 이미지를 생성한 후 이미지 하나를 Upscale 하면 하단에 새로운 버튼 2개가 나타납니다.

이미지를 최대한 유지하고 세부 디테일만 추가됩니다.

이미지의 외곽선을 유지하고 세부 디테일을 추가할 때 좀 더 창착적인 내용이 추가됩니다.

자세히 보지 않으면 달라진 점을 알아채기 힘듭니다.

Upscale(Subtle)는 원본 사이즈를 키우면서 비어 있는 디테일을 채워주고,

Upscale(Creative)는 비어 있는 디테일을 채울 때 Prompt를 한 번 더 반영해서 창의적인 과정을 한번 더 거칩니다.

좀 더 확대해 보았습니다.

2배 확대로 픽셀 부분이 깨져 살짝 거칠게 뭉개져 보입니다.

원본 이미지의 깨진 부분이 픽셀에 디테일이 추가되 뭉개짐 없이 깨끗한 이미지를 만들어 줍니다.

픽셀 디테일뿐 아니라 이미지 디테일이 추가되서 깨끗한 이미지지만 기존 원본과 약간의 세부 디테일이 차이가 납니다.

Upscale 할 때 원본을 그대로 살려서 키우고 싶다면 Upscale(Subtle)을 사용하면 되고, 약간의 리터치를 원하신다면 Upscale(Creative)를 사용하면 됩니다. Upscale(Creative)는 Vary(Subtle)과 비슷하게 작동하면서 사이즈를 늘려준다고 이해하시면 됩니다.

이전 버전과 다르게 V6.x의 경우는 최종 완성된 이미지가 Upscale(Subtle/Creative)이 실행된 이후의 이미지를 의미합니다. 이미지 생성 후 보여지는 thumbnail grids(2×2)는 Upscale (U1/U2/U3/U4)의 결과물을 작게 보여주는 것으로, 최종 완성 이미지의 thumbnail이 아닌, 중간 단계 이미지의 미완성된 thumbnail을 의미하는 것이 되어 버립니다.

V5.x의 개념은 thumbnail grids가 최종 완성된 이미지를 보여주고 그것을 Upscale(2x/4x)을 통해 크기만을 키운다는 개념 이였다면, V6.x는 미완성된 이미지를 보여준다고 할 수 있습니다.

V5.x에도 Upscale(x2, x4)을 지원하지만, V6.x의 새로운 방식 Upscale(Subtle/Creative)이 나오면서 최종 완성 이미지의 의미가 미완성 샘플(unfinished sample images)이라는 용어가 된 것입니다. 이 용어는 V6.x의 최종 완성 이미지의 의미가 바뀌면서 갑자기 등장한 단어이기 때문에 이후에 공식 문서, 공지 사항 등에서 언급될 때 이해가 힘들 수 있습니다. 그래서 맥락과 이어지는 이 단계에서 한 번 더 설명을 하였습니다.

Image generated by Midjourney V6

10. Permutation Prompt { } (순열 프롬프트)

Prompt 안에 특정 부분의 단어나 옵션 등을 변경하면서 반복 실행하는 미드저니 Prompt 문법입니다.

Prompt에서 cute cat , { oil painting, watercolor, Pan sketch }를 실행하면 다음과 같이 3개의 Prompt가 생성되어서 실행됩니다.

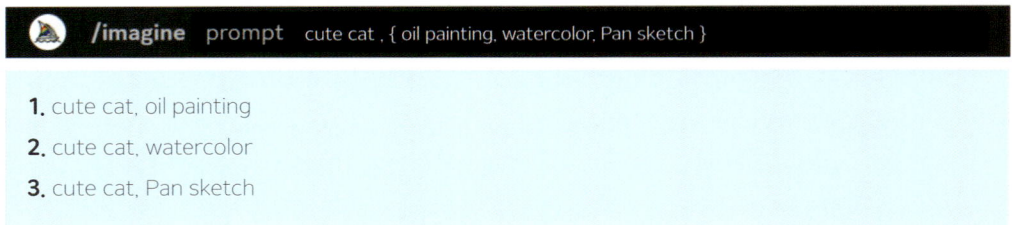

해당 Prompt를 직접 실행하면 실행 전에 한번의 확인 과정을 거칩니다.

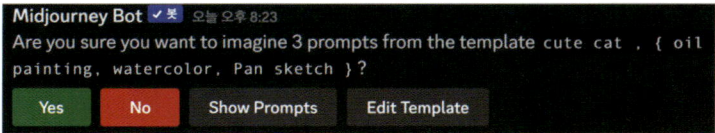

Show Prompts 클릭하면 실행되는 Prompt를 나열해 줍니다.

Edit Template 클릭하면 팝업으로 Prompt 수정창이 뜹니다. Yes를 누르면 해당 3개의 Prompt가 실행됩니다.

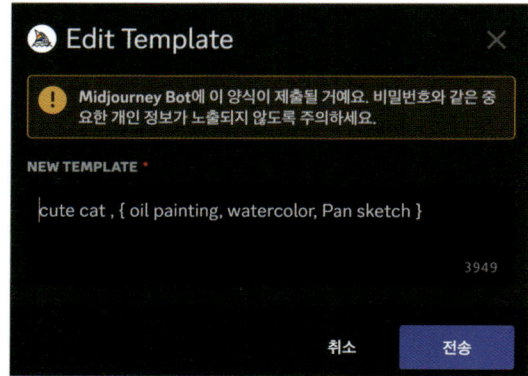

한 개의 Permutation Prompt로 만들 수 있는 작업은 구독하는 요금제에 따라 제한이 있습니다.

Basic plan : 최대 4개
Standard plan : 최대 10개
Pro/Maga Plan : 최대 40개

A {sculpture, painting} of a {seagull {on a pier, on a beach}, poodle {on a sofa, in a truck}}

위의 경우는 다음과 같이 실행됩니다.

1. A sculpture of a seagull on a pier.
2. A sculpture of a seagull on a beach.
3. A sculpture of a poodle on a sofa.
4. A sculpture of a poodle in a truck.
5. A painting of a seagull on a pier.
6. A painting of a seagull on a beach.
7. A painting of a poodle on a sofa.
8. A painting of a poodle in a truck.

Play Prompt / 프롬프트를 즐겨라!

앞서 배웠던 내용을 기억하면서 다양한 Prompt를 즐겨봅시다!

isolated

isolated를 [color] background 와 함께 사용하면 배경은 최대한 단색으로 처리되고 피사체와 확실히 분리되는 결과물을 얻을 수 있습니다.

--no Shadow

크로마키 합성을 위한 이미지를 합성할 때 이미지가 아니면 isolated 만으로 깔끔하게 분리가 안되는 경우가 있는데 이럴때는 --no Parameter를 사용해서 그림자를 없는 이미지를 만들면 이후 사용에 더 용이합니다.

Full mockup / front and back

Full mockup : 의상이나 제품들의 모양을 말하는 키워드로 합성을 위한 베이스 이미지를 만들어줍니다.

Front and back : 앞, 뒷면의 이미지를 원할 때 사용합니다. 두개 모두 원한다면 가로 이미지로 만들어 주면 됩니다.

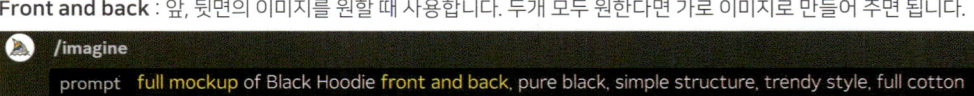

Podium[연단]

광고 제품 합성을 위한 배경을 만들때도 유용하지만 이런 배경을 먼저 생성하고 Vary(Region)으로 제품을 만들어 내는 것이 보다 안정적이 결과물을 만들어 낼 수 있습니다.

1 Image Prompt Engineering

01. Prompt란

From Midjourney Official site

Prompt는 Midjourney Bot이 이미지를 생성하기 위해 해석하는 짧은 텍스트 문구입니다. Midjourney Bot은 Prompt의 단어와 문구를 토큰이라는 작은 조각으로 나눕니다. 토큰은 훈련 데이터와 비교한 다음 이미지를 생성하는 데 사용할 수 있습니다.
잘 만들어진 Prompt는 독특하고 흥미로운 이미지를 만드는 데 도움이 될 수 있습니다.

Official Site의 내용에서 인용한 Prompt의 정의입니다.
Image Prompt Engineering은 이미지 생성 Prompt를 잘 만드는 방법을 다양한 분야(미술, 사진, 촬영 등)의 연계를 통해서 알아가는 것에 집중하였습니다.

02. Prompt Basic

아래의 내용은 Midjourney Official Document site를 정리 번역한 것입니다. Midjourney 개발사에서 주는 기본 가이드를 먼저 알고 가자는 의미에서 전체 인용했습니다.

From Midjourney Official site

#Prompt #Tips

Midjourney Bot은 보고 싶은 내용을 설명하는 간단하고 짧은 문장에서 가장 잘 작동합니다. 긴 요청 목록을 피하세요.

[Bad] Show me a picture of lots of blooming California poppies, make them bright, vibrant orange, and draw them in an illustrated style with colored pencils
[꽃이 핀 캘리포니아 양귀비 사진을 보여주고, 밝고 생기 넘치는 오렌지색으로 만든 다음 색연필로 그림 스타일로 그려주세요]

[Good] Bright orange California poppies drawn with colored pencils
[색연필로 그린 밝은 오렌지색 캘리포니아 양귀비]

Midjourney의 Prompt 이해력은 LLM(Large Language Model - ChatGPT, Google Gemini, Claude)만큼은 높지 못합니다. 대화체를 사용해서 설명하고 요청하는 것보다 만들고자 하는 이미지를 직접 설명하는 것이 더 효과적입니다.

> **From Midjourney Official site**
>
> **Prompt 길이**
> Prompt는 매우 간단할 수 있습니다. 한 단어(또는 이모티콘도)로 이미지가 생성됩니다. 매우 짧은 Prompt는 Midjourney의 기본 스타일에 크게 의존하므로 독특한 모양을 위해서는 더 설명적인 Prompt가 더 좋습니다. 그러나 **매우 긴 Prompt가 항상 더 나은 것은 아닙니다.** 만들고 싶은 주요 주제에 집중하세요.
>
> **[문법]**
> Midjourney Bot은 인간처럼 문법, 문장 구조 또는 단어를 이해하지 못합니다. 단어 선택도 중요합니다. 다양한 상황에서는 더 구체적인 동의어가 더 잘 작동합니다.
>
> Big[큰] 대신 gigantic[거대한] , enormous[거대한] , immense[엄청난]을 사용하십시오. 가능하면 단어를 제거하세요. **단어 수가 적다는 것은 각 단어가 더 강력한 영향력을 갖는다는 것을 의미**합니다.
>
> 쉼표, 괄호 및 하이픈을 사용하여 생각을 정리하는데 도움을 주지만, Midjourney Bot이 이를 안정적으로 해석하지 못한다는 점을 알아두세요. Midjourney Bot은 대문자 사용을 고려하지 않습니다.

위의 설명에는 굉장히 중요한 포인트가 있습니다.

> **super-long prompts aren't always better**
> [매우 긴 Prompt가 항상 더 나은 것은 아닙니다.]
>
> **Fewer words mean each word has a more powerful influence**
> [단어 수가 적다는 것은 각 단어가 더 강력한 영향력을 갖는다는 것을 의미]

"단어 수가 적다는 것은 각 단어가 더 강력한 영향력을 가진다"는 말을 반대로 생각하면, **단어 수가 많으면 각 단어의 영향력이 줄어든다** 입니다.

즉, Prompt의 핵심 단어 이외의 수식어들이 늘어날수록 핵심 단어의 영향력이 줄어들어 정확한 이미지 생성을 방해한다는 것입니다.

아래 2개의 예시를 살펴보겠습니다.

앞의 두 Prompt의 핵심 단어는 Bear[곰] 입니다.

> **Bad** : Very very very big bear [매우 매우 매우 큰 곰] - 5 단어
> **Good** : gigantic bear [거대한 곰] - 2 단어

첫 번째 Prompt는 크기를 표현하기 위해서 4 단어를 사용한 반면, 두 번째 Prompt는 1 단어를 사용했습니다. 단순히 산술적으로 핵심 단어인 Bear의 영향력이 5배 더 증가하는 식으로는 작동하지 않지만, 확실한 의미전달과 적은 단어수를 모두 달성한 두 번째 Prompt가 더 효과적인 결과를 보여줍니다.

From Midjourney Official site

[집중]
원하지 않는 것보다 원하는 것을 설명하는 것이 좋습니다.

> Prompt : a party with "no cake" [케이크 없는 파티]
> 위와 같은 Prompt로 이미지를 생성한다면, 이미지에는 케이크가 포함될 가능성이 높습니다.
> 최종 이미지에서 제외 시키고 싶은 것이 있다면 Prompt에 설명하지 마시고 Parameter --no 를 사용하세요.
> Prompt : a party --no cake

[중요]
원하는 만큼 구체적이거나 모호하게 작성하세요. 하지만 생략하는 내용은 무작위로 지정됩니다. 모호한 것은 다양성을 얻는 좋은 방법이지만 원하는 구체적인 세부 사항을 얻지 못할 수도 있습니다. 중요한 맥락이나 세부 사항을 명확하게 설명하십시오.

> **Subject[주제]** : person[사람], animal[동물], character[캐릭터], location[위치], object[물체]
> **Medium[매체]** : photo[사진], painting[그림], illustration[삽화], sculpture[조각], doodle[낙서], tapestry[직물공예]
> **Environment[환경]** : indoors[실내], outdoors[야외], on the moon[달에서], in Narnia[나니아에서], underwater[수중], the Emerald City[에메랄드 시티]
> **Lighting[조명]** : soft[부드러운 조명], ambient[간접 조명], overcast[흐린 조명], neon[네온], studio lights[스튜디오 조명]
> **Color[색상]** : vibrant[생동감 있는], muted[저 채도], bright[밝은], monochromatic[단색], colorful[다채로운], black and white[흑백], pastel[파스텔]
> **Mood[분위기]** : Sedate[진정], calm[차분], raucous[시끄러움], energetic[활력]
> **Composition[구도]** : Portrait[인물], headshot[얼굴], closeup[근접촬영], birds-eye view[조감도]

[집합명사]
복수형 단어는 많은 것을 우연에 맡깁니다. 특정 숫자를 사용해 보세요. Three cats[고양이 세 마리]는 cats[고양이들]보다 더 구체적입니다. 집합명사는 birds[새] 대신 flock of birds [새 떼]로도 사용됩니다.

❶ 간결한 문장

/imagine
prompt A 40-year-old redheaded woman, writes books, in a room full of books, oil painting
[40대 빨간 머리 여성, 책을 쓰다, 책으로 가득 찬 방, 유화]

피사체	행동	배경	기법
A 40-year-old redheaded woman	writes books	in a room full of books	oil painting
40대 빨간 머리 여성	책을 쓰다	책으로 가득 찬 방	유화

아래와 같이 Prompt를 실행해도 아마 비슷한 이미지가 생성되지만, 사용자의 입장에서 직관적으로 눈에 더 잘 들어오는 쪽은 전자일 것입니다.

An oil painting of a woman in her 40s writing a book in a room full of books.
[유화로 그린 40대 여성이 책들이 가득 찬 방에서 책을 쓰고 있는 모습]

사용자에게 파악이 잘 되는 간결한 문장이 미드저니에서도 더 잘 작동하는 경향이 있습니다. 이런 간결한 문장으로 Prompt를 작성하면 Prompt가 좀 길어지거나 복잡해지는 상황에서 수정에 용의하며 같은 개념의 단어 중복 사용을 피할 수 있습니다.

❷ 정확한 단어

미드저니에게 Prompt로 의미를 정확하게 전달하는 단어가 필요합니다.

> 예를 들어, 만화 컷 스타일의 예시 이미지를 만들고 싶다면 "multi panel" 이라는 단어를 사용해야 합니다.
> 아래 단어를 사용해도 정확하게 만화 컷을 설명할 수 있지만, 그렇게 되면 Prompt는 길어지게 됩니다.
>
> Comic Book cut [만화책 컷]
> The screen switches [화면 전환]

다음 그림의 예시처럼,
multi panel이라는 핵심 단어(beautiful k-pop girl singer) 때문에 더 집중된 짧고 간결한 Prompt를 만들어 줍니다.

```
/imagine
prompt   multi panel comic book page about beautiful k-pop girl singer , singing dancing in street --q
         2 --s 250 --niji 5 --ar 2:3
```

이미지 생성의 정확한 단어(용어)는 기존 미술, 사진, 촬영, 방송 등의 전문용어가 효과적으로 작동하지만, 방대한 내용을 가진 전문 분야이다 보니 원리와 용어의 정의를 이해하기는 힘든 점들이 있습니다.

미드저니의 Prompt에서 효과적인 비교적 정확한 단어들을 각 분야의 깊은 내용은 최대한 덜어 내고 핵심 키워드 중심으로 정리했습니다. 키워드의 기술적 부분을 이해하는 것은 중요하지 않습니다. 키워드와 키워드가 나타내는 효과 부분(이미지)에 집중하는 것을 추천해 드립니다.

03. MUCH more sensitive

❶ 효과적 단어와 나쁜 단어(Junk)

효과적인 단어 리스트

시각적으로 설명하는 형용사
crowded, green, empty, textured, intricate, busy, serene, atmospheric, weathered, glossy 등

시각적으로 설명하는 부사
vividly, sharply, dimly, brightly, subtly, boldly, hazily, seamlessly, delicately, dramatically 등

명사
mountain, river, skyscraper, bridge, forest, child, cat 등

예술, 디자인, 문화
예술가, 예술 운동, 디자인 운동, 예술 학교, 공예 기법, 역사적 시대, 장르, 건축 양식, 사진가, 사진 스타일, 문화, 민족

효과적 단어들의 공통점은 시각적(Visually)이라는 것입니다.
Midjourney Text Prompt는 이미지에 대한 서술입니다. 이 서술을 바탕으로 미드저니는 이미지를 생성합니다. 당연히 이 서술에서의 효과적인 단어는 시각적 단어입니다. 이런 당연한 이야기를 여러 가지 경로로 강조하는 이유는 사람들이 **당연하지 않은** 단어를 아주 많이 사용하기 때문입니다.

나쁜 단어(Junk) 리스트

1. extra, ultra, super, hyper, insanely, extremely, quite, rather, somewhat, notably, especially, significantly, remarkably
2. indeed, forthwith, moreover, henceforth, furthermore, nevertheless, nonetheless, thereby, heretofore, thusly
3. until, before, after, since, while, during, till, throughout, upon, whenever
4. 4k, 6k, 8k, 16k, ultra 4k, octane, unreal, v-ray, lumion, renderman, hd, hdr, hdmi, high-resolution, dp, dpi, ppi, 1080p

이러한 **당연하지 않은** 단어를 나쁜 단어(Junk)라고 말하며 위의 목록과 같은 단어들입니다.
이 나쁜 단어(Junk)의 공통점은 비시각적 단어(1, 2, 3)들입니다.
다시 한번 강조하지만, Text Prompt는 이미지에 대한 서술입니다. 비시각적인 단어들을 사용하면 Midjourney는 당연히 이 Prompt를 바탕으로 이미지를 생성하는 것은 불가능합니다. 이런 비시각적 단어들과 함께 사용자들이 습관적으로 사용하는 4번의 단어들은 이미지 크기와 해상도, 선명도, 화질에 관한 단어들입니다. 미드저니 생성 이미지의 사이즈(기본 1024px×1024px), 해상도(72 DPI)로 고정되어 있고 이것을 Prompt에서 변경할 수 없습니다.

정리하면, 특별한 이유를 찾지 않아도 당연히 효과가 좋은 단어와 당연히 효과가 없는 단어에 관한 이야기입니다. Prompt를 작성할 때 좀 더 정확하고 퀄리티 좋은 이미지를 생성하려면 나쁜 단어(Junk)는 반드시 제외시키고 효과적이고 시각적인 단어를 위주로 만들면 되는 것입니다.

❷ Call-Back

V6 발표 후 FAQ에 안전 공식(safe formula)이라고 소개되면서, **이것은 규칙이 아닙니다.(This isn't a rule)**라는 뜨거운 아이스 아메리카노 같이 소개된 방법입니다. 미드저니의 기술 문서에 종종 등장하는 이런 표현은 항상 100% 같은 결과를 장담할 수 없는 서비스의 특징 때문이라고 이해하시고 **적중률이 비교적 높다** 정도로 이해하시고 활용하시면 됩니다.

Boy and girl are talking in a sports cafe.
The girl on the left, has blonde hair, a blue dress, high heels, happy.
The boy on the right, has orange hair, a white shirt, blue Jean, white sneakers, Joyful.
The sports cafe is Modern, clean and organized.

Boy, Girl의 행동과 배경인 Cafe에 관계에 대해서 대략적인 서술을 먼저하고, 앞에서 나온 Boy, Girl에 관한 자세한 설명(의상, 헤어스타일, 표정 등)을 뒷문장에서 서술하는 방식을 사용합니다. Boy, Girl 뿐 아니라 sports cafe의 설명도 추가가 가능한 것을 알 수 있습니다.

주의해야 할 점은 학생을 화면구도의 위치(left, middle, right, foreground, center, background) 중심으로 서술하는 것은 효과적이지만 첫 번째, 두 번째로 순서를 지정하는 것은 정확도가 떨어질 수 있다는 것입니다.

❸ Call-Back Chaining

Boy and girl are talking in a sports cafe.
The girl on the left, named Jane, has blonde hair, a blue dress, high heels, happy.
The boy on the right, named Mark, has orange hair, a white shirt, white sneakers, Joyful.
The sports cafe is Modern, clean and organized.
Jane is carrying a red bag
Mark is wearing a yellow backpack.

Boy의 이름이 Mark라고 문장에서 정의하고 이후 문장에서 Mark로 지시해서 묘사를 해도 Boy = Mark로 의상과 가방을 매고 있는 것이 모두 묘사가 되는 것을 확인할 수 있습니다.
Girl도 마찬가지로 이름이 Jane이 되고 이후에 Girl에 대한 묘사를 Jane으로 할 수 있습니다.

이와 같이 문장 내부 구조에서 지시어를 연결해서 위치와 묘사를 이어갈 수 있게 됩니다.

❹ Call Back + Background / Foreground

Background(배경)와 Foreground(전경) 키워드와 함께 Call Back 기법을 사용하면 화면을 좀 더 입체적으로 구성할 수 있습니다.

A boy and girl are talking on a park bench.
The girl on the left, named Jane, has blonde hair, a blue dress, high heels, happy.
The boy on the right, named Mark, has orange hair, a white shirt, white sneakers, Joyful.
Jane is carrying a red bag. Mark is wearing a yellow backpack.
Lots of people in the **background**
Red roses in the right **foreground**

예시에서 보듯이 배경에는 많은 사람들(Lots of people)을 그려내고, 오른쪽 전경에 장미꽃(Red roses)이 있는 것을 확인할 수 있습니다.

주 피사체(Boy, Girl)이 있는 상태에서 배경(Background)에 묘사된 내용(Lots of people)은 전경과 피사체에 비해서 흐리게 표현해서 보다 자연스러운 결과물을 만들어 냅니다.

04. Framing word

인물 이미지를 만들 때 특정 부분만 나오게 하고 싶을 때가 있습니다. 이런 키워드는 사진과 촬영의 영역에서 세부적으로 나누어져 사용을 하니 사진 관련된 키워드를 사용하면 효과적입니다.

아래는 사진에서 많이 사용하는 용어(Extreme close up ~ Full shot)와
미술에서 사용하는 해부학적 용어(Upper body ~ feet)를 정리한 그림입니다.

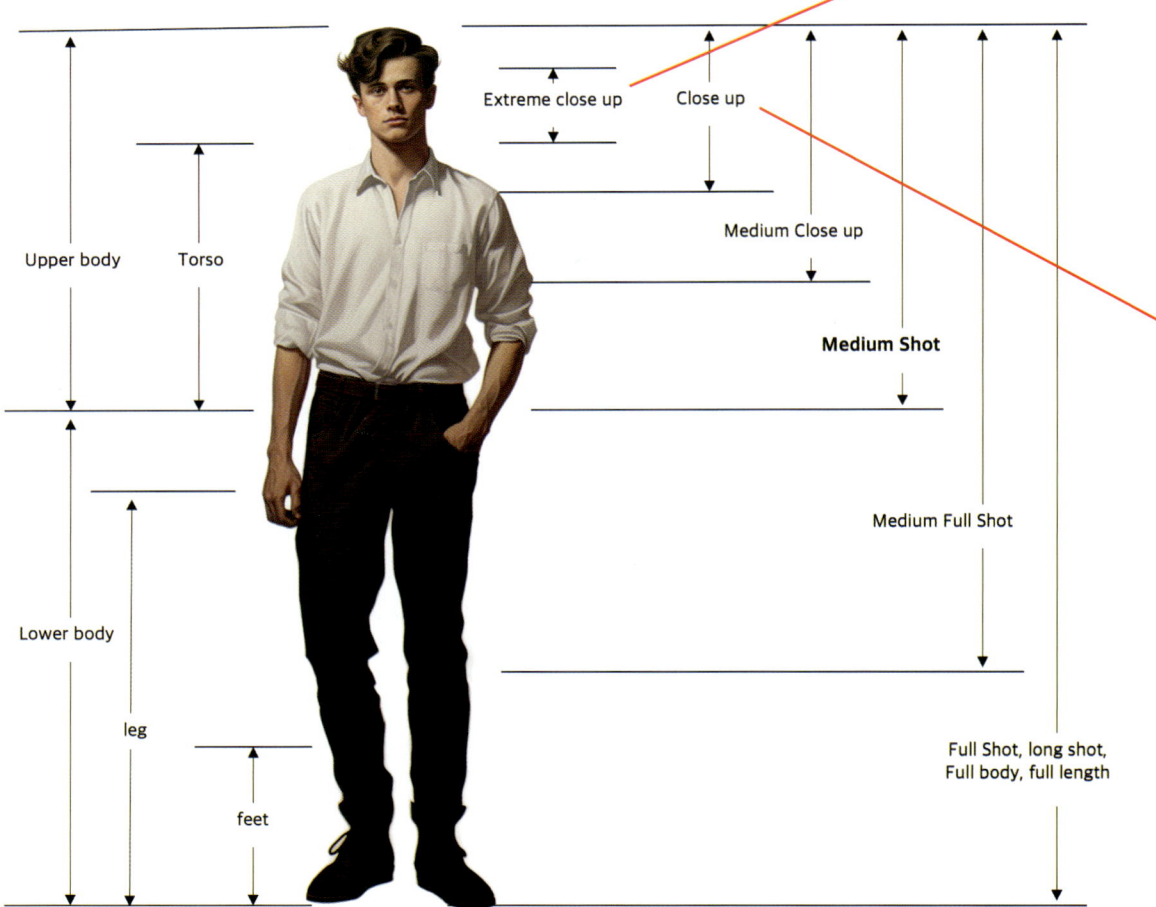

이후 다루어질 예시에도 나오겠지만 Midjourney는 Prompt 맥락이 우선되기 때문에 Framing word를 사용하더라도 무 자르듯 싹둑 잘려서 표현되지는 않습니다.
전반적인 유사한 이미지를 만들어 낸다고 이해하시면 됩니다.

❶ Extreme close up

기본적으로 얼굴(face) 그리고 눈(eye)이 표시가 되는데 다른 부분을 원하면 Prompt에 기술하시면 됩니다. (Hand, noise 등)

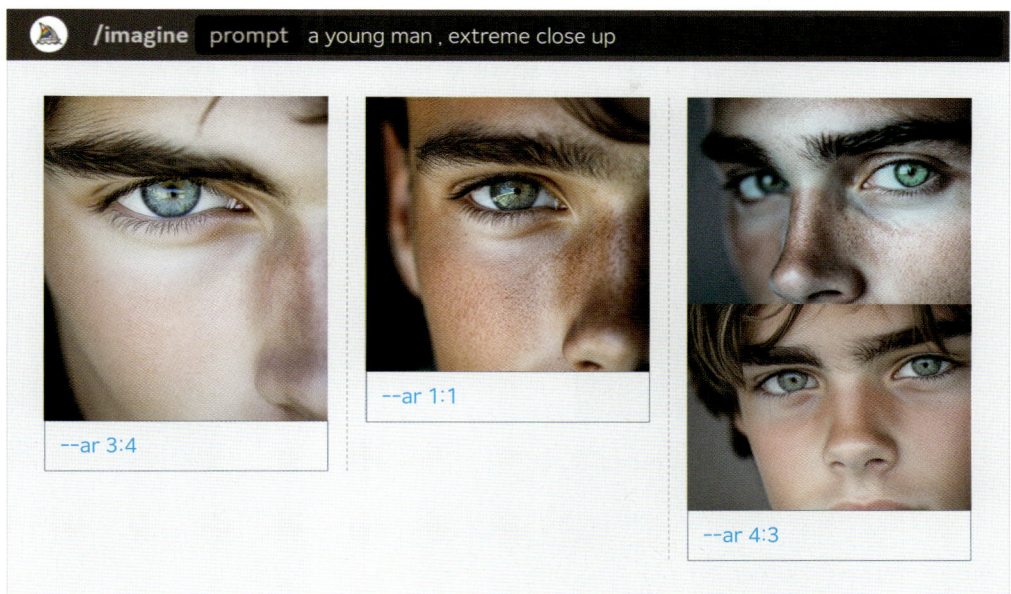

❷ Close up

Close up은 보통 얼굴이 클로즈업 됩니다.

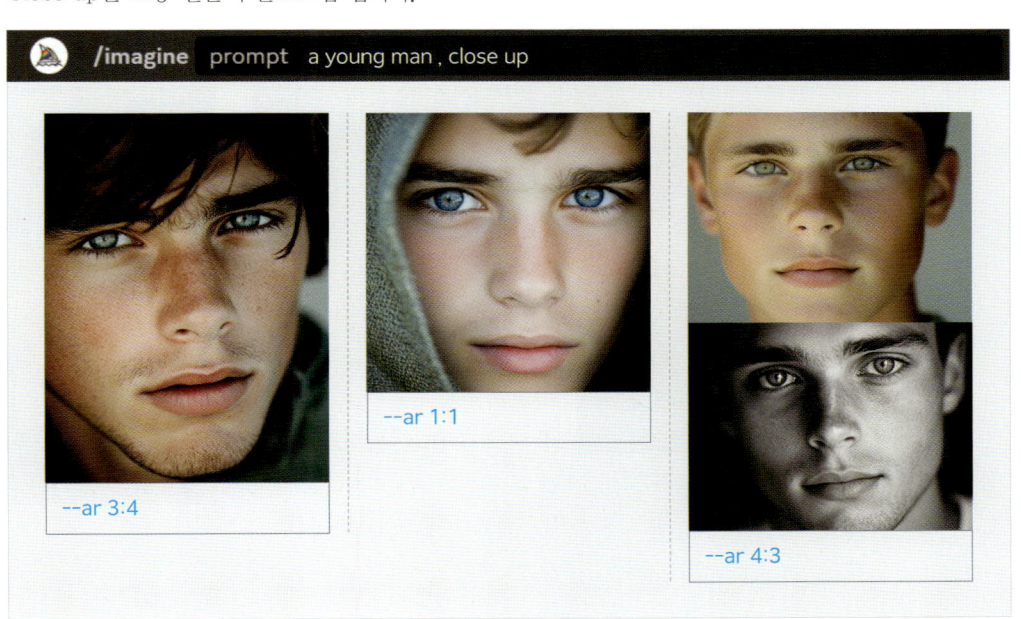

❸ Medium Close up

인물 이미지에서 세로 이미지가 가로 이미지에 비해서 Framing word가 더 잘 작동되는 경향이 있습니다.

❹ Medium shot

인물사진에서 가장 안정적인 구도로 많이 사용되는 구도입니다.

❺ **Medium full body shot**

가로 이미지들은 full shot(전신)으로 갈수록 특별히 배경에 대한 묘사 없다면 잘 반영이 되지 않는 경향이 있습니다.

Close up 쪽은 인물이 화면에 꽉 차기 구성되서 가로/세로 이미지와 관계 없이 작동을 잘 하는 편이지만, Full shot 쪽은 가로 이미지의 경우 빈 공간에 대한 정보가 없으면 적용이 잘 되지 않는 경향이 있습니다. 이럴 때는 배경 묘사를 해 주면 좀 더 작동이 잘 됩니다.

❻ Full shot

전신으로 갈수록 배경 묘사가 없으면 잘 작동하지 않는 것을 볼 수 있습니다.

그에 비하면 Full body의 경우는 특별한 배경 묘사 없이도 잘 만들어집니다.

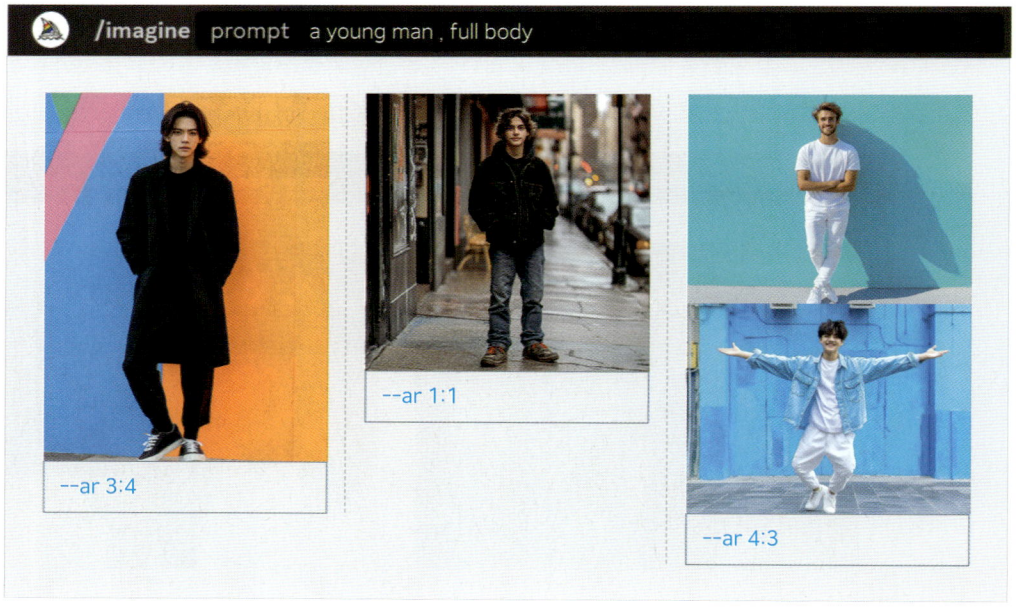

이럴 때 많이 사용하는 방법이 신발을 묘사하는 것입니다. 하지만 배경에 대한 정보가 없어서 빈 공간을 채우고 피사체를 최대한 키우는 방법으로 앉아 있는 이미지들이 생성됩니다.

이런 경우 xx에 서 있다 (standing in xxx) 등을 사용해서 서 있는 동작을 묘사하면 full shot이 더 잘 작동합니다.

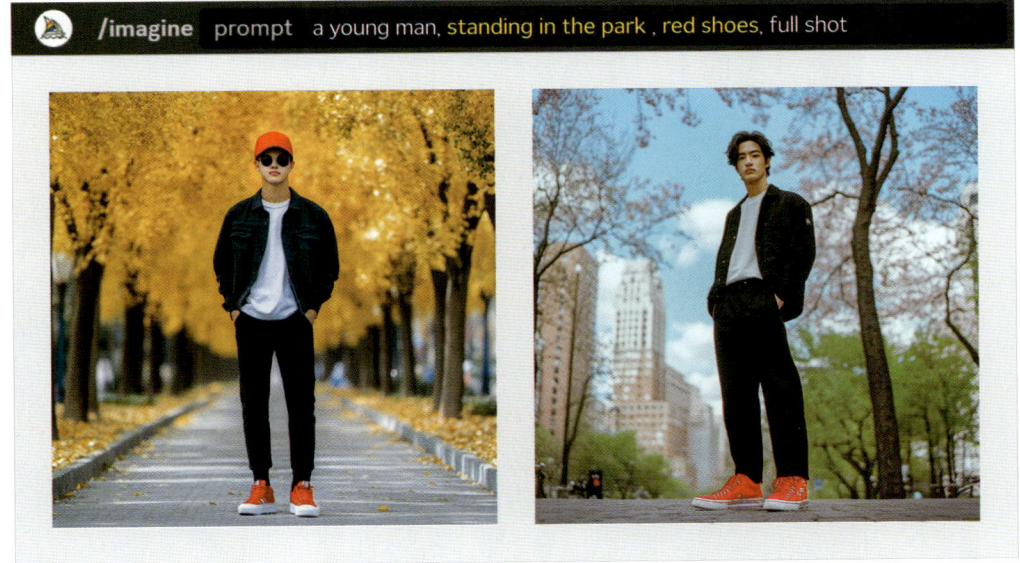

05. Prompt Framing

Framing word만으로 Framing이 전신으로 갈수록 작동을 잘 되지 않는 것을 볼 수 있습니다. 미드저니는 Prompt를 맥락을 최대한 반영하려고 노력합니다. 전신으로 갈수록 Prompt를 사용한 Framing이 Framing word만 단독으로 사용할 때 보다 더 효과적입니다.

❶ Step 1

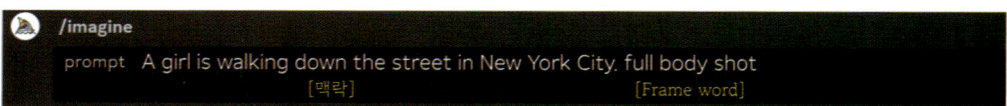

아래 그림은 Prompt의 맥락(walking down)을 모두 충족한 결과입니다. 완전한 Frame word(Full body shot; 전신)이 제대로 나온 2번을 선택하고 Vary(Strong)을 실행합니다.

❷ Step 2-1

정면으로 걸어오는 3번을 선택하여 Vary(Strong) 실행합니다.

High Variation Point

No	방향	시선
1	뒤	오른쪽
2	뒤	뒤쪽
3	앞	오른쪽
4	뒤	왼쪽

❸ Step 3-1

걸어오는 방향은 모두 정면으로 일치합니다. 시선을 정면을 바라보는 3번을 선택합니다.
이제는 80%까지 완성되었으니 Vary(subtle)을 실행하여 디테일을 올립니다.

High Variation Point

No	시선	다리
1	오른쪽	왼쪽
2	오른쪽	왼쪽
3	정면	왼쪽
4	오른쪽	오른쪽

❹ Step 3-2

만약 Step 3-1에서 정면을 바라 보는 이미지가 없다면 Re-roll 시켜서 정면의 이미지 생성을 다시 시도 합니다.

High Variation Point

No	시선	다리
1	오른쪽	왼쪽
2	왼쪽	오른쪽
3	오른쪽	왼쪽
4	정면	오른쪽

❺ Step 4

걸어 오는 방향, 발의 위치, 손의 위치, 전반적 헤어스타일 일치, 정면 시선의 각도가 약간씩 다른 것을 볼 수 있습니다.

정면을 제대로 응시하고 있는 2번 선택합니다. 여기서 디테일한 변화를 원하면 다시 Vary(Subtle)을 실행시키면 다른 디테일을 얻을 수 있습니다.

❻ Step 5

/imagine

prompt A girl is **walking down** the street in New York City, **full body shot**
[맥락] [Frame word]

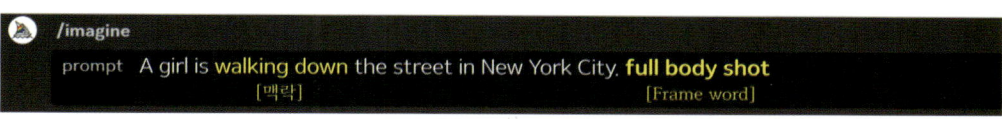

처음 실행시켰던 Prompt를 다시 확인해 보면 맥락과 Frame word에 100% 충족하는 결과를 얻을 수 있습니다.

아래 순서대로 큰 것에서부터 작은 순으로 Variation을 목표로 실행시키면 맥락과 Frame word에 충족하는 이미지를 얻을 수 있습니다.

1. 전신
2. 진행방향
3. 시선

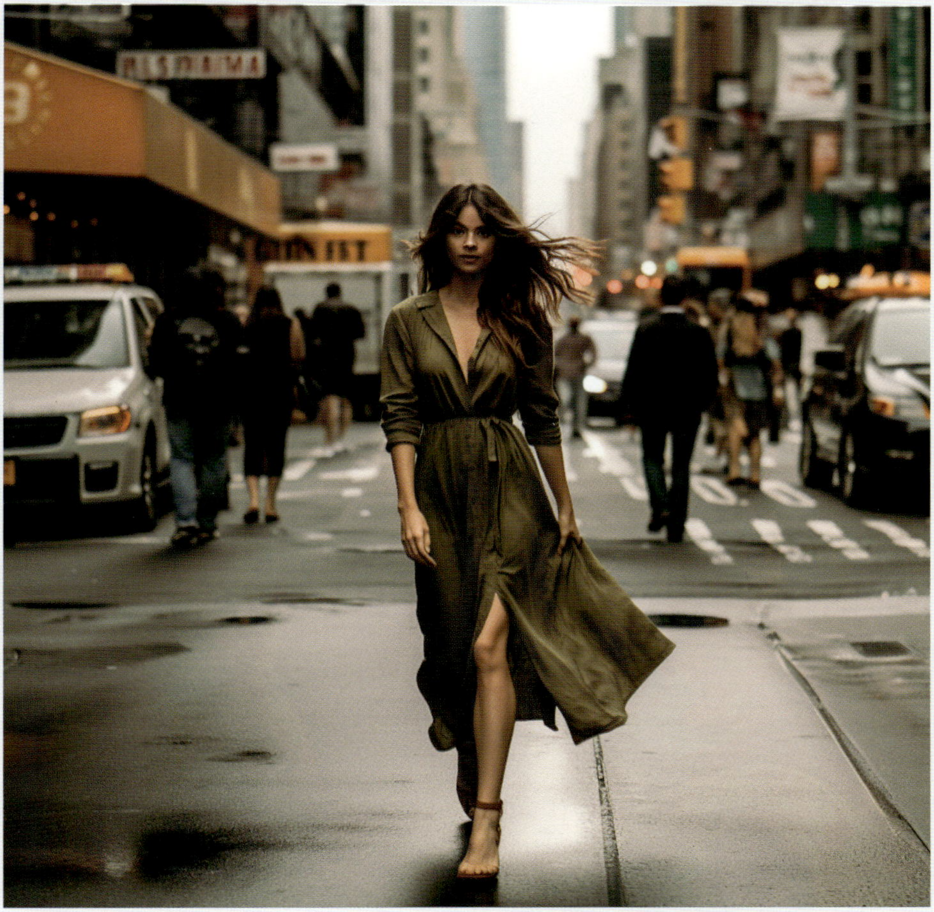

🥉 Step 2-2

의상의 컬러를 변경하고 싶다면 50%정도 완성된 단계에서 Remix Mode를 켜고 Prompt를 수정해서 Vary(Strong)을 실행시키면 됩니다.

Remix를 사용하려면 전신, 진행방향 정도가 일치하는 50% 정도 완성된 이미지에서 실행해야 디테일이 무너지지 않을 것입니다.

기존 Prompt에 컬러나 의상에 관한 내용이 없어서 yellow가 바로 적용됩니다. 하지만 기존 내용이 컬러, 의상에 관한 내용이 있었다면 제거한 후 추가해야 합니다.

2번이나 4번 이미지를 선택해서 Step 3, 4를 다시 실행하면 최종 결과를 얻을 수 있습니다.

06. View / Angle / Lens

사진 촬영에서 카메라와 피사체 사이의 위치에 관련된 용어들도 적용이 잘 됩니다.

❶ View / Angle

약간은 특수한 경우에 사용하는 시점 관련 키워드로는,
건축물의 평면도(floor plan)과 위성사진의 시점을 의미하는 위성뷰(Satellite view)가 있습니다.
평면도는 건축 용어 중에서도 일반적인 용어여서 적용이 잘 되는 편이지만, 너무 전문적인 기술용어는
아직 조금 아쉬운 편입니다.

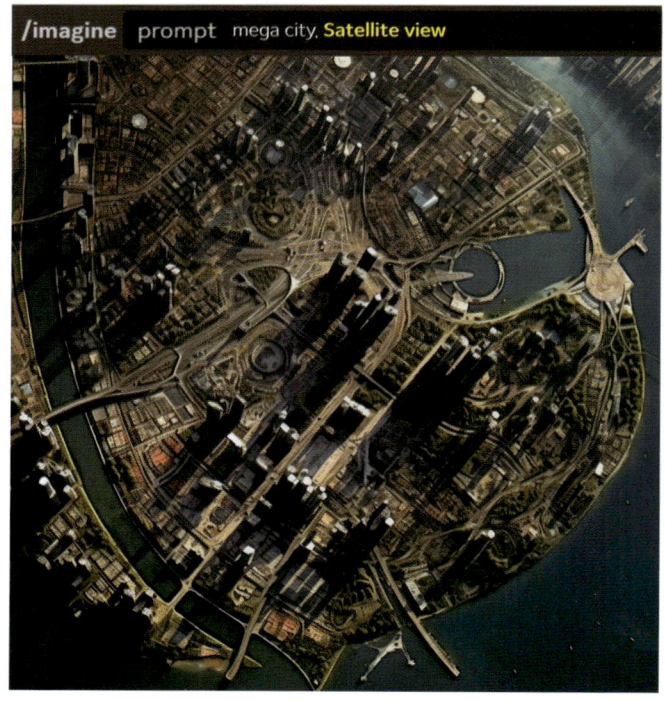

❷ Fisheye(어안 렌즈)

물고기 눈을 닮아서 Fisheye라고 불리는 광각 렌즈의 이름입니다. 아주 넓은 영역을 보여주는데 주변부로 가면 동그란 왜곡이 나타나는 게 특징입니다.

❸ Wild angle / view (광각 앵글 / 뷰)

광각 렌즈의 특징은 넓은 부분을 보여주면서 배경과 피사체까지 같이 또렷하게 보여주는 것입니다. 인물 이미지에서는 View와 Angle이 특별히 차이를 보이진 않지만 건물의 경우는 차이를 볼 수 있습니다. 카메라 원리와 용어의 깊은 이해 보다는 이 키워드를 사용하면 이런 이미지가 나온다 정도만 알고 있어도 충분히 응용이 가능합니다.

❹ Telephoto (망원 렌즈)

사진 촬영에서 망원 렌즈로 인물 사진을 찍으면 인물에 포커스가 맞춰지고 배경은 흐릿해지는 아웃포커싱 현상이 일어나는데 이러한 특징을 잘 반영해서 이미지를 생성합니다.

또한, 망원 렌즈로 건물 사진을 찍으면 화면이 답답한 느낌이 나는데 이런 느낌까지 그대로 살려서 이미지가 생성됩니다.

비교를 위해 건물 이미지도 Telephoto 키워드를 사용했지만 건물 이미지에는 비추천하는 키워드입니다.

❺ bokeh

Bokeh(보케)는 이미지의 아웃 포커스 부분(배경의 흐려진 부분)에 미적인 블러 효과를 만들어내는 사진 표현 방법입니다.

일명 '뽀사시 효과'라고 부르는 방법인데 사진 촬영에서는 배경의 빛들의 산란을 이용해서 분위기를 연출합니다.

미드저니에서 또한 비슷한 분위기의 결과물을 생성합니다.

❻ Tilt-shift

Tilt-shift의 정의는 '카메라의 필름이나 이미지 센서를 기준으로 렌즈의 방향이나 위치를 변경하는 카메라 움직임을 사용하는 것' 정도가 되는데 내부 작동 원리는 넘어가셔도 됩니다.

장난감 이미지 같은 거리 사진 느낌의 이미지를 만들 때 사용합니다. 장난감 같은 느낌으로 만들다가 인물은 가끔 진짜 장난감의 이미지를 만들어 내기도 합니다.

❼ bird eye

새의 눈으로 보는 시점을 말하며 건축에서는 조감도(Bird eye view) 용어로도 사용됩니다.

소년의 이미지의 경우 소년이 고개를 들어 얼굴을 보여주고 있는 것은 bird eye가 작용한 것이 아니고 smiling이 작용한 것입니다.

공중에서 아래로 내려다 보는 시점은 bird eye가 만들어 내고 소년이 고개들 들어 웃는 모습을 보여주는 것은 smiling이 만들어 낸 결과물입니다.

피사체에서 사용한 키워드가 정확히 어느 부분에 작동하는 것인지를 키워드 별로 분석하다보면 보다 정확한 이미지 생성을 컨트롤 할 수 있습니다.

07. 기법

미술 등에 사용되는 기법의 키워드들도 작동이 잘 되는 키워드의 한 종류입니다. 기본적인 기법들을 익히고 나서 각 기법들을 섞어서 새로운 스타일을 만들 수 있습니다.

기법에 사용되는 기본 Prompt는 a cup of coffee(사물)와 cute cat(동물)입니다.
미술의 기초 지식이 충분하지 않은 경우 피사체를 고정하고 미술 기법들을 적용해 보는 것을 권장합니다. 기법들의 변화와 피사체의 변화까지 섞여 버리면 미술 기법이 어떻게 작동하는지 정확하게 파악하기 어려워집니다.

/imagine prompt { cute cat, a cup of coffee } , [기법]

❶ abstract(추상화)

다양한 기법 활용하기

❷ Oil painting (유화)

[참고]
Oil paintingr과 abstract(추상화)를 함께 사용하면 보다 효과가 좋습니다.
Abstract, oil painting을 함께 사용해서 결과물을 생성할 때 --s 250 정도로 높이면 좀 더 두드러진 효과의 결과물을 얻을 수 있습니다.

❸ Watercolor (수채화)

❹ graffiti (낙서)

❺ Impasto

Impasto 기법은 물감을 두껍게 칠해서 최대한의 질감과 입체적인 효과를 나타내는 기법을 말한다.

건조 시 Impasto는 질감을 제공하며 그림이 캔버스 밖으로 튀어나와 보이게 됩니다.

❻ Pop Art Mosaic

--s 250 이상으로 생성을 추천합니다.

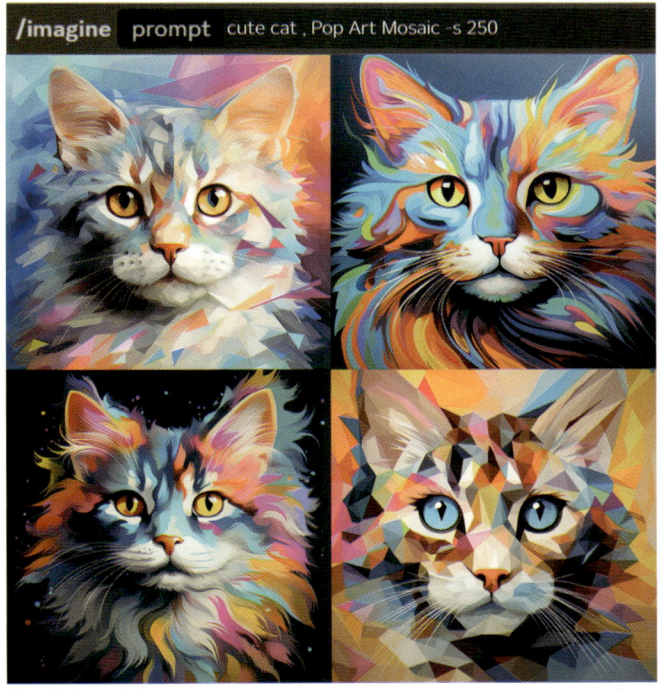

❼ minimalism

❽ simple line

기법으로 분류하기 애매하지만 간단한 선으로 된 캐릭터나 로고 스타일로 생성할 때 유용한 키워드

Minimalism과 Simple line을 같이 사용하면 보다 효과적으로 작동합니다.

고양이 4번처럼 최소한의 선을 사용한 고양이 이미지는 이 두 키워드를 조합하면 얻을 수 있습니다. 이렇게 생성된 결과물은 png 파일 형태인데, 이것을 vector file로 변경하는 방법은 미드저니에서는 불가능합니다. [부록 편] 유용한 Tools에 소개된 vectorizer.ai 서비스를 사용하면 간단히 Vector SVG 파일로 만들어서 다양한 Vector 프로그램에서 바로 사용이 가능합니다.

❾ Origami (종이접기)

종이 접기로 만들어진 것 같은 이미지를 생성하는데 a cup of coffee 처럼 사물에는 잘 적용이 안 되는 경우가 있습니다.

기존 학습한 이미지들 중 동물 모양의 종이 접기 이미지가 많아서 이런 결과가 나오는 것으로 유추됩니다.

⑩ Paper quilling

Quilling은 종이조각을 말아서 모양을 만들고 함께 접착하여 장식디자인을 만드는 예술 형식입니다.

⑪ Symmetry (대칭)

좌우 혹은 상하 대칭의 이미지를 생성합니다. 고양이 3번처럼 대칭을 다른 의미로 표현하기도 합니다.

대칭의 방향(수평, 수직)이나 대칭이 되는 부분을 명시적으로 함께 사용하면 좀 더 원하는 효과가 나옵니다.

⑫ Reflection (반사)

반사되는 재질(거울, 유리 등)을 같이 사용하면 해당 재질에 반사된 이미지를 생성합니다. 재질을 특정하지 않으면 보통은 물에 반사된 이미지를 만드는 경향이 있습니다.

⑬ Coloring book

색칠을 할 수 있는 스케치만 있는 이미지를 만들 때 사용하는 키워드입니다.

하지만, 단독으로 사용하면 예시와 같이 색칠되어 있는 이미지가 생성되는 경우가 종종 있습니다.

이럴 때는 Prompt에 **black and white line art**와 **--no shading**[음영]을 추가하면 깔끔한 이미지를 얻을 수 있습니다.

어린이용으로 심플한 이미지를 만들고 싶다면 **for kid**, 좀 더 복잡한 이미지를 얻고 싶다면 **for adult**를 추가하는 것도 다양한 복잡도의 이미지를 얻을 수 있는 방법입니다.

Prompt에 **black and white line art --no shading** 추가한 이미지

복잡도 조절을 위한 for kid / adult 추가

⑭ Silhouette(실루엣)

그림자 효과를 나오게 하는 키워드입니다. 좀 더 예술적인 결과물을 위해 **--s 250** 이상을 권장합니다.

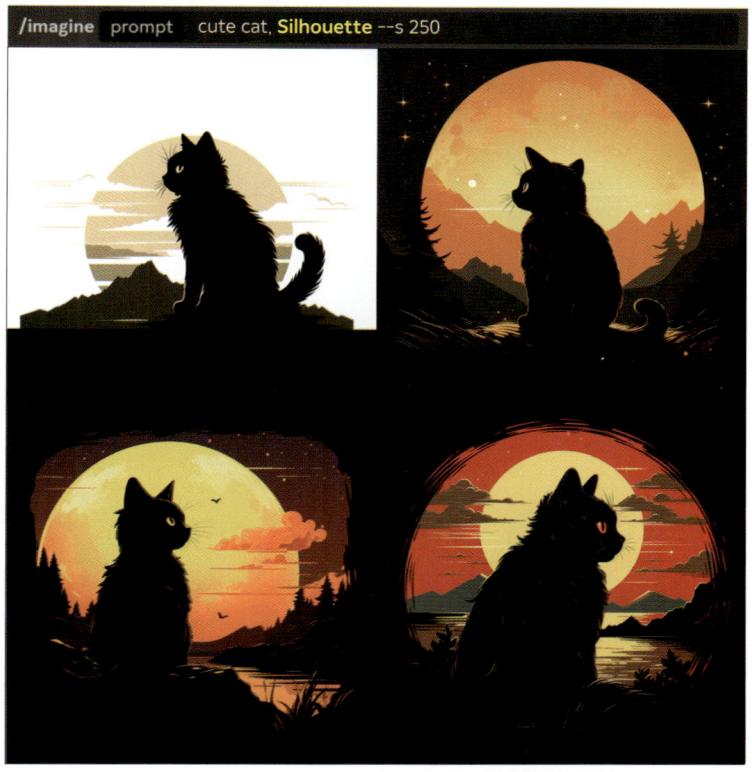

⑮ Anthropomorphic (의인화)

동물에 이 키워드와 같이 의상을 지정하면 반영이 더 잘 됩니다.

⑯ Double exposure
(이중 노출)

Silhouette과 함께 사용하면 분위기 있는 이미지를 만들 수 있습니다.

⓱ Character spread sheet

같은 캐릭터의 다양한 얼굴 표정, 포즈 등을 생성할 때 사용되는 키워드입니다.
다양한 표정 (different face expression), 다양한 포즈(Multi poses) 등의 키워드와 함께 사용하면 보다 효과적입니다.

캐릭터의 일관성을 유지하고 다양한 표정을 만들어 낼 때 유용합니다. 생성 후 캐릭터를 추가로 생성하는 것과 관련된 다양한 키워드에 관해서는 고급활용 Tips 편에 설명되어 있습니다.

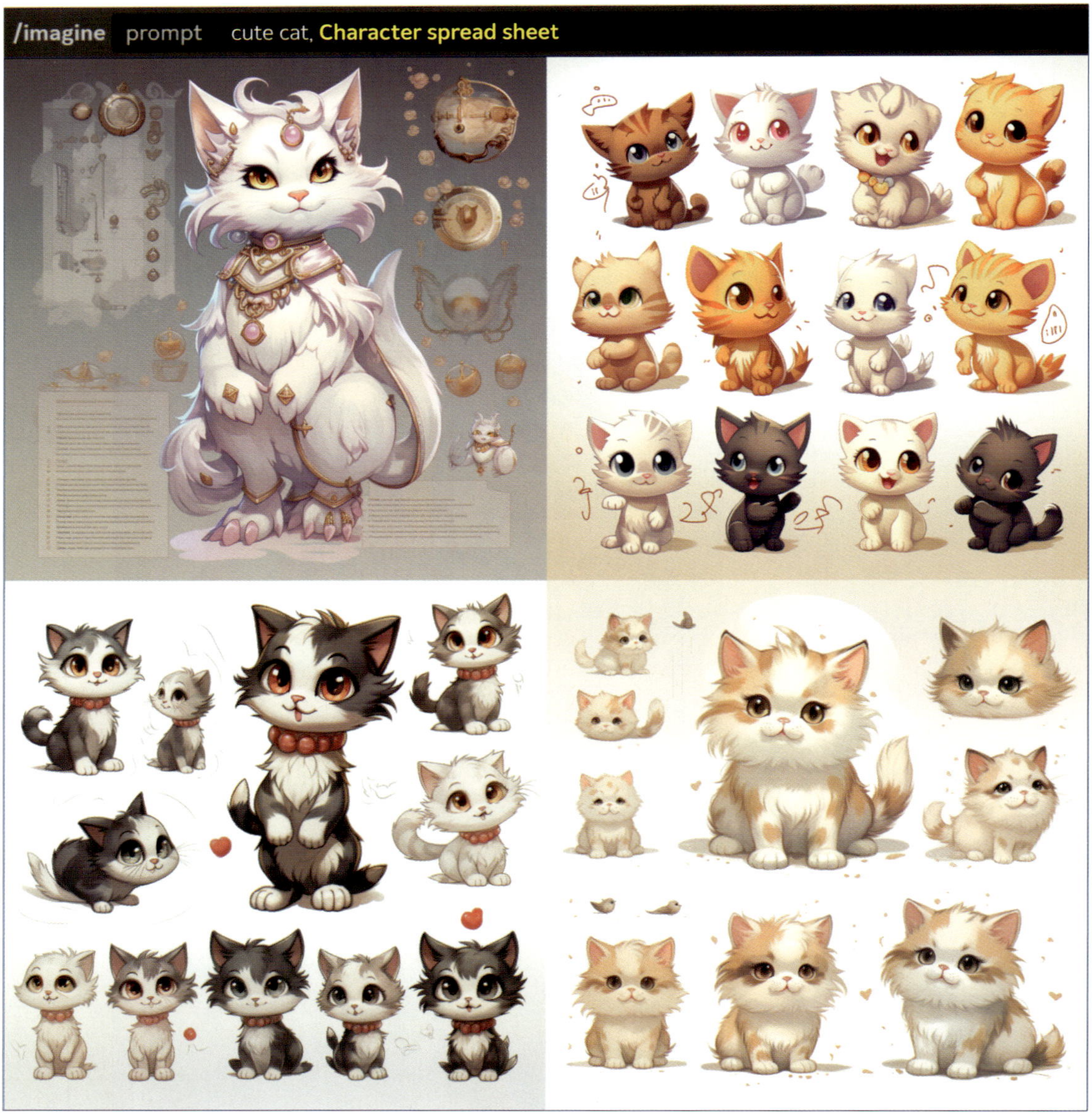

[주의] 3 by 3, 2 by 2 등으로 숫자를 지정해줘도 작동이 잘 되지 않습니다.

Play Prompt / 프롬프트를 즐겨라!

앞서 배웠던 내용을 기억하면서 다양한 Prompt를 즐겨봅시다!

Split image

분할 이미지를 만드는 다양한 방법이 있지만 그나마 간단한 방법 1:1 이미지보다 가로 이미지가 좀 더 잘 나누어 집니다.

app icon

휴대폰 어플의 아이콘은 기본이 모서리가 둥글고 간단한 아이콘으로 표현한다는 내용이 포함되어 있어서 이런 류의 이미지를 원할 때 쓰면 유용합니다.

ArtFootprints

발자국 아트 정도. 다양한 동물들로 응용이 가능합니다.

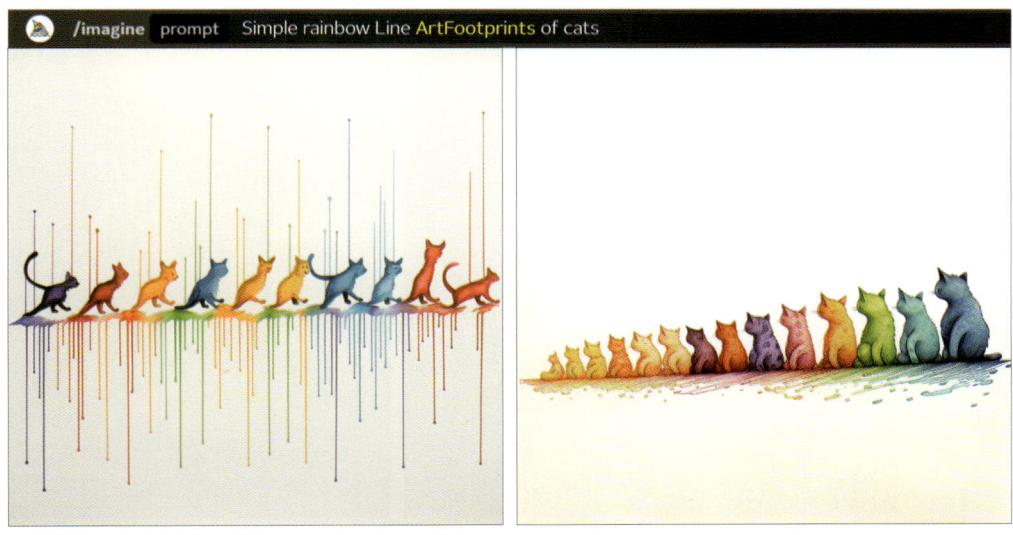

blank wood disc

이미지 자체만으로도 사용해도 되지만 이렇게 1차 생성 후 Vary(Region)으로 저 위에 이미지를 그려 넣을 수 있습니다.

Play Prompt / 프롬프트를 즐겨라!

wearing a white rabbit costume

"토끼가 여자 드레스를 입다"라고 접근하기 보다는 "여자가 토끼 분장을 입었다."로 접근하는 것이 사람의 특징(팔,다리)이 정확하게 나옵니다.

character Sheet

character Sheet를 사용하면 하나의 이미지에 여러 가지 동작의 Character를 얻을 수 있습니다. 특정한 지시 (전면,뒷면)는 적중률이 떨어지는 편입니다.

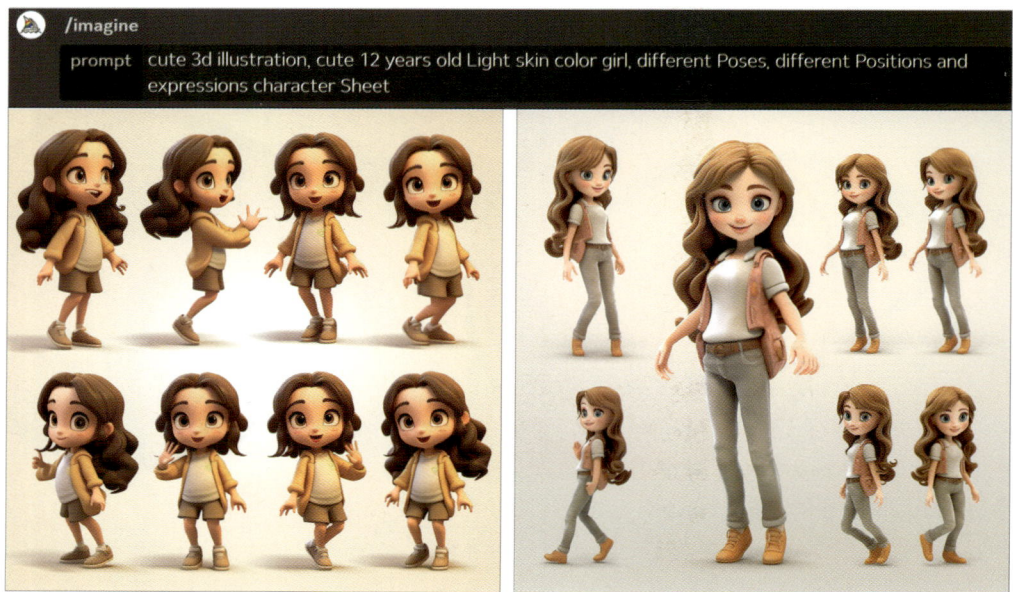

texture

가죽이나 종이 등의 배경 이미지를 만들고 싶을 때 종종 글자나 손을 그려 넣는 경우가 있어서 이것을 없애려고 no text, hand 등으로 컨트롤 하는 경우가 있는데 texture 만 써 주면 내용 없는 깔끔한 배경 이미지만 만들 수 있습니다.

재질을 Parchment[양피지]로 지정해서 만들어 내면 RPG 게임 아이템 배경에 쓸 수 있는 이미지를 만들 수 있습니다.

Flat lay

이미지처럼 바닥에 펼쳐진 이미지를 지칭하는 키워드입니다. 비슷한 효과를 주는 다른 키워드로는 **knolling**도 있습니다.

07 고급 활용 Tips

Style Tuner(스타일 튜너)

Niji-Journey

미드저니 웹사이트(Mid Journey Website)

Prompt Debugging

Loop Prompting

일관성 있는 캐릭터 생성하기

건축물 컨셉 베리에이션

Stable Diffusion Control-net Midjourney Ver.

앞뒤 의상 만들기

Sref Seed List

Personalize code + Sref Seed Sheet

1 Style Tuner(스타일 튜너)

2023년 11월 2일 업데이트 된 내용으로 **V6.x / Niji 6에 서는 더 이상 지원을 하지 않는 기능**입니다. 하지만 Style Tuner가 가지고 있는 강력한 **스타일 유지력**과 원하는 스타일을 **직접 선택**하여 만들 수 있다는 점은 충분한 장점입니다.

[V5.x , Niji 5 Only]
01. Style Tuner?

Style Tuner(스타일 튜너)라는 이름으로 발표된 이 기능은 Style을 먼저 생성해 두고 일관된 Style을 이후에 재사용하거나 공유할 목적으로 만들어졌습니다.

Step 1	Step 2	Step 3
/tune [Prompt]	Style Select Page	Style Code 생성
Prompt 입력	16~128쌍의 이미지 중 원하는 스타일을 중복 선택	Prompt에 사용 및 공유

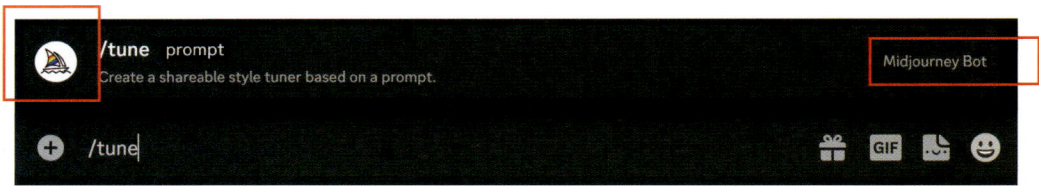

다른 명령과 같이 /tune 입력하면 상단에 명령어가 나옵니다.

여기서 주의해야 할 점은 🛥️ 아이콘과 `Midjourney Bot` Text 입니다.

/tune의 명령을 --niji 모델에서 실행시키는 방법은 기존에 Midjourney Bot에게 명령을 내리는 방법과 약간 다른 부분이 있습니다. 일단 저 아이콘과 [Midjourney Bot]이라는 Text가 나온다는 것은 이 tune 명령이 Midjourney Bot에게 전달되는 표시라는 것을 일단 기억해 두시면 됩니다.

02. Style Directions 생성

/tune cute cat을 실행 시키면 다음과 같은 내용이 나옵니다.

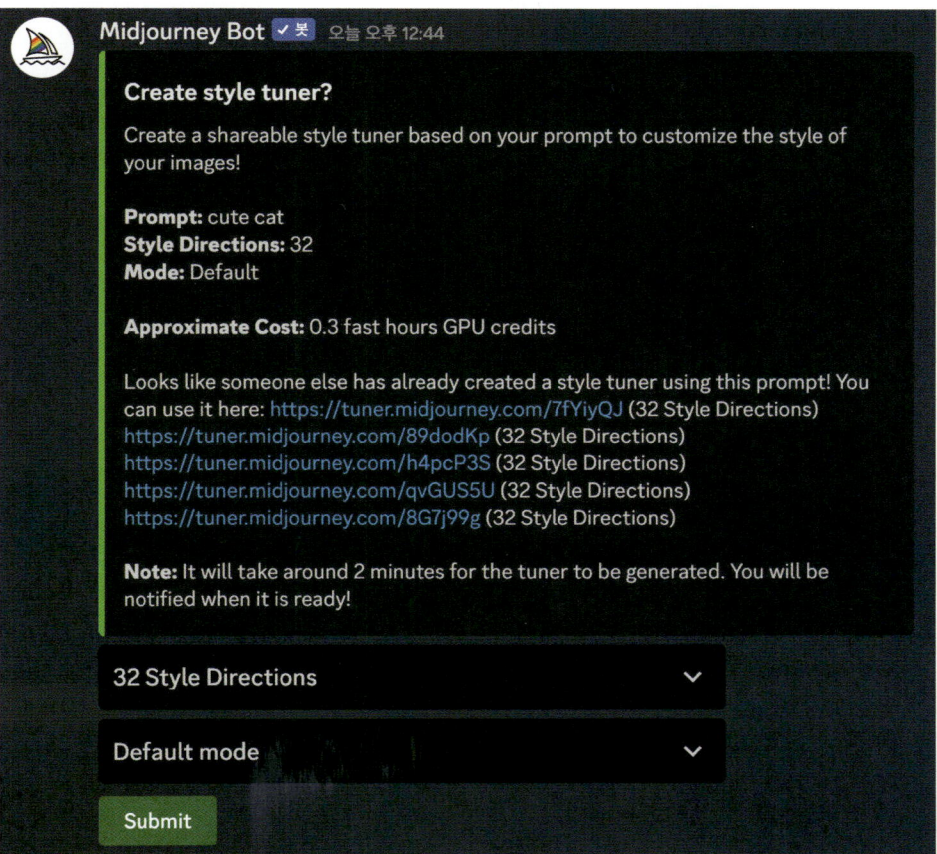

- **Prompt** : Style Tuner로 만들 Style 의 기본 Prompt [사용자가 입력한 내용]
- **Style Directions** : 얼마나 많은 Style을 예시 스타일을 만들지를 지정합니다. 32가 기본 값이지만 아래의 Drop down 메뉴에서 변경이 가능합니다.
- **Mode** : default 와 raw 둘 중 선택하는 부분
- **Approximate Cost** : 해당 작업을 실행하는데 소모되는 fast hour 시간을 표시해 줍니다.

아래 링크 부분은 보통은 안 나오지만 Prompt가 간단한 경우 기존의 다른 사용자가 이미 만들어 둔 Style Directions이 있는 경우 표시됩니다.

같은 Prompt의 경우는 기존 사용자의 Style Directions을 사용하는 것이 Fast Hour를 절약하는 방법입니다. **(Style Directions을 생성하는데 Fast Hour가 소모되는것이지 조회, 조합, 사용하는데는 Fast Hour가 추가적으로 소모되지 않습니다.)**

Style Directions의 drop down 메뉴를 클릭하면, 16, 32, 64, 128을 선택할 수 있습니다.
Style Directions은 16을 선택하면 16쌍의 이미지를 생성합니다. 한꺼번에 32장의 이미지를 생성하는데 들어가는 Fast hour가 소비됩니다.
선택에 따라서 16 - 0.15 | 32 - 0.3 | 64 - 0.6 | 128 - 1.2 Fast hour가 소모됩니다.

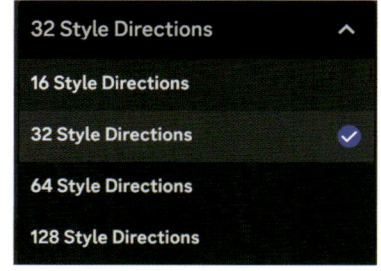

Mode에는 Default와 Raw가 있습니다.
여기서 Raw mode는 --style raw로 이미지를 생성하는 옵션이 적용되어 Style Directions을 생성합니다.

선택하고 Submit을 누르면 이렇게 다시 한번 더 확인 과정을 거칩니다.
유료로 과금되는 Fast Hour가 한 번에 차감되는 부분이니 다시 한번 확인하고 다음으로 진행됩니다.

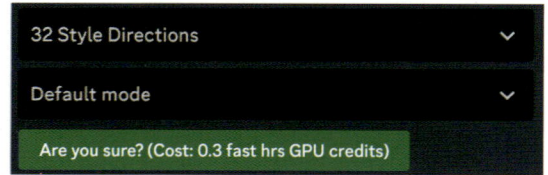

실행시키면 이런 중간 메시지가 나옵니다. 32 Style Directions을 선택했는데 64개가 만들어진다고 해서 뭔가 잘못됐다고 생각하실 것은 없습니다. 32 Style Directions을 만든다는 것은 32개 쌍 즉 64개의 이미지를 만드는 것이기 때문에 나타나는 메시지입니다.

1~2분정도 지나면 이와 같은 완료 메시지가 나옵니다.
실제 64개의 이미지를 생성하는 작업이 진행됩니다. 따라서 서버가 붐비는 시간의 경우 조금 더 시간이 소요될 수 있습니다. 또한 초창기 에러로 생성이 안 되고 무반응으로 끝나는 경우도 있지만 이럴 때는 소모된 Fast Hour가 하루 이내에 Roll Back 됩니다.

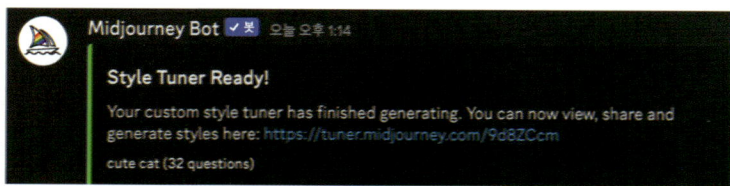

❶ Style Directions 선택 및 Style code 생성

/tune cute cat을 실행시키면 다음과 같은 내용이 나옵니다.

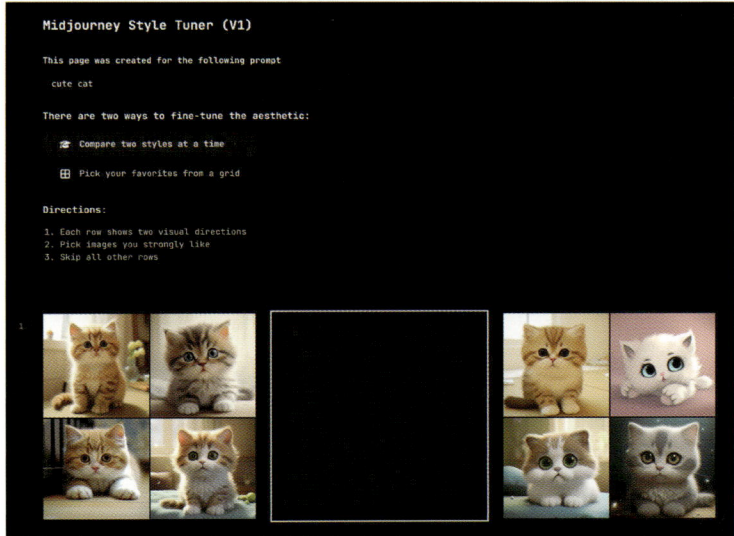

~ 중략 ~

이렇게 긴 페이지가 나옵니다.
사용법은 좌우 한 쌍의 이미지 중에서 선호하는 스타일을 선택하면 됩니다. 예시 화면에서 32쌍이 있지만 이 모든 것을 선택할 필요는 없고 1개의 이미지만 선택하여도 스타일은 생성됩니다.

`Share this Page` 를 클릭하면,
Hey I just used the Midjourney Style Tuner. Play around with my Style Tuner yourself at https://tuner.midjourney.com/9d8ZCcm

이런 문구와 함께 해당 페이지 링크가 복사됩니다.
이 기능은 Style 공유에 초점이 맞추어 개발된 기능이라 단계별로 다양하게 공유가 가능합니다.

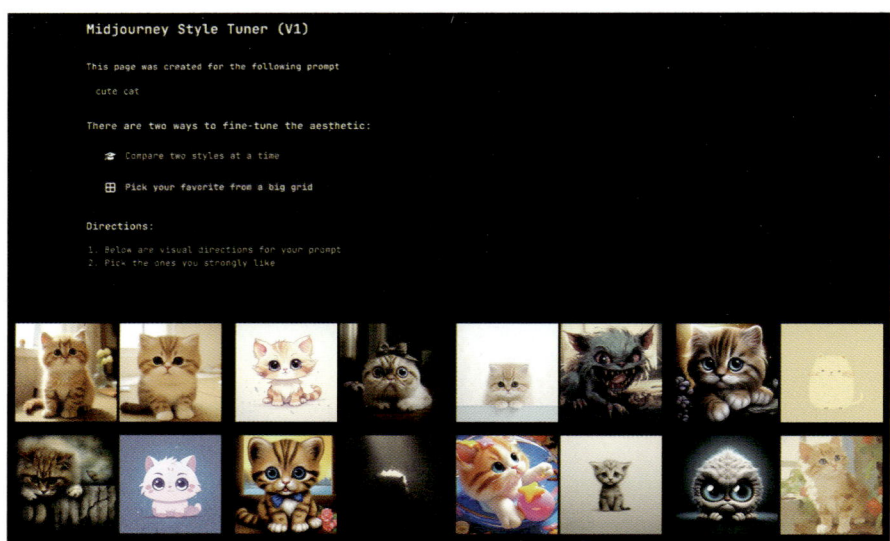

지금까지 내용은 `Compare two styles at a time` 을 선택해서 긴 페이지로 나온 것이고,
상단에 `Pick your favorite from a big grid` 을 선택하면 위와 같은 간단한 그리드 형식의 페이지 형식으로 바꿀 수 있습니다.

2개의 쌍중 하나 이상을 선택하면 화면 하단에 아래와 같은 Style code가 생성되는 것을 볼 수 있습니다.

`/imagine cute cat --style 7r1AmdaY`

복사하기 버튼을 누르면 **cute cat --style 7r1AmdaY** 내용이 복사됩니다.

이 Style Code 7r1AmdaY의 의미는 이미지에서 왼쪽 실사 같은 스타일 보다 오른쪽 이미지 같은 스타일을 사용자가 선호하고 해당 스타일로 이미지를 만들 것이라는 지정입니다.
Cute Cat이라는 Prompt에서 2개 이상의 이미지를 선택하면 해당 스타일의 중간쯤 섞인 스타일을 선택한 것을 의미합니다.

Style Code Combine 관련된 내용은 이후에 자세히 다루어 집니다.

❷ Style code 사용 및 적용 강도 조절

Style Directions을 선택하여 생성된 Style code는 **--style [StyleCode]** 의 형태로 사용합니다.

Style code를 생성할 때 선택한 그림 화풍의 이미지가 생성됨을 확인할 수 있습니다.

Style code의 강도를 높이거나 낮추고 싶을 때는 **-stylize (--s)** 파라미터를 사용하여 조정합니다.

< --stylize 50 >   < --stylize 100 >

< --stylize 150 >   < --stylize 350 >

간혹 이미지가 비슷한 결과물이 나오기도 하지만 style code의 적용 강도 조정은 형태 유지와는 관계가 없습니다.

❸ Style 공유 및 재사용, 재생성

Style Tuner의 결과물인 Style Code를 공유하는 방법은 아래 2가지 방법이 있습니다. 이 Style Tuner 기능은 개발의 목표가 자신의 Style을 남과 공유하는 것이 목적으로 개발된 기능이라 공유를 하게 되면 Style Code 생성에 관련된 모든 정보가 공유됩니다.

[Style Directions 선택 페이지 주소 공유]

공유 받은 사람은 이미 생성한 Style Directions 페이지를 이용해서 Fast Hour 소모 없이 다른 Style Code를 생성할 수 있습니다. 이 페이지에는 해당 페이지를 생성하는데 포함된 **Prompt 정보까지 모두 포함**되어 있습니다.

[Style Code 공유]

예시에서 생성한 **7r1AmdaY**의 문자열을 공유하거나 재사용하면 됩니다.

https://tuner.midjourney.com/code/**StyleCode**

위의 링크에 뒷부분에 해당 Style Code를 입력하면 해당 Style Code가 생성된 Style Directions 페이지로 접근이 가능하고 Style Directions 선택 페이지 주소 공유와 같은 효과가 있습니다.

❹ 시동 Prompt (Trigger Prompt)

사실 Style tuner 기능이 처음 나왔을때 사람들의 많은 오해가 있었습니다.
Style Code를 사용하면 Style Code Prompt 내용이 포함되어 있기 때문에 실제 Prompt에서는 해당 내용(Style Code 생성 Prompt)을 제외해도 된다는 것이었습니다.

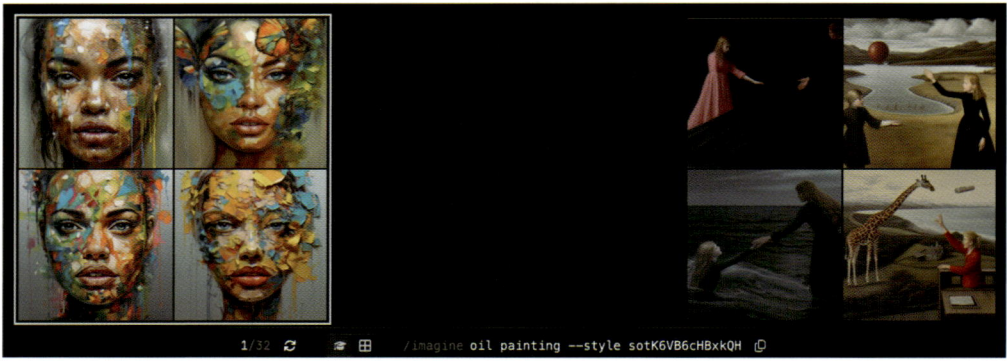

/tune Prompt : oil painting 을 사용해서 Style Code를 왼쪽 이미지를 선택해서 만들었을 때

예시에서 보는 것 같이 oil painting으로 만든 style code지만 Prompt에 oil painting이 안 들어가면 oil painting의 결과가 반영되지 않습니다.

또한, oil painting을 Prompt에 포함 시켰다고 해서 비슷한 유화적 스타일이 나오는 것은 아닙니다. Style tuner에서 만들어진 style code와 oil painting 시동 Prompt가 함께 하면 나오는 결과는 oil painting의 화풍을 의미합니다. Oil painting 화풍 중에 여러가지 스타일 중에 하나를 선택한 것이 아닙니다.

Oil painting의 화풍으로 특정한 공통된 스타일을 유지하는 Style Code를 만들고 싶다면 처음 Style Code를 만드는 Prompt에 특정 스타일을 포함시켜야 합니다. (예 : oil painting , in style of Gogh)

❺ Random style code

/tune 명령을 사용해서 Style Code를 생성하는 방법 말고 무작위로 스타일을 생성하는 방법은 **/imagine [Prompt] --style random** 입니다.

--style random이라고 입력하면 실행되는 Prompt에 무작위로 생성된 style code가 출력됩니다. **random**이라고만 써도 생성되지만 random에는 생성 범위와 반영 범위를 지정해주는 옵션이 추가로 존재합니다.

> **--style random-[생성 범위(style directions 개수)]-[반영 범위(Percentage)]**
> · 생성 범위 : 1 ~ 128
> · 반영 범위 : 1 ~ 100
>
> 무작위 범위를 지정해 주면 좀 더 집중된 Style Code가 나오지만 이를 다시 수정하거나 추가할 방법은 없습니다.
> **--style random을 실행 시키면 기본값이 random-32-75 입니다.**

Random으로 생성된 Style code는 이전 장에서 다루었던 시동 Prompt가 없습니다.
아래는 Random으로 생성된 Style Code를 Style Code 추적 페이지(https://tuner.midjourney.com/code/StyleCode)에 입력하면 나오는 에러 페이지입니다.

```
Sorry we could not find a Style Tuner page for
the code you provided. The code was likely made
via --style random. Thanks!
```

사용자가 생성한 Style Code는 시동 Prompt가 있어야 제대로 작동하지만 Random으로 생성된 Style Code의 경우는 시동 Prompt 없이도 스타일의 통일성을 보여줍니다.

❻ Style code 결합

2개 이상의 Style Code를 하이픈(-)으로 연결하여 입력하면 이 두 Style Code가 결합되어 하나의 Style Code로 작동합니다.

> **-- style StyleCode1-StyleCode2**

아래의 예시는 하나의 Style Directions을 선택하여 생성된 Style Code입니다.

dDN2ksDx　　　　　　　　2ZZ8Lamor

/imagine prompt cute cat --style

dDN2ksDx

dDN2ksDx-2ZZ8Lamor

2ZZ8Lamor

그림체가 1/2씩 섞인 결과물이 나옵니다.

표기 순서는 **dDN2ksDx-2ZZ8Lamor**와 **2ZZ8Lamor-dDN2ksDx**는 일치하게 나오며 순서에 영향을 받지는 않습니다.

> --style StyleCode1-StyleCode2-StyleCode3
> 위와 같이 두개 이상의 Style Code도 결합하는 것이 가능하며 이 경우는 1/3씩의 영향으로 섞이게 됩니다.

Style Code를 결합하는 것은 무작위로 발생한 style code와도 결합이 가능합니다.

> --style StyleCode1-random
> --style StyleCode1-random-128-10-StyleCode2-StyleCode3
> [random-128-10] 이 부분은 내부적으로 random Style Code를 생성하는 함수처럼 작동됩니다.

Style code와 기존 Style의 raw도 한 결합이 가능합니다.

> --style StyleCode1-raw
> /tune으로 처음 생성 인터페이스에 default mode와 raw mode의 경우는 -style raw가 반영된 스타일 이미지를 보여주는데 이는 Style Code를 만들고 StyleCode-raw 식으로 결합하여 사용해도 결과는 같습니다.

❼ 비율 조절 Style Code 결합

Style Code의 결합은 StyleCode1–StyleCode2의 경우 1/2씩 Style이 섞여서 작동합니다. Style 반영 비율을 따로 입력하는 법은 없지만 Style Code 여러 개가 결합이 가능한 점을 응용하면 한쪽의 Style Code를 좀 더 반영되는 결과물을 만들 수 있습니다.

❽ Style Code Parameter 적용

Style Tuner로 이미지를 생성할 때 일부 Parameter는 반영이 됩니다.

단, 이렇게 Style Tuner를 생성할 때 사용 된 Parameter는 Style Code를 사용해서 실행할 때도 시동 Prompt와 마찬가지로 포함되어야 Parameter가 반영된 Style Code가 제대로 작동합니다.

Style Code에 반영되는 Parameter는 다음과 같습니다.

> --aspect (--ar), --chaos(--c) ,--tile, multi prompts(Prompt weight ::)

❾ /list_tuners

/tune으로 만든 style directions 선택 페이지는 따로 기록해 두지 않으면 대화창에서 찾기 힘들 수 있습니다. 이럴 때 이전에 Fast Hour를 소모하면서 만든 style directions 페이지를 모두 보는 방법입니다.

/list_tuners을 실행시키면 이전에 생성한 style directions 선택 페이지의 링크 목록이 출력됩니다.

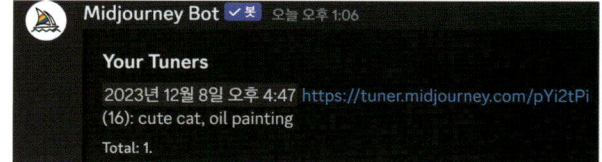

> 주의 : 링크 페이지 목록은 출력이 되지만 생성 했던 style code는 출력되지 않습니다. 마음에 드는 style code를 만들었을 때 그 코드는 따로 저장이 필요합니다.

2 Niji-journey(니지저니)

Midjourney에서 Niji 모드를 선택해서 생성을 해도 niji 이미지를 생성할 수 있지만, 일본 + 아시아 모델 + 애니메이션에 초점을 맞춘 커뮤니티인 Niji-journey라는 별도의 서비스가 있습니다.

이 서비스는 Midjourney의 서브 서비스로 계정 정보가 공유되며 구독 Plan도 동일하게 작동되어 별도의 결제가 필요 없습니다. 또한, 생성된 결과물은 Midjourney Homepage My image에서 통합하여 관리됩니다.

https://discord.com/invite/nijijourney

위의 사이트로 접속하면 기존에 discord에서 아래와 같은 별도의 서비스에 접속할 수 있습니다.

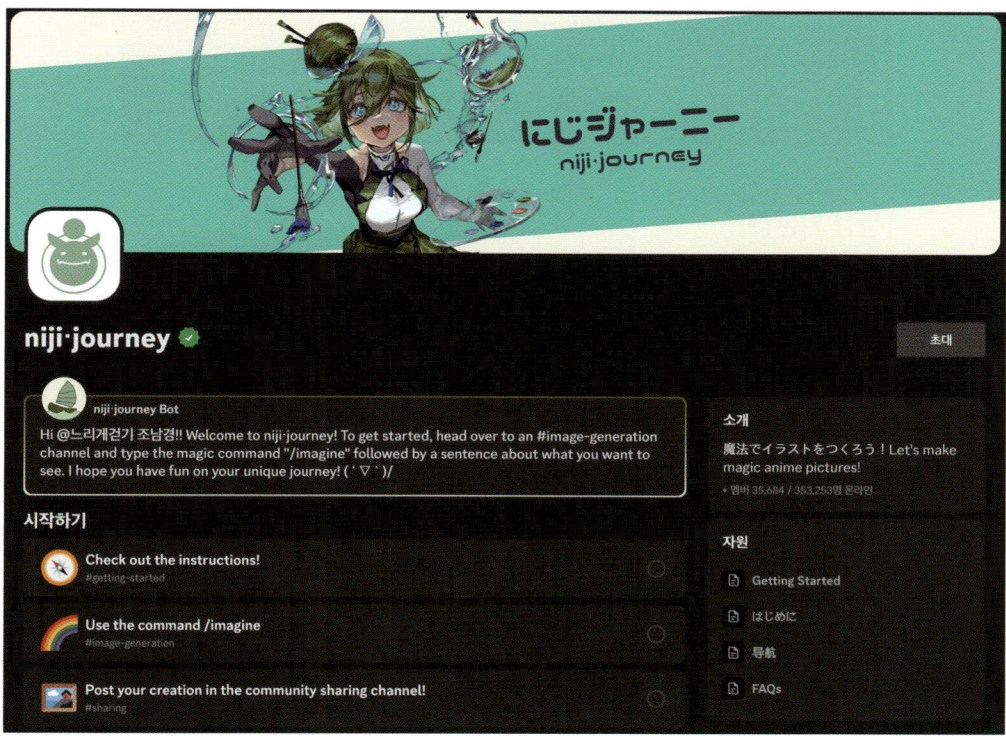

Niji-journey 첫 화면

Midjourney Discord 화면과 채널(메뉴) 구성이 다르지만 기본적으로 Niji에만 집중된 채널들로 기본적인 사용법은 Midjourney와 동일합니다.

01. Niji-journey 특화 기능

Niji-journey는 Midjourney와 사용법이 동일하지만 기본 Default Setting이 Niji 사용에 초점이 맞춰져 있습니다.

❶ /settings

생성모델의 기본값은 Niji version 4 / 5 / 6이 있고, Niji 5 Settings 창에는 Style에 Expressive, Cute, Scenic, Original Style이 버튼으로, Niji 6 Settings 창에서는 RAW Mode 버튼으로 --style raw 를 설정할 수 있습니다.

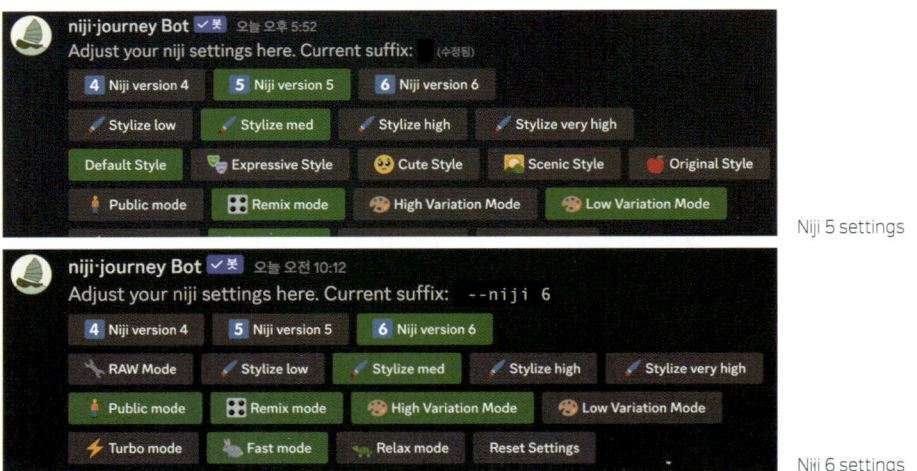

Niji 5 settings

Niji 6 settings

[생성 기본값]

Prompt : **cute cat**

Midjourney 기준으로 --niji 6 --ar 3:4이 Paramter의 기본값으로 적용된 결과가 나옵니다.

[한글지원]

Prompt : 귀여운 고양이

실행 화면

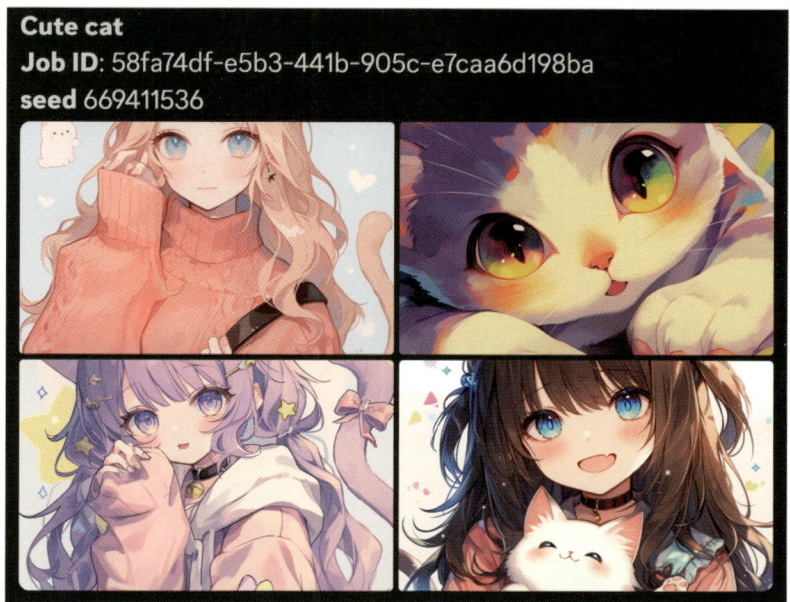

DM Box에서 확인 가능한 결과물

Prompt에 한글이 입력되어 실행은 되지만 이것은 한글을 그대로 실행하는 것이 아니라 번역기를 통해 영어로 번역되기 때문에 실제 실행되는 Prompt는 영어로 실행됩니다. 따라서 한글 표현이 100% 반영 되지는 않습니다.

❷ Niji Style Tuner

Style Tuner 업데이트 이전에는 Midjourney와 Niji-journey 는 똑같은 명령이 실행되었습니다. 하지만 Niji의 Style Tuner는 Midjourney에서는 실행할 수 없습니다.
Niji Style Tuner는 Niji-journey에서만 생성이 가능합니다.

Midjourney의 Style Tuner 사용 시 raw style과 생성한 Style Code와 결합이 가능하지만 Niji-journey의 생성한 Style Code와 기존의 Niji Style(Original, Expressive, Cute, Scenic, Original)과 결합은 지원하지 않습니다.

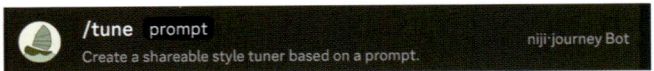

Niji-journey에서 /tune 명령을 실행시키면 대상이 niji-jouney Bot 이란 것을 알 수 있습니다.

--v 의 Style Tuner는 Midjourney Bot이,
--niji 의 Style Tuner는 niji-journey Bot 만이 생성할 수 있습니다.

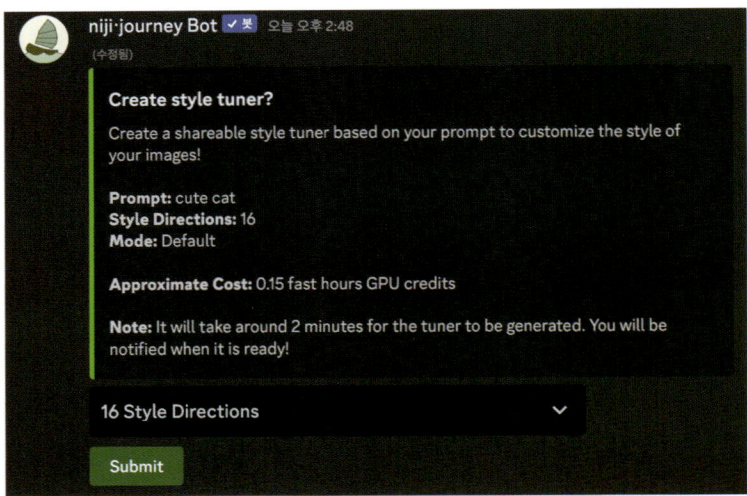

> **/tune cute cat**
> Style Directions은 선택 가능하지만 위와 같은 이유로 Mode 선택은 불가능합니다.

3 미드저니 웹사이트(Midjourney Website)

2024년 8월 23일을 기점으로 미드저니 웹사이트가 모든 사람에게 개방되었습니다.(이전의 생성 장수 제한이 없어졌습니다.)

Website에서도 이용이 가능하지만 디스코드(Discord)의 운영은 오랜 시간 지속할 것이라는 제조사의 입장을 참고하면 당장 디스코드(Discord)의 기능이 없어지는 것은 아닙니다. 웹사이트 생성의 전반적인 기능을 살펴보겠습니다. 단, 미드저니 웹사이트가 업데이트가 많은 편이어서 책에서 다루어진 내용과 약간의 차이가 있을 수 있습니다.

Website 웹사이트 주소

https://www.midjourney.com

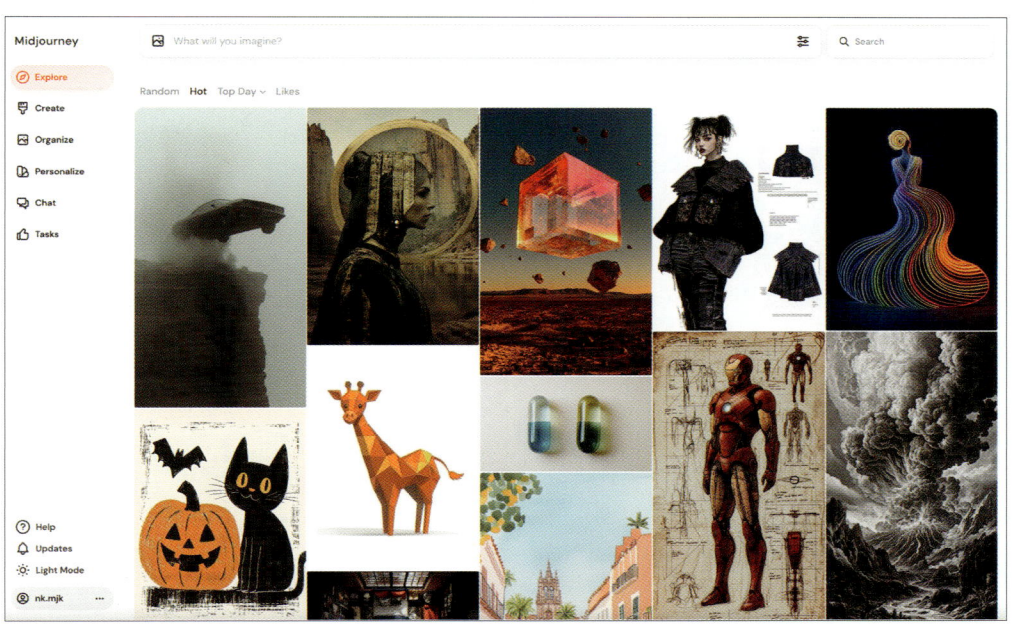

미드저니 웹사이트(Alpha Website)

미드저니의 웹 사이트를 구성과 주요 기능에 대해서 소개해 보겠습니다.

❶  **Explore 탭**

Random : 사용자들의 무작위 이미지
Hot : 최근 많은 좋아요(Like)를 받은 이미지
Top Day / Top Week / Top Month : 일 / 주 / 월의 Top 이미지
Like : 내가 좋아요(Like)를 누른 이미지
Randomize : Random 이미지 재선정

❷  **Create 탭**

기본 Prompt 입력 창

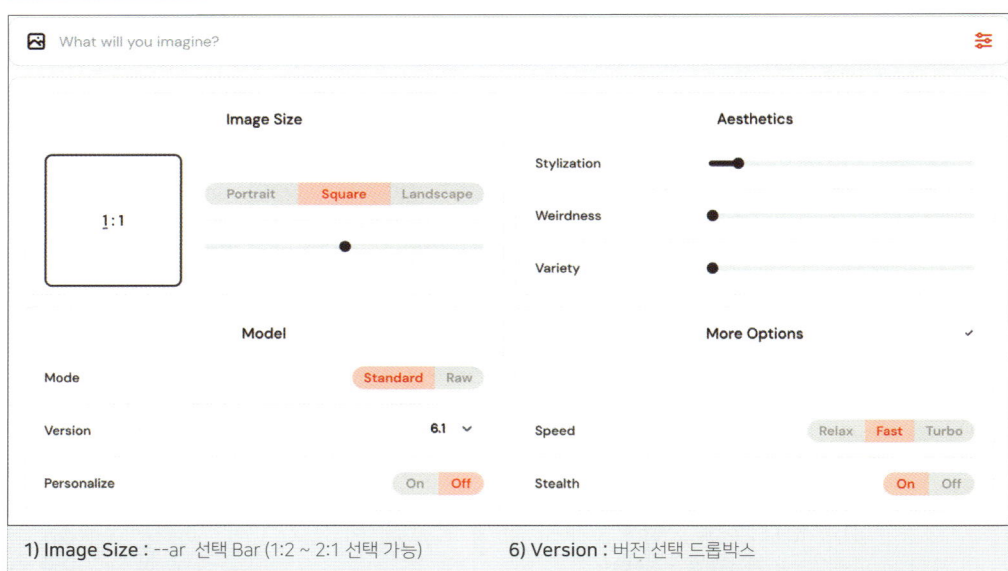

1) **Image Size** : --ar 선택 Bar (1:2 ~ 2:1 선택 가능)
2) **Stylization** : --stylize 선택 슬라이더
3) **Weirdness** : --wired 선택 슬라이더
4) **Variety** : --chaos 선택 슬라이더
5) **Mode** : --style raw 선택 버튼
6) **Version** : 버전 선택 드롭박스
7) **Personalize** : --p 파라미터 접미사에 자동 완성 온/오프 버튼
8) **Speed** : 생성 속도 선택 버튼
9) **Stealth** : Stealth mode 스위치

고급 활용 Tips **7**

프롬프트 입력창 좌측의 아이콘을 클릭하면 나오는 File Uploader > Image Prompt 사용 시 URL이 아닌 Uploader에 이미지를 올려서 사용합니다. (Image URL도 입력창에 붙여넣기하면 자동으로 첨부이미지로 표시됩니다.)

Upload된 이미지 리스트에서 이미지에 마우스 오버하면 버튼이 나타납니다.

- **실행 화면**
  - /describe 내용과 같은 내용이 출력됩니다.
  - 단어/단락별로 클릭하면 Prompt에 자동 추가/제거되는 토글 기능

생성 프롬프트 입력

메뉴의 슬라이더를 이용해도 가능하지만 기존 방식대로 입력창에 -- 을 사용하여 Parameter들을 입력할 수 있습니다.

277

생성 실행

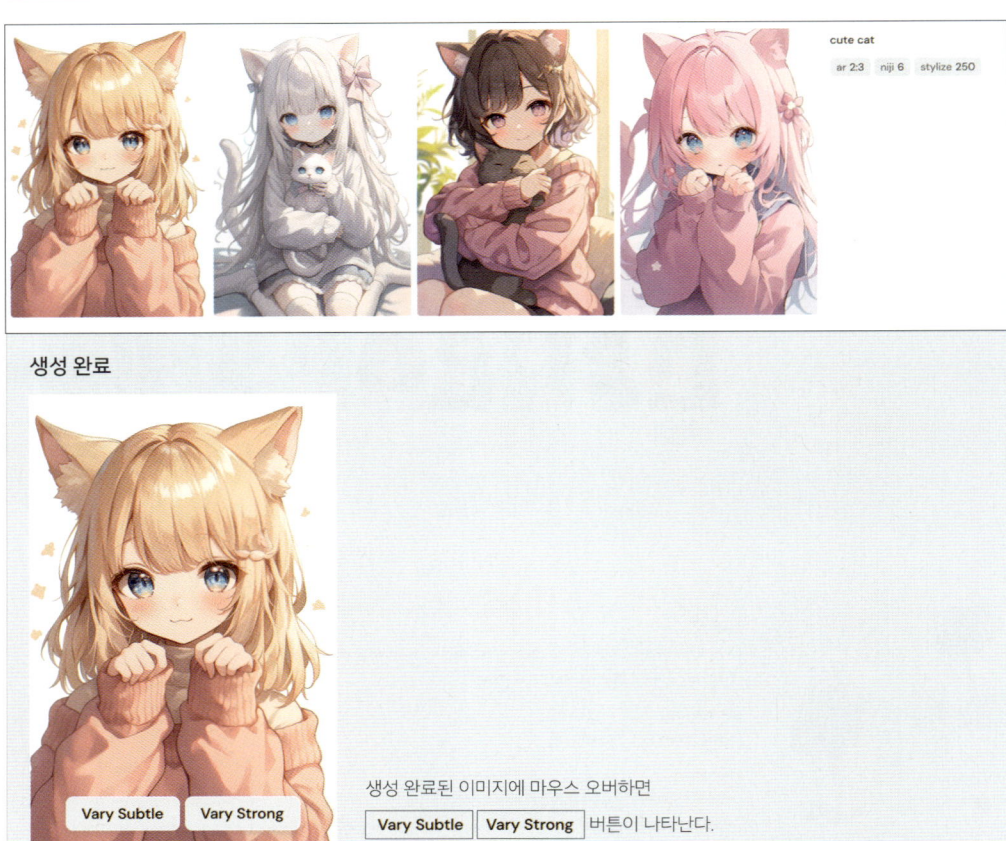

생성 완료

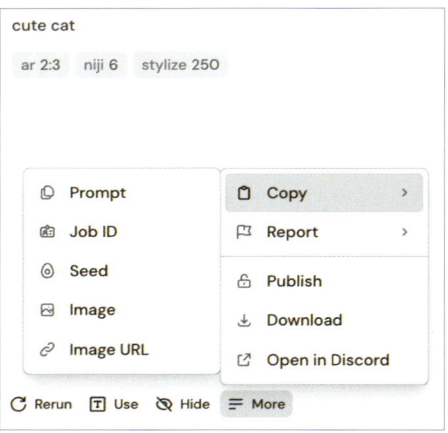

생성 완료된 이미지에 마우스 오버하면 Vary Subtle Vary Strong 버튼이 나타난다.

프롬프트 영역에 마우스 오버하면 메뉴가 나타납니다.

- **Rerun** : 프롬프트 다시 실행 (Discord Re-Roll 버튼)
- **Use** : 사용한 Prompt 모두를 프롬프트 입력창에 복사합니다.
- **Hide** : 생성된 이미지를 숨깁니다.
- **Copy** : 다양한 정보들을 클립보드에 복사합니다.
- **Report** : 이미지를 신고합니다.
- **Publish** : 이미지를 공개합니다.(Pro Plan 이상 사용자만 보입니다.)
- **Download** : 2 by 2 grid Image 를 다운로드합니다.
- **Open in Discord** : 해당 이미지를 생성한 Discord 화면으로 이동합니다.(Discord에서 생성되지 않은 이미지의 경우 Discord URL not available 에러메시지가 나옵니다.)

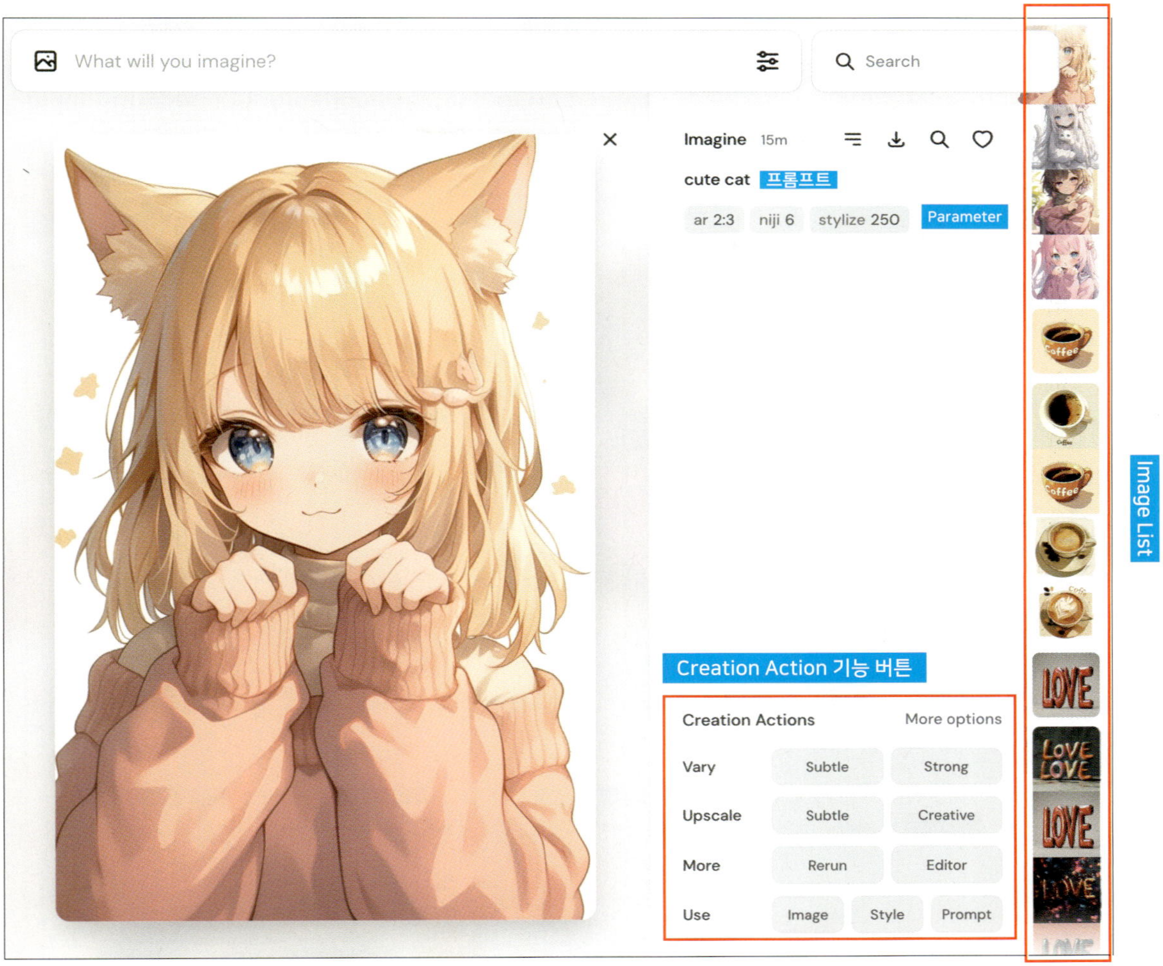

고급 활용 Tips 7

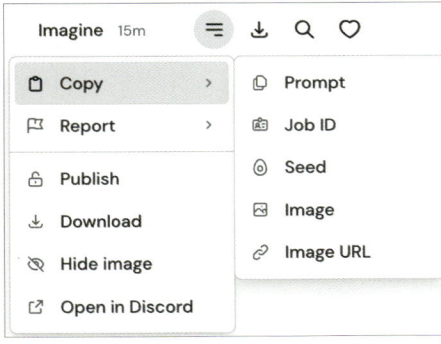

상단의 옵션 버튼 ☰을 누르면 다양한 메뉴가 팝업됩니다.
(내용은 Image List에 다루어진 내용과 같습니다.)

- **Download** : 해당 이미지를 다운로드 합니다.
- **검색** : 이미지를 입력해서 비슷한 이미지를 검색합니다. (검색에 이미지를 입력하는 유일한 방법입니다.)
- **Hide image** : 해당 이미지를 숨깁니다.

Creation Actions에서 를 클릭하면 Creation Action 버튼을 숨기고 나타나게 하는 팝업 메뉴가 나옵니다.

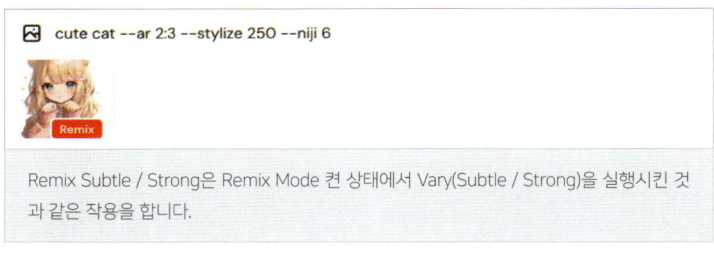

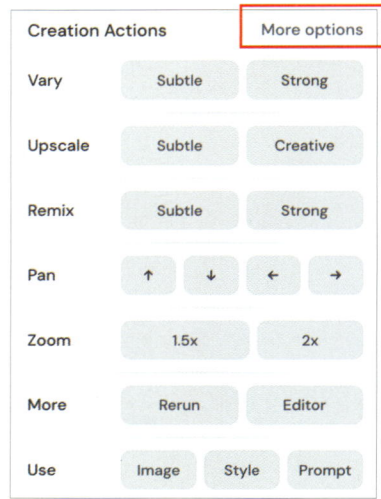

Editor

기존의 Pan / Zoom / Vary(region) / Remix 기능을 하나로 합쳐 보다 시각적으로 보여져 편집이 더 쉽게 만들어 준 웹사이트에 새로운 기능입니다.

생성 이미지 보기(Image View) 페이지에서 Editor 버튼을 누르면 이미지 보기(Image View) 모드가 이미지 편집기(Image Editor) 모드로 변경됩니다.

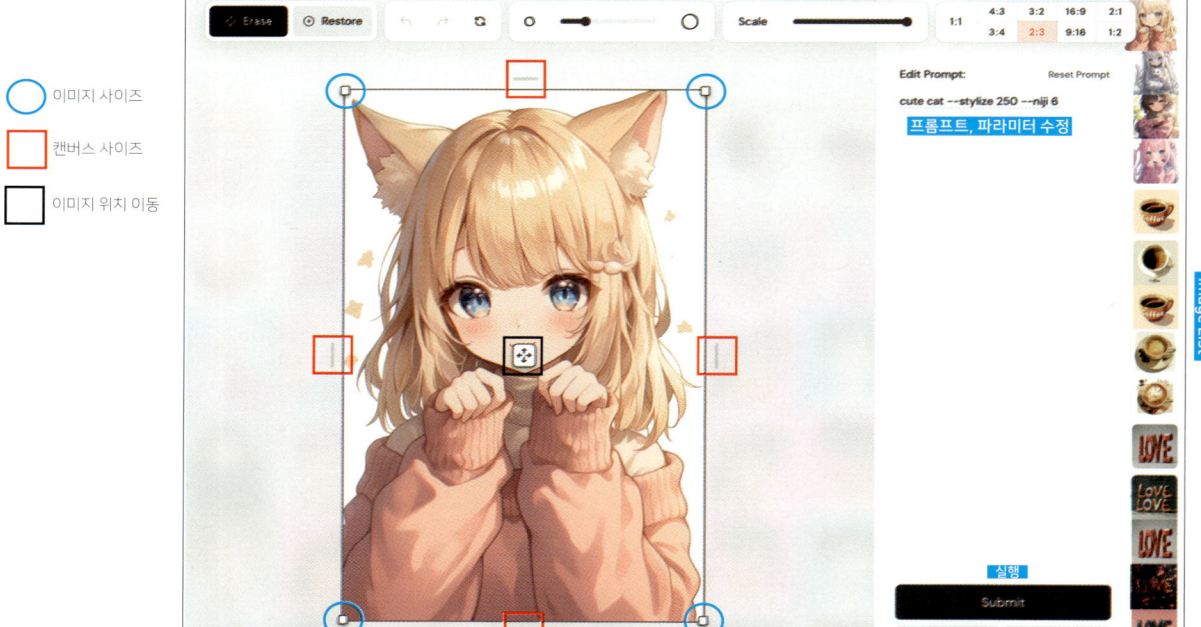

❸  **Organize 탭**

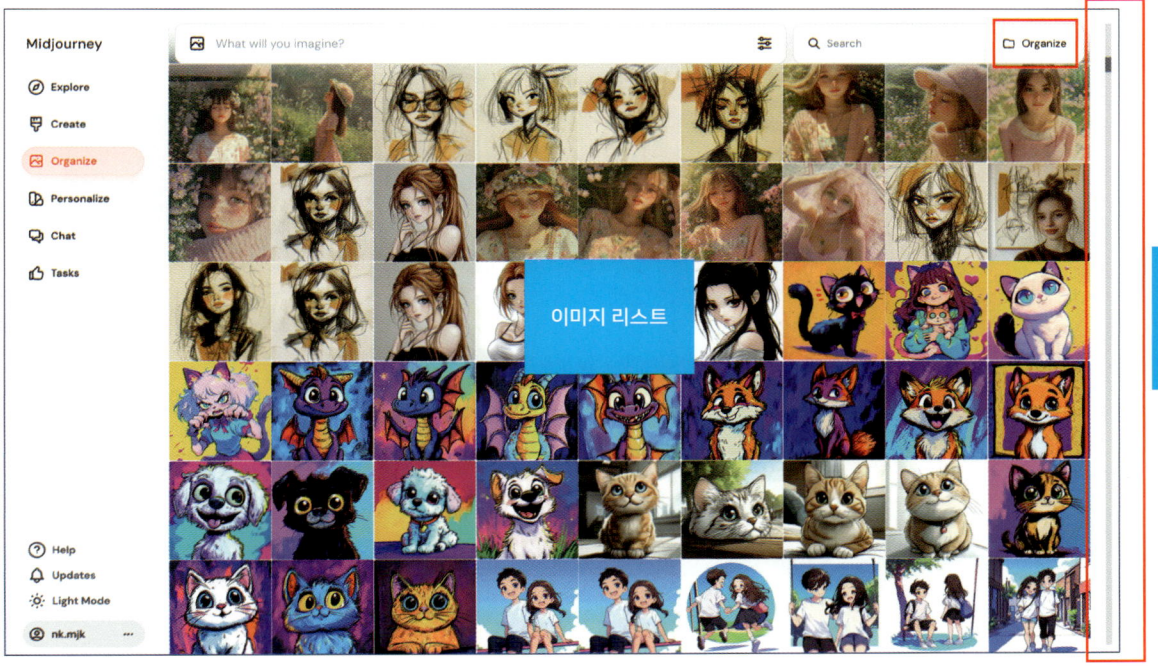

- **날짜 선택 슬라이드** : 날짜 선택 슬라이더로 날짜 기준으로 과거의 이미지로 빠르게 접근할 수 있습니다.
- **이미지 리스트(Image List)** : 클릭하면 이미지 보기(Image View)페이지로 이동합니다.
- **Organize** : Organize Menu를 토글시켜 줍니다.

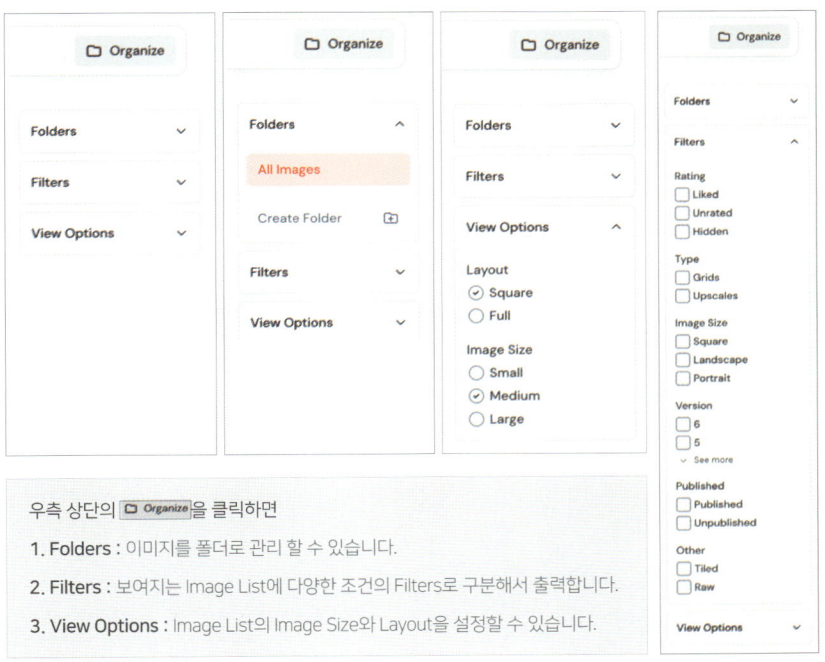

우측 상단의 [Organize]을 클릭하면

1. **Folders** : 이미지를 폴더로 관리 할 수 있습니다.
2. **Filters** : 보여지는 Image List에 다양한 조건의 Filters로 구분해서 출력합니다.
3. **View Options** : Image List의 Image Size와 Layout을 설정할 수 있습니다.

❹ `Personalize` Personalize 탭

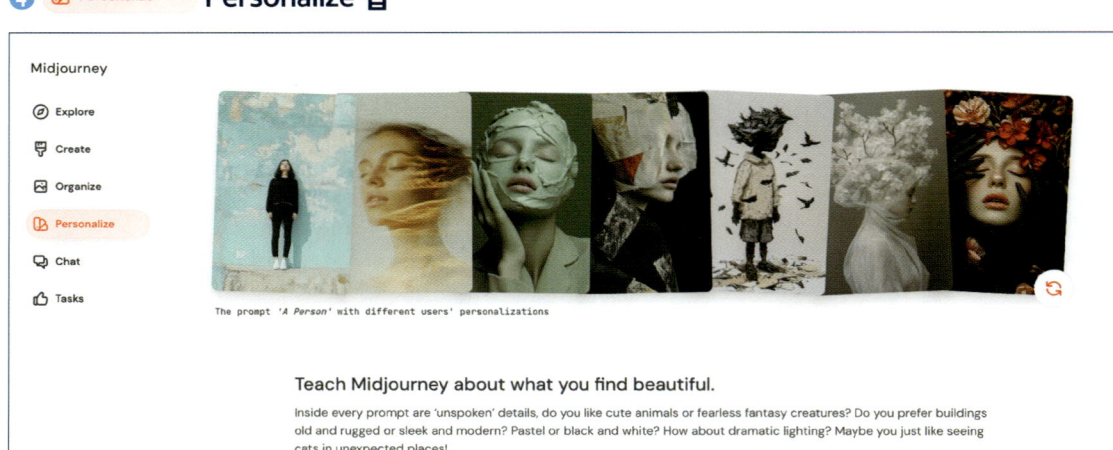

- **Start Teaching** : 이미지 순위 매기기(Image Rank) 페이지로 이동합니다.
- **Personalization** : --p 파라미터를 접미사로 자동으로 붙이는 기능을 켜고 끕니다.

Personalization Level Up System

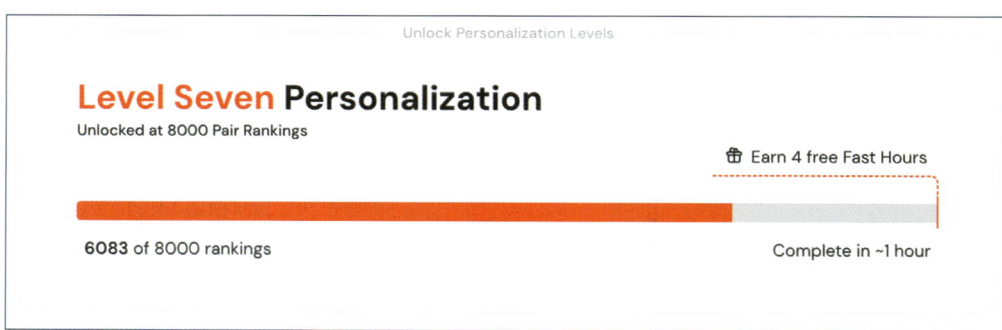

개인화 기능 사용을 독려하기 위해 도입된 기능입니다.

Level Up을 달성하면 레벨별로 Free Fast Hour를 지급합니다.

- Level 1 : ~200
- Level 2 : ~500
- Level 3 : ~1,000
- Level 4 : ~1,500
- Level 5 : ~2,000
- Level 6 : ~4,000
- Level 7 : ~8,000
- Level 8 : ~10,000 (Max)

❺ [Manage Uploads] **Manage Uploads**

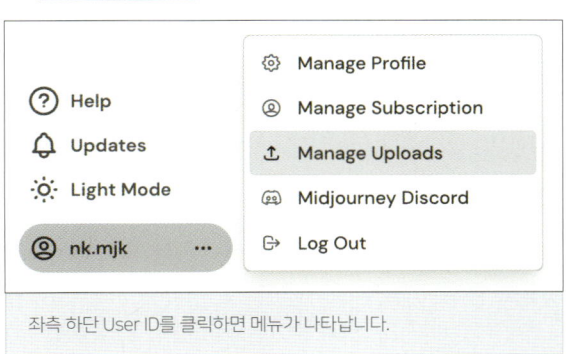

좌측 하단 User ID를 클릭하면 메뉴가 나타납니다.

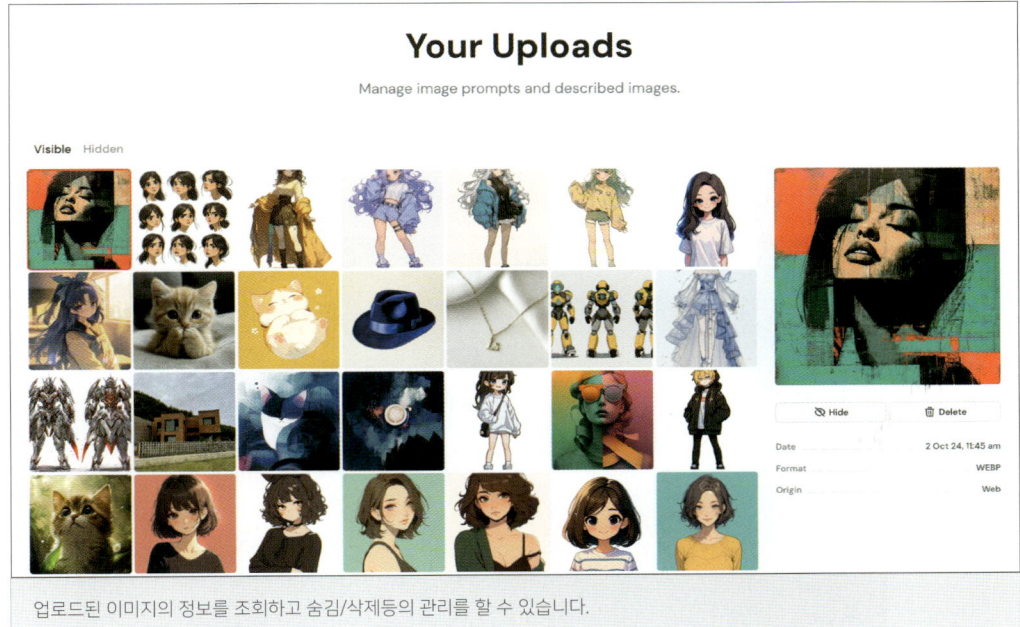

업로드된 이미지의 정보를 조회하고 숨김/삭제등의 관리를 할 수 있습니다.

미드저니 웹사이트는 미드저니의 초기 진입 장벽으로 언급되는 Discord 인터페이스의 단점을 대부분 극복하고 직관적인 설계로 사용자 편의성이 높은 웹사이트입니다. 하지만, 미드저니의 기능이 Discord Text Prompt 입력을 기준으로 발전해왔기 때문에 Discord의 기능으로 먼저 익숙해진 후에 웹사이트 기능을 사용한다면 좀 더 이해가 더 쉬울 것입니다.

아직은 Discord의 기능을 100% 구현이 됐다고 할 수 없는 부분이 있고, 구현된 기능이라도 한쪽 구석에 작은 아이콘으로 숨겨져 있는 경우가 종종 있어서 기능을 익숙하게 사용하게 될 때까지는 Discord 사용을 권장합니다.

4 Prompt Debugging

미드저니의 다양한 기능들을 서로 엮어서 새로운 결과물을 내는 다양한 방법에 대해서 다루는 **이 장에서는 경험적 지식으로 비교적 높은 확률로 된다**는 것이지 100% 정확한 결과를 보장하는 내용이 아닙니다. 이 점을 유의해 주세요.

Prompt 사용하다 보면 특정한 단어가 통하지 않는 경우가 종종 있습니다.

/shorten을 사용해 Prompt를 검사해 봅니다.

문제점: Brothers가 무시되고 Odin에 모든 가중치가 몰려있습니다.

해결책: The three Odins로 Three와 Odins의 비중을 맞춥니다.

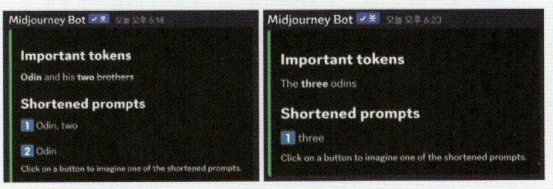

[주의사항]
1. 간단한 예시를 위해 묘사부분을 모두 제거한 후 테스트 한 결과입니다.
2. 묘사가 들어가면 문제의 핵심에 접근하기가 힘듭니다.
3. 간단한 내용으로 문제해결은 됐지만 묘사되는 부분에 추가되는 단어에서 Three와 충돌되는 숫자는 단어 사용에 주의해야 합니다.
4. 여러 번 테스트 해 보면 Odin and his two brothers 3명이 나오는 경우가 종종 있습니다.
5. The three Odins vs Odin and his two brothers의 경우, 전자가 제대로 3명으로 나올 확률이 더 높습니다.
6. 미드저니의 Prompt 자연어 인식률은 업데이트를 계속하고 있어서 이 간단한 예시는 잘 작동할 수 있습니다.
7. 특정 단어가 작용을 안 될 때 원인을 파악하는 방법의 예시라고 이해해 주세요.

5 Loop Prompting

Vary(Strong) + Remix 모드에서 Prompt를 Image Prompt로 추가/변경하여 Variation의 특이한 결과를 이끌어 내는 방법입니다.

동일한 그림체 유지를 위해 작가의 이름(Sally Cruikshank)은 계속 Prompt에 계속 포함시킵니다.

이렇게 이미지를 생성한 후,

아래와 같은 흐름으로 Vary(Strong)+Remix를 실행하여
생성한 이미지를 Image Prompt로 추가/변경하면서
이미지를 생성합니다.

4개의 이미지가 생성됐지만 이해를 돕기 위해 한 개의 이미지만 선택해서 설명합니다.

Vary(Strong) 사용 시 Remix에 Image Prompt를 사용함으로써 같은 그림체를 유지하면서 다양한 변화를 이끌어 낼 수 있습니다.

Text Prompt를 변경해서 적용하는 것보다 Image Prompt로 방향성을 제시하면 보다 확실한 결과를 얻을 수 있습니다.

이 방법은 특별한 목적에 도달하기 위한 방법 보다는 Text Prompt로 변경해서 적용시키는 것의 한계를 다른 접근 방법으로 넘어서려는 하나의 시도 입니다.

Image Prompt로 Image가 Remix mode에 입력되었을 때 적용되는 범위가 한 눈에 확 드러나지는 않지만 결과와 같은 이미지를 Text Prompt만으로 Remix mode로 만들어내려고 했다면 상상하면 거의 불가능에 가깝습니다.

이 방법 자체가 하나의 공식을 제공하는 것은 아니지만 이런 접근 방식은 좀 더 창의력을 발휘할 수 있는 또 하나의 통로입니다. 예시에서는 일관성과 방법을 설명을 위해 Remix mode Prompt에 하나의 이미지만 입력했지만 2~3개의 이미지로 또 다른 결과물에 도전해 보세요.

이 방법을 조금만 더 연습하면 미드저니에서 Image Prompt를 어떻게 반영하는지에 대한 느낌이 대폭 향상될 것입니다.

6 일관성 있는 캐릭터 생성하기

Pan의 기능이 기존 이미지를 반영해서 연관성 있게 생성한다는 점에 착안한 방법입니다.

/imagine prompt   boy face, Character spread sheet, 3d, white background --niji 5 --style expressive

아래는 생성 결과물입니다. 여기서 2×2 혹은 4×4의 짝수로 생성된 이미지가 이후 Pan을 해서 확장할 때 유리합니다. 여기서는 4번 선택하고 Upscale 합니다.

/boy face/Character spread sheet/3d/white background/--niji 5 --style expressive/
  소년얼굴   캐릭터 시트   3D   흰색 배경

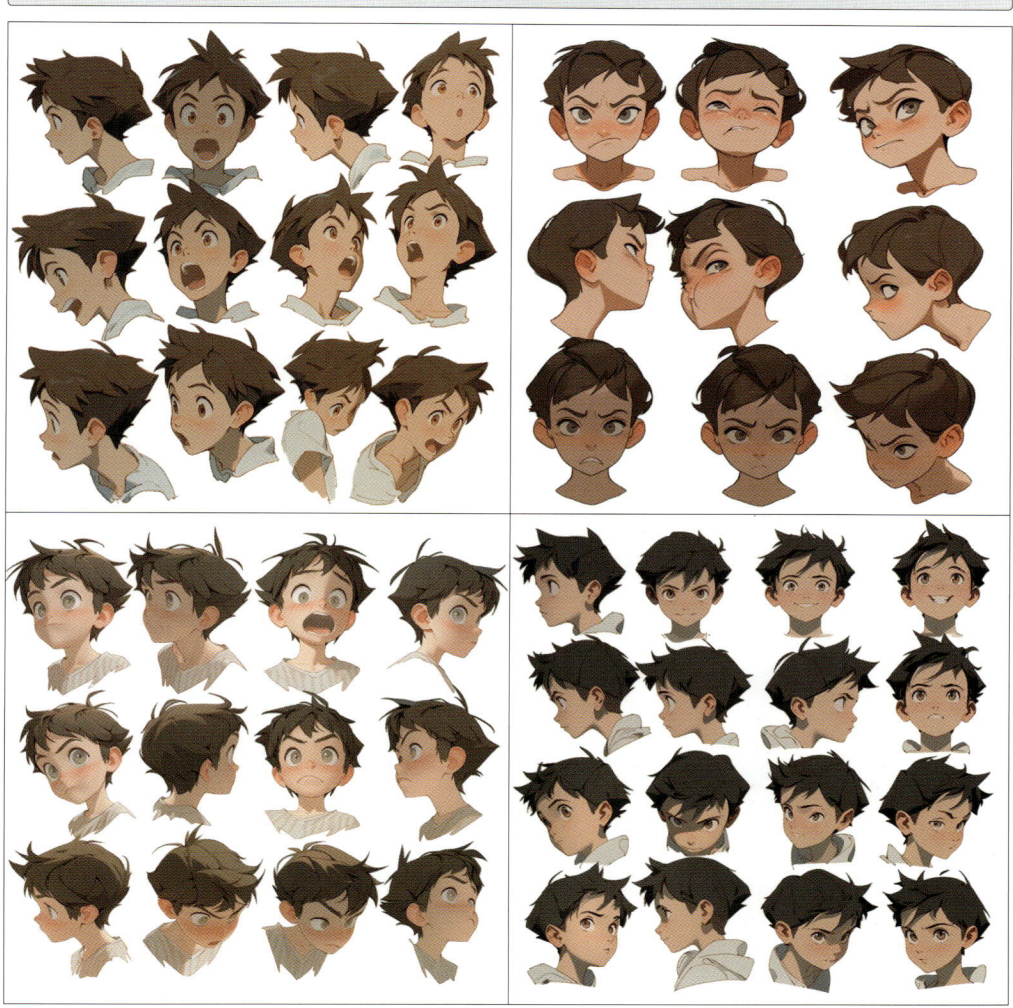

Upscale 화면에서 Pan Right를 실행합니다. (Remix Mode가 켜져 있어야 합니다.)
두 번째 Prompt : smiling을 추가합니다. (나머지 부분은 유지)

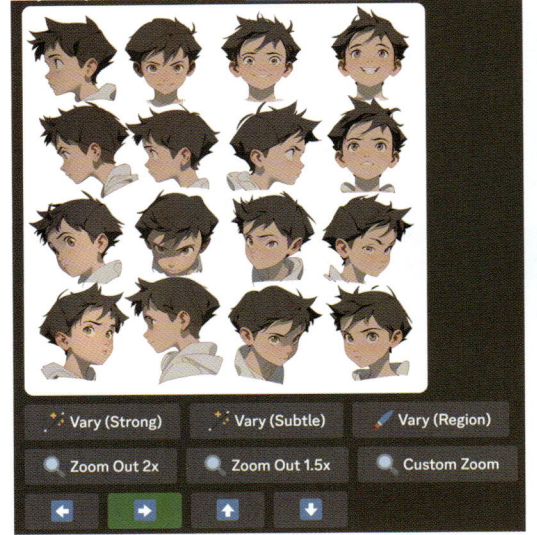
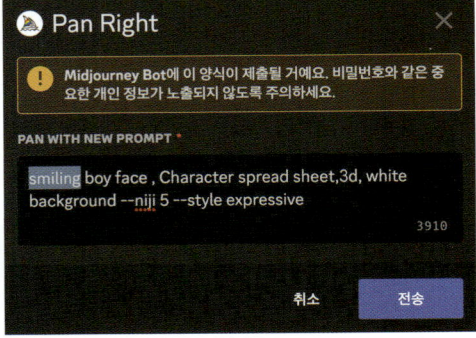

기존 4×4는 기존 이미지 오른쪽에 2×4 이미지가 추가로 생성됩니다.
여기서 3번을 선택해서 Upscale 합니다.

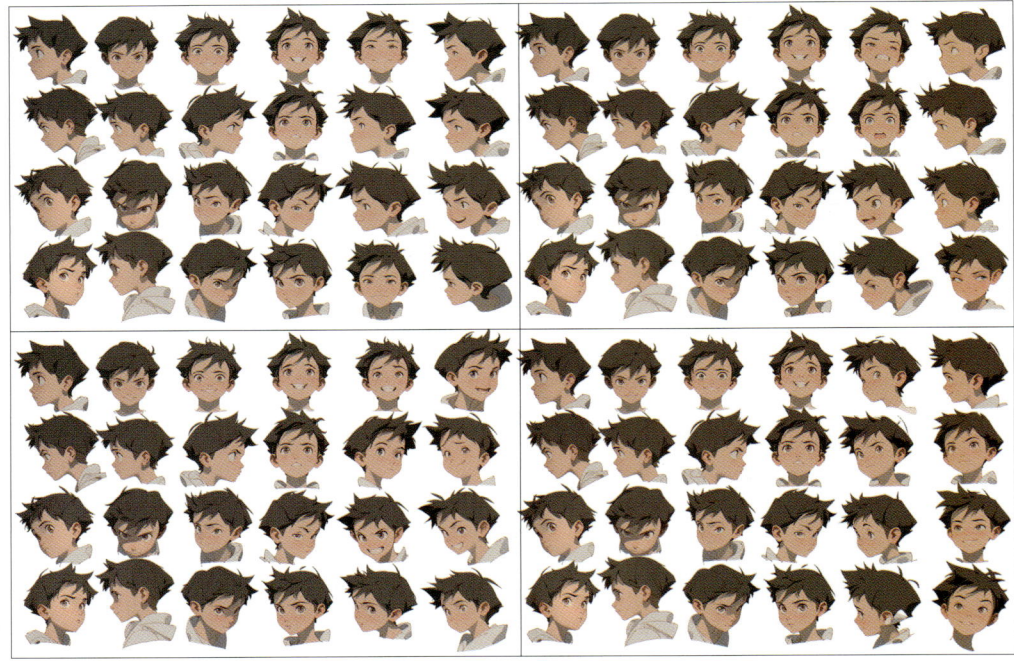

이렇게 Upscale된 이미지에서 Pan Left를 실행합니다.

세 번째 Prompt : smiling을 angry로 변경하고, 나머지 부분은 그대로 유지합니다.

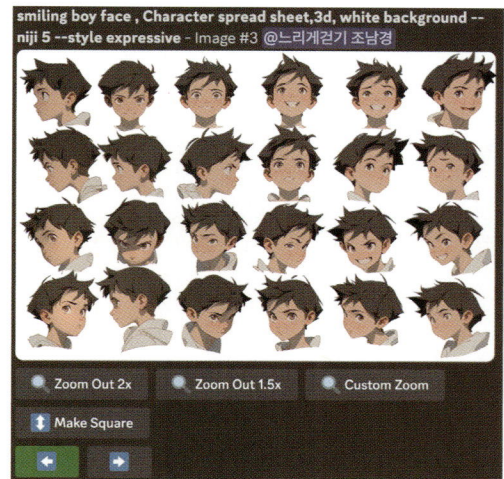 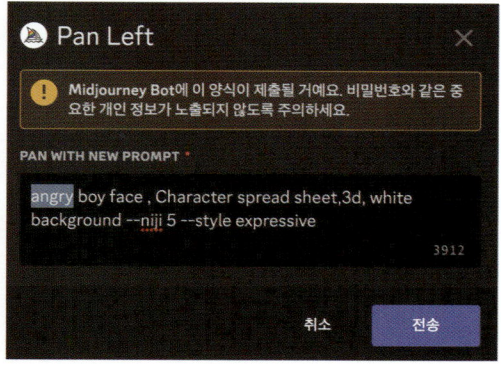

기존 6×4 이미지에서 왼쪽 부분 2×4가 추가된 이미지를 얻을 수 있습니다.

여기서 표정이 잘 반영된 1번을 최종 선택한 후 Upscale 합니다.

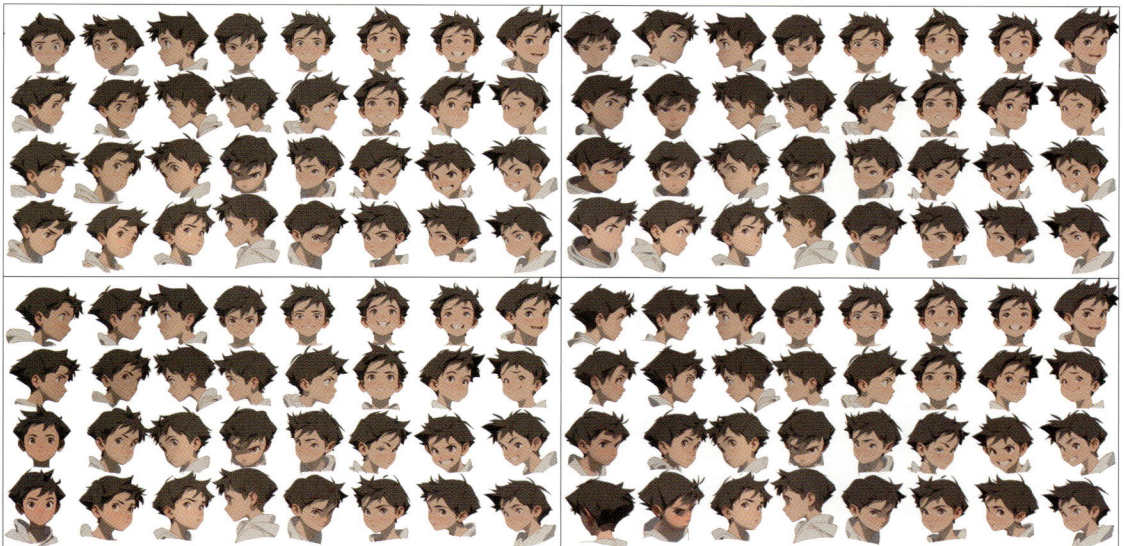

최종 캐릭터 일관성 유지한 8×4의 얼굴 이미지를 얻을 수 있습니다.

Pan 사용은 좌우 한 번씩 정도를 추천합니다. 그 이상은 이미지 일관성이 무너질 수 있어서 다른 얼굴 표정이 필요하다면 첫 번째 생성 이미지에서 다시 Pan을 사용해서 생성하는 것을 권장합니다.

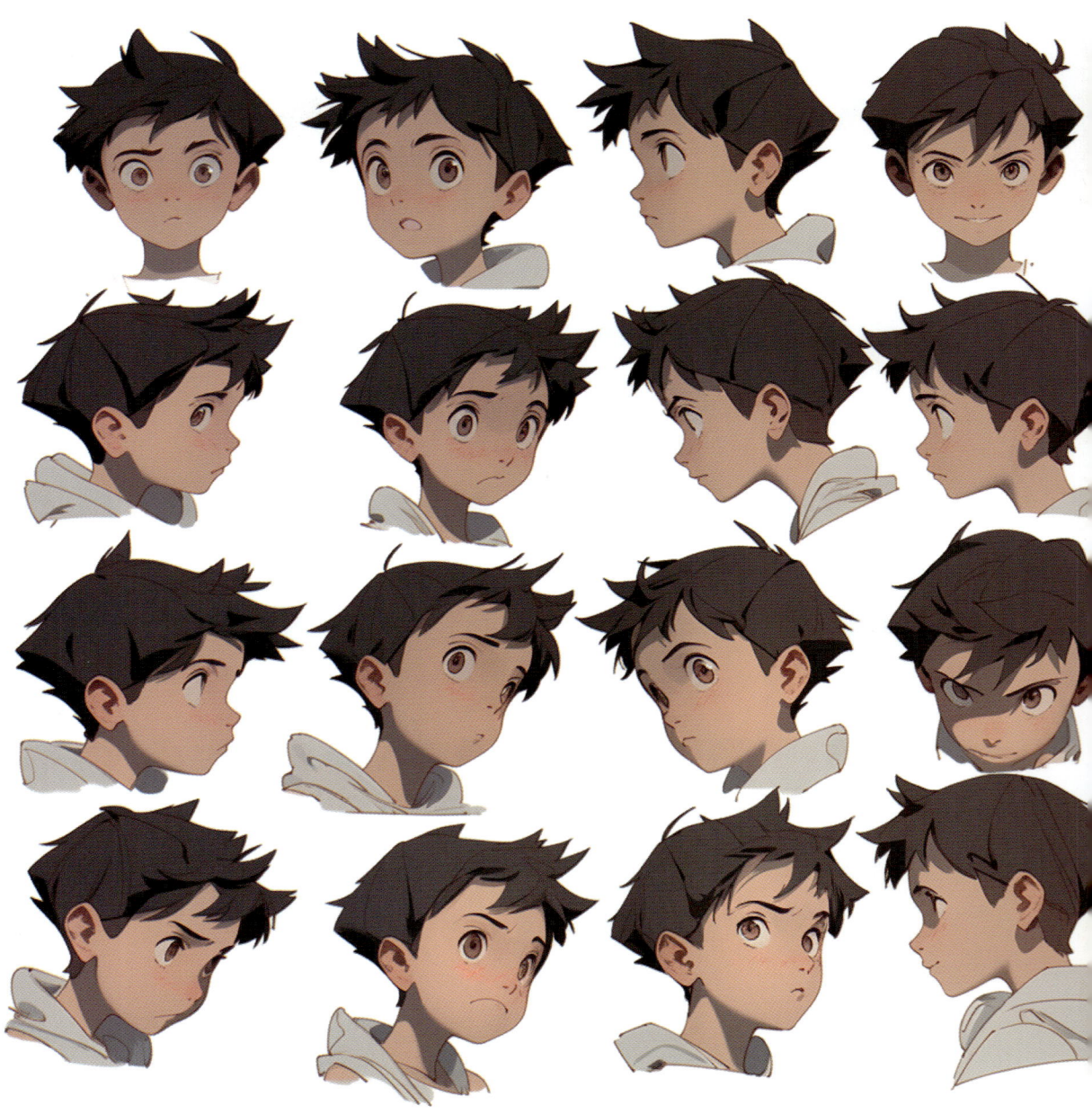

고급 활용 Tips **7**

7 건축물 컨셉 베리에이션

건축물의 사진을 이용해서 비슷한 형태의 컨셉 베리에이션을 만드는 간단한 예입니다.

첫 번째 방법은 Text Prompt를 최소한으로만 입력하는 방법입니다.

Prompt를 최소한만 사용해서 Image Prompt에 더 많은 정보를 활용하는 방법으로, 다양한 결과물의 자유도는 보장되지만 원하는 요소의 추가나 수정이 힘듭니다.

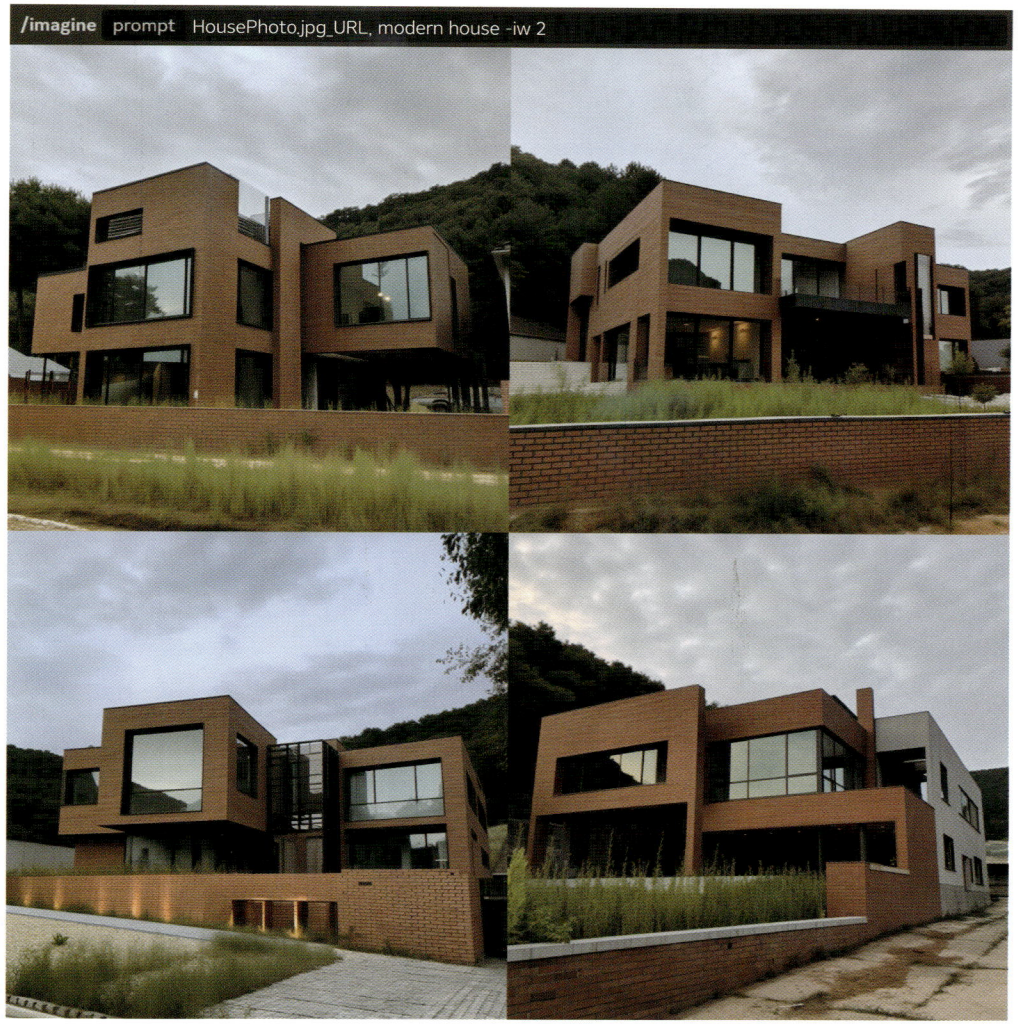

이런 단점을 보완하는 두 번째 방법은 /describe로 해당 이미지의 Prompt를 생성하고 Image Prompt와 같이 사용하는 방법입니다.

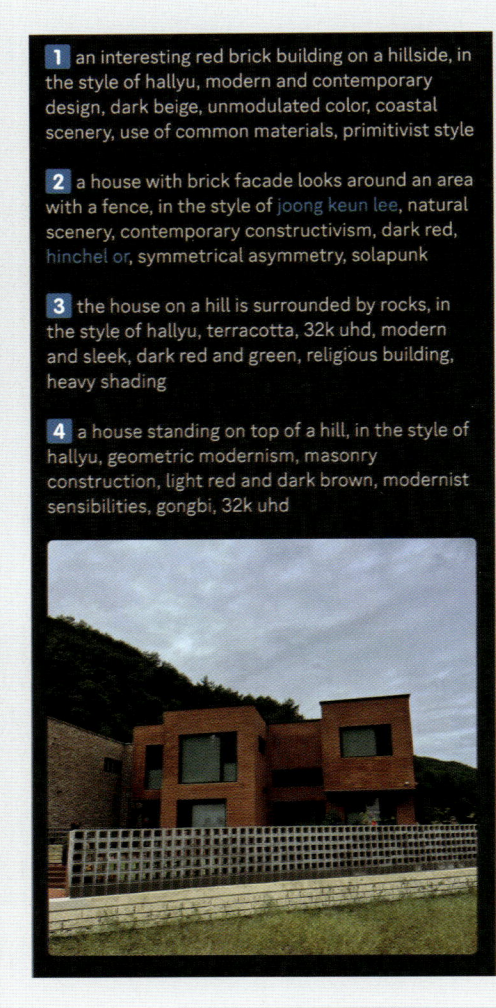

[1] an interesting red brick building on a hillside, in the style of hallyu, modern and contemporary design, dark beige, unmodulated color, coastal scenery, use of common materials, primitivist style

언덕에 흥미로운 붉은 벽돌 건물, 한류 스타일, 현대적이고 현대적인 디자인, 짙은 베이지, 변조되지 않은 색상, 해안 풍경, 일반적인 재료 사용, 원시주의 스타일

이렇게 자동 생성된 Prompt에서 필요한 부분을 수정합니다.

coastal scenery [해안 풍경],
primitivist style [원시주의]를 제외합니다.

원본과 비교해 봤을때 두 번째 방법은 원본 이미지를 더 따라가는 경향이 있고, 첫 번째 방법은 전체적인 맥락은 비슷하지만 자유도가 높은 결과물이 나옵니다.

필요한 이미지가 자유도와 유사도 측면에서 필요한 쪽의 방법을 응용하시면 됩니다. 하지만 꼭 알아야하는 것은 같은 이미지에 건물의 컬러를 바꾸는 식의 사용은 안 되는 기능이니 오해 없이 사용해 주세요.

8 Stable Diffusion Control-net Midjourney Ver.

01. 착시 이미지 만들기

Stable Diffusion의 Control-net을 이용해 착시 이미지를 만드는 것이 한동안 유행이였는데, 이것을 미드저니 사용자들이 최대한 비슷하게 따라하면서 만들어진 Tip 입니다.

아래의 Prompt를 실행하고 생성 40% 과정에서 생성은 멈추고 외곽선이 선명한 이미지를 Upscale 합니다.

Vary[Subtle]를 Remix 모드를 켜고 실행시켜 Prompt를 변경합니다.

Mona Lisa (원본유지)

aerial view of a city [도시의 조감도]

a lot of fruits [많은 과일]

various toys [여러가지 장난감]

작게 보면 전체적인 실루엣이 일치합니다.

02. 완성된 이미지의 디테일 변경

완성된 이미지의 디테일을 변경해보겠습니다.

> **목표**: 실루엣은 유지하고 일반인으로 변경. Vary(Subtle) Remix로 실행해서 Prompt 변경 입력

실루엣은 유지하고 얼굴 디테일과 조명, 메이크업을 변경합니다.

9 앞뒤 의상 만들기

01. 키워드를 이용한 방법

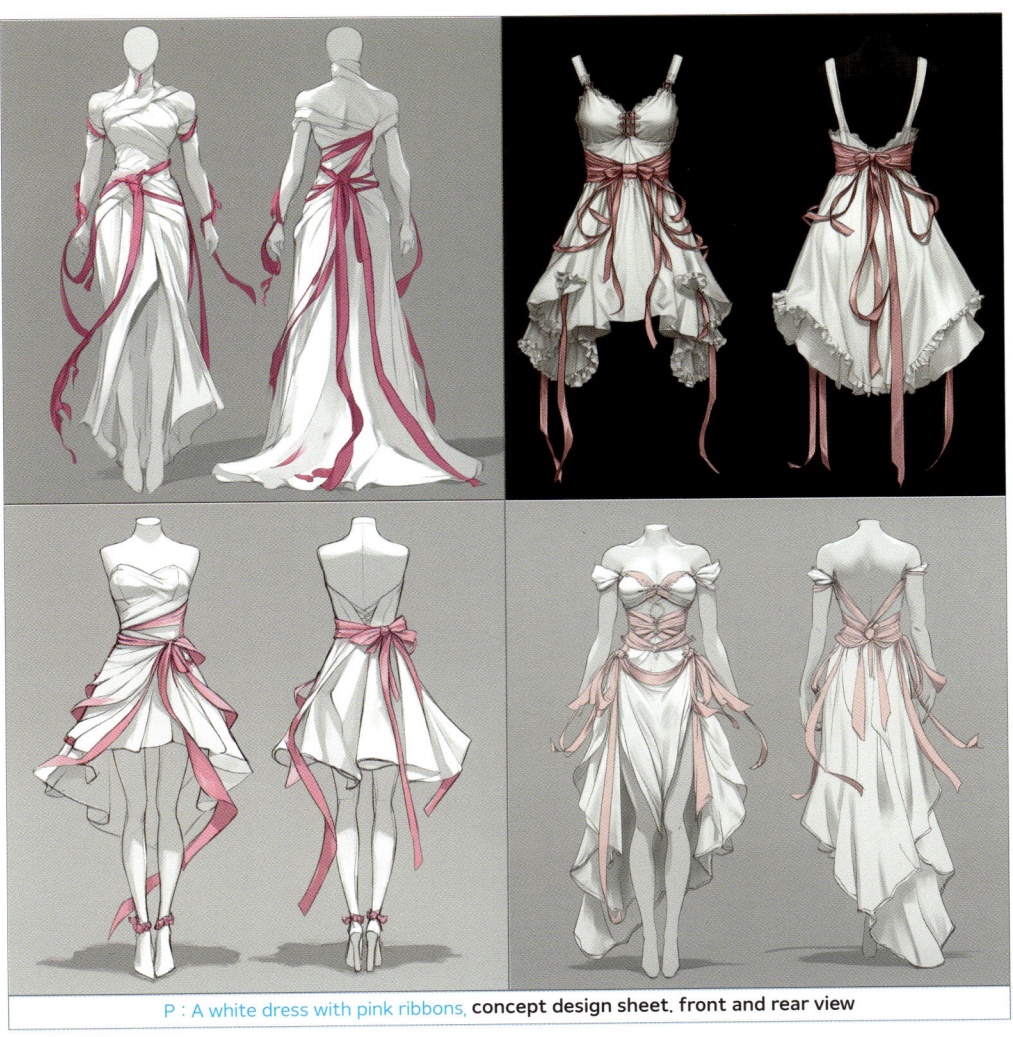

P : A white dress with pink ribbons, **concept design sheet, front and rear view**

Concept design sheet와 front and rear view를 사용해 주면 의상에 대해서는 연속적인 뒷모습까지 잘 생성됩니다.

앞쪽의 의상에 대한 묘사가 길어지는 경우는 키워드의 위치를 앞으로 이동하는 것이 좀 더 잘 나오는 경향이 있습니다.

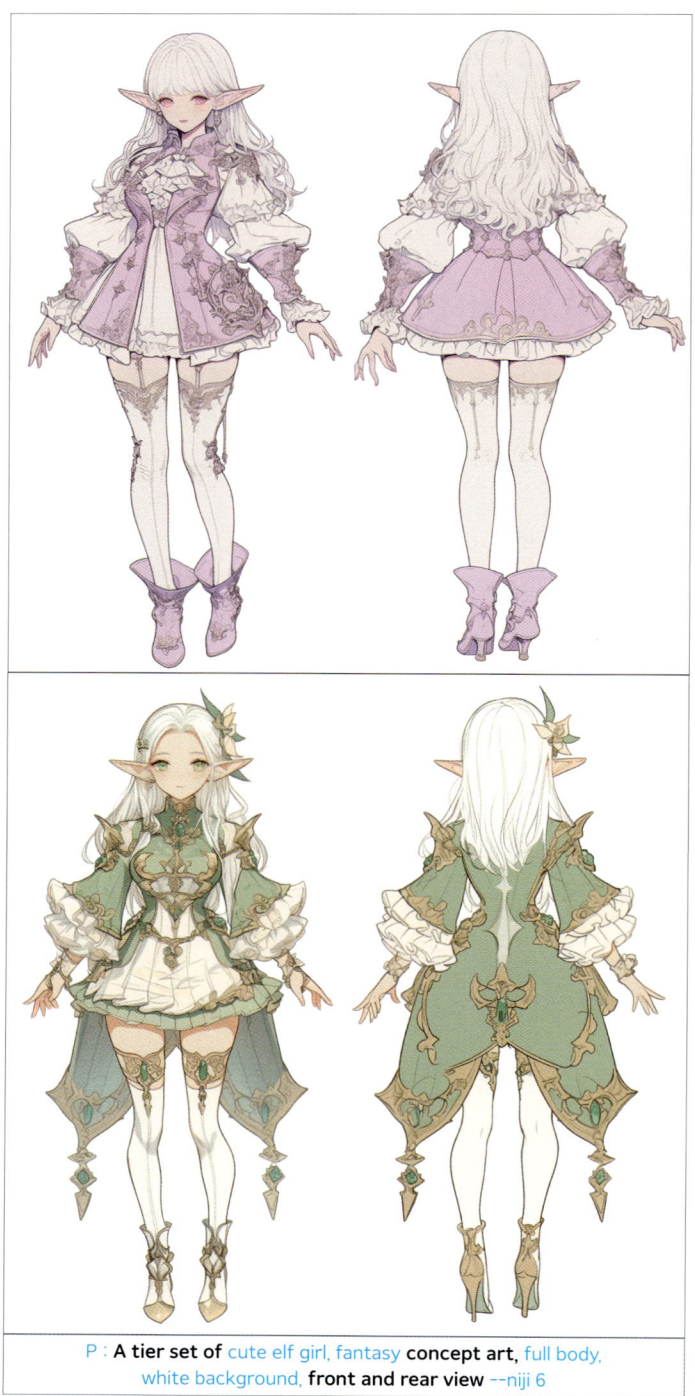

P : **A tier set of** cute elf girl, fantasy **concept art,** full body, white background, **front and rear view** --niji 6

- Tier set of : 게임 개발시에 이런 앞뒤 모습을 세트를 부르는 이름입니다.
- Concept art : 이 키워드를 사용하면 컨셉 디자인이 반영되서 지저분한 배경이나 과도한 포즈가 제거되는 효과가 있습니다.

02. Prompt 문맥의 맥락으로 만드는 법

P : deep blue robe **made of** silk, embroidered golden dragon **on the front and back.** **--ar 4:3** --niji 6

- **made of** : 이렇게 재료와 의상을 이렇게 표현해 주면 예시와 같은 인물이 없는 의상 이미지가 잘 만들어 집니다.
- **on the front and back** : 앞뒷면의 내용을 묘사해주세요.
- **--ar 4:3** : 앞뒷 모습이 그려질 공간을 만들어 주세요. 더 넓은 비율을 사용하는 경우 옆모습이나 부분이 확대한 이미지를 만드는 경향이 있습니다.

이 방법은 프롬프트에 최대한 충실하게 표현하려는 미드저니의 특징을 이용한 방법입니다. 프롬프트 맥락에 앞뒤에 대한 묘사를 충분히 해서 자연스럽게 앞뒷 모습을 만들어 내는 기법입니다.

10 Well made Personalize code List

Personalize code는 개인이 Image Rank를 좀 많이 선택해서 보다 확실한 취향을 만들 수 있습니다. 이 기능을 만들어진 목적 중 하나가 나의 스타일을 다른 사람과 공유하고 같이 사용할 수 있게 하기 위함이 있습니다.

그래서 온라인에 Personalize code를 공유하고 Code의 특색에 관해 토론을 하곤 하는데 이렇게 공유된 Personalize code중에서 간혹 어마어마한 성능을 자랑하는 Code들이 있습니다. 이런 Code를 Well Made Personalize code라고 부르는데, 그 Code들 중에서 다시 엄선한 Code를 소개합니다.

> Personalize code는 모델 버전(V 6.x, Niji)이 다르면 호환되지 않습니다.

❶ V 6.x

사진 같은 실사 인물이 잘 만들어지는 Code도 있는데 이 실사 Code의 경우에는 다른 종류의 이미지에서는 품질이 떨어지는 경향이 있습니다.

범용

P : cute girl --ar 3:4 --s 250 --style raw --v 6.1 --p (Code명)

| qy53lxb | qptyltc | 4qtjhj8 | cwxar9w |
| wmy6cxj | 5wtbvdk | qqja2gk | fycx3il |

실사

P : cute girl --ar 3:4 --s 250 --style raw --v 6.1 --p (Code명)

| qnyiczb | 3j8cglj | p5gaa7d | r9r5c7b |

❷ Niji 6

P : cute girl --ar 3:4 --s 250 --niji 6 --p (Code명)

nwgmpu3	 ybvpsxy	 63oi1od	 asdawfj
 kytxqrz	 3af82gx	 2yk7kdy	 etxeyk8
 p4xvohr	 tmxdy65	 iz7xgi5	 36114nj

12 Sref Seed List

특징이 더 확실히 들어날 수 있게 Comics와 Sci-fi, Fantasy는 Niji 모델로 생성했고, Artwork과 실사는 V 6.1로 생성하였습니다.

Sref Seed는 하나의 Sref Seed가 V / Niji에서 모두 작동하며 비슷한 스타일이 나옵니다.

❶ Comics

부록 8

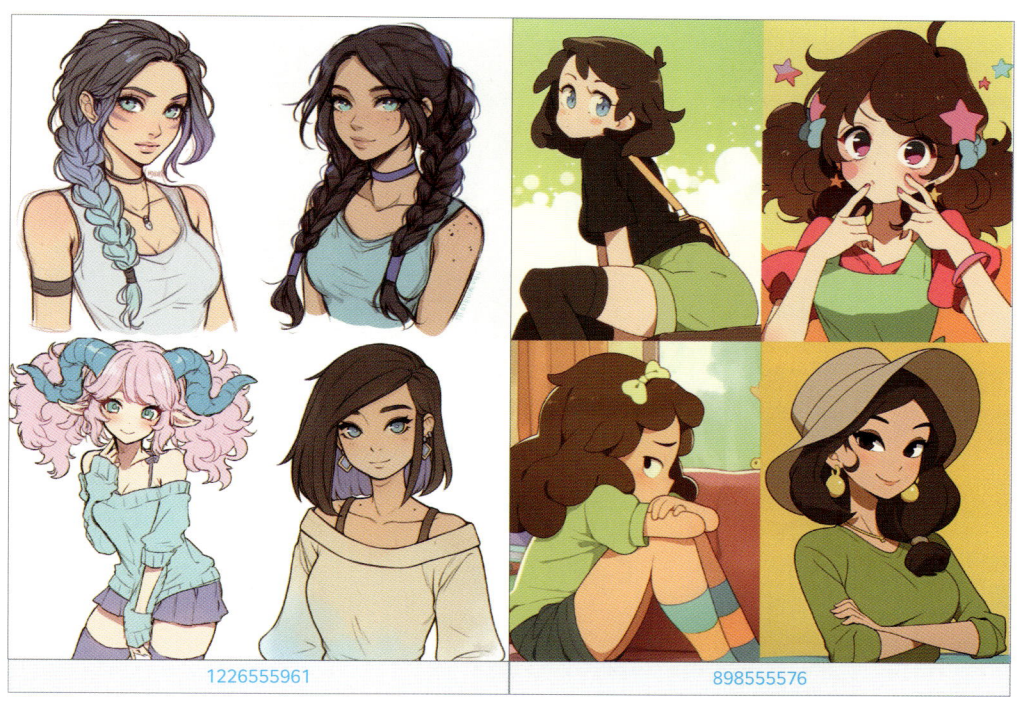

1226555961   898555576

956487593   1226555961

307

2651708305 3542125557

23000002 1306403825

❷ Artwork

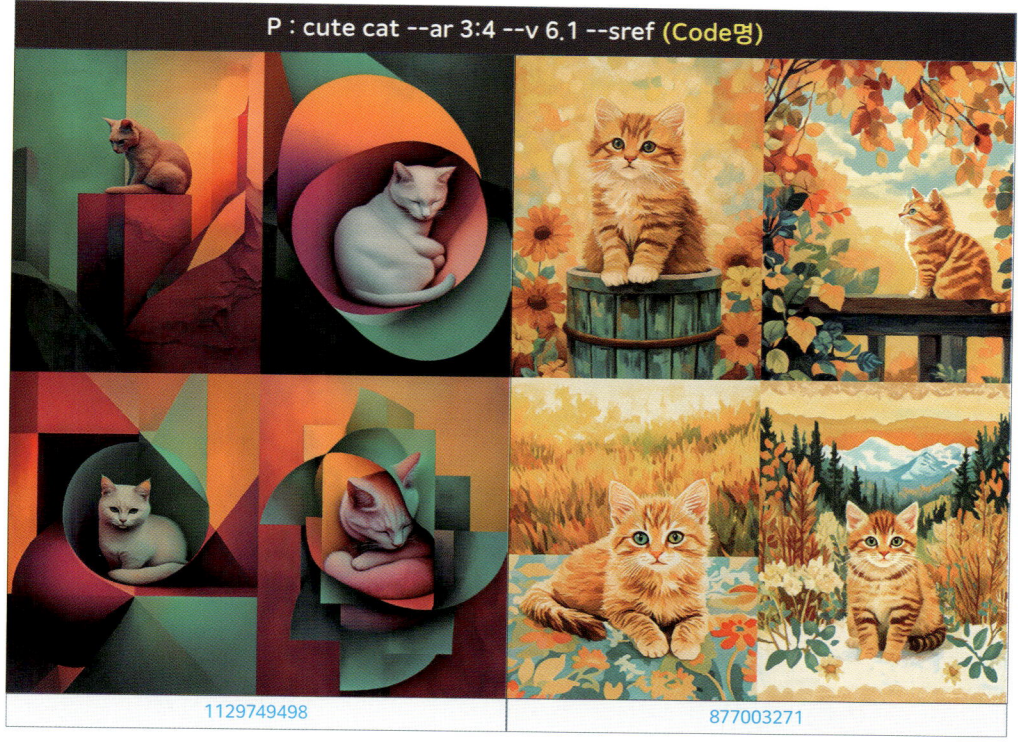

P : cute cat --ar 3:4 --v 6.1 --sref (Code명)

1129749498　　　　　877003271

1312343154　　　　　3339943729

1113614736 1089475042

1390303226 408453830

부록 8

3253147393   4276896205

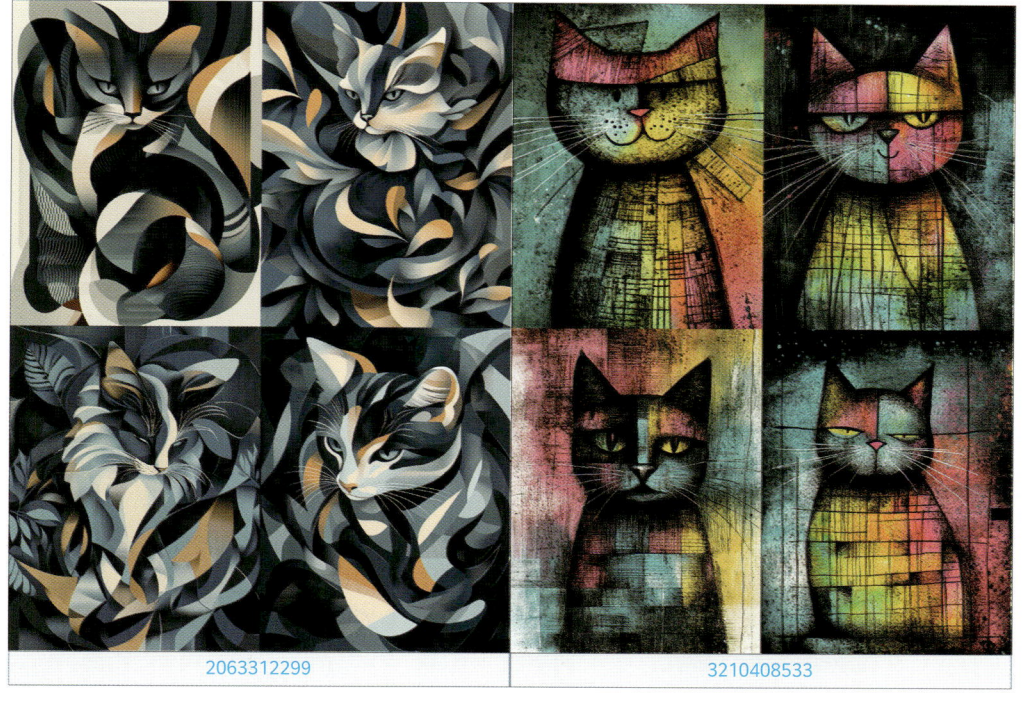

2063312299   3210408533

❸ 실사

1970566463

2007997703

4160480447

1836176783

부록 8

952441995   3175219508

4262471042   3597067423

472902429

2623968843

2831449239

2379147392

④ Sci-fi

P : space ship, Sci-Fi Concept art --ar 16:9 --niji 6 --sref (Code명)

1588406641

2934042844

3211848484

1698839097

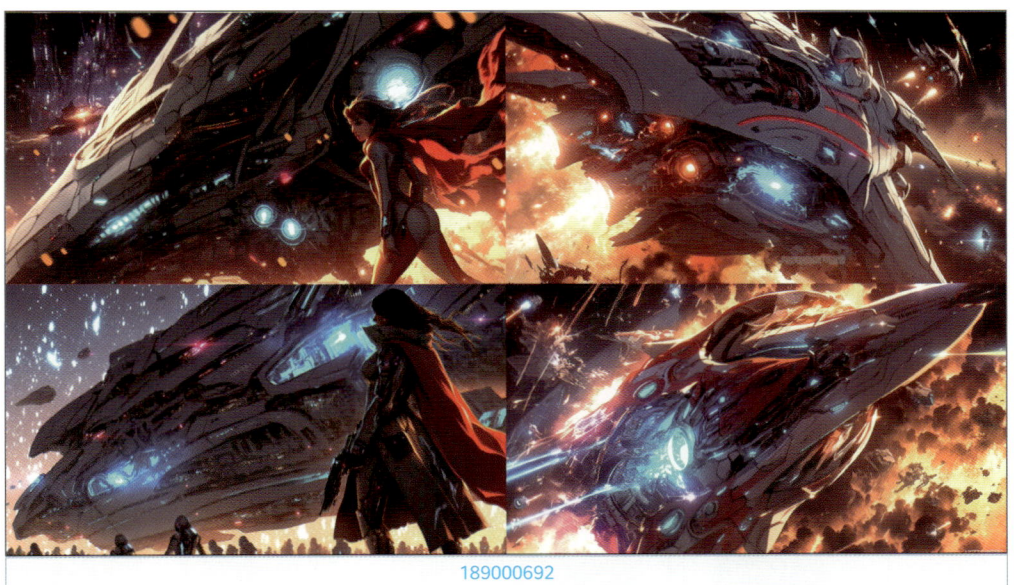
189000692

3620486547

❹ Fantasy

P : Elf wizard, Fantasy concept art --ar 3:4 --niji 6 --sref (Code명)

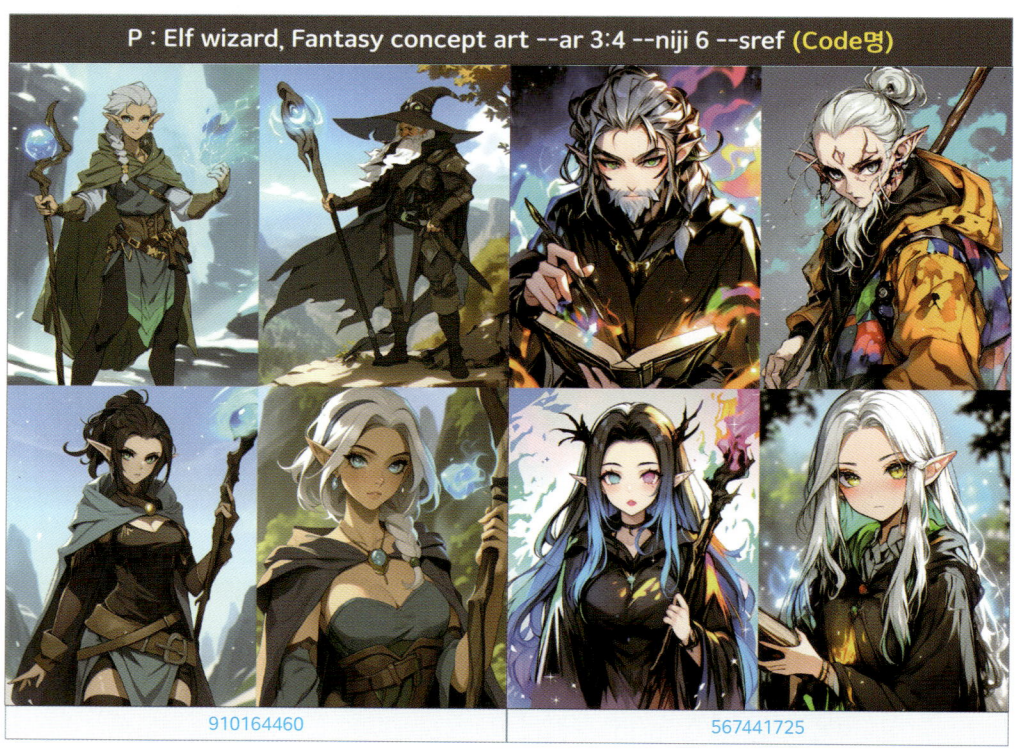

910164460   567441725

750635082   2878085104

부록 8

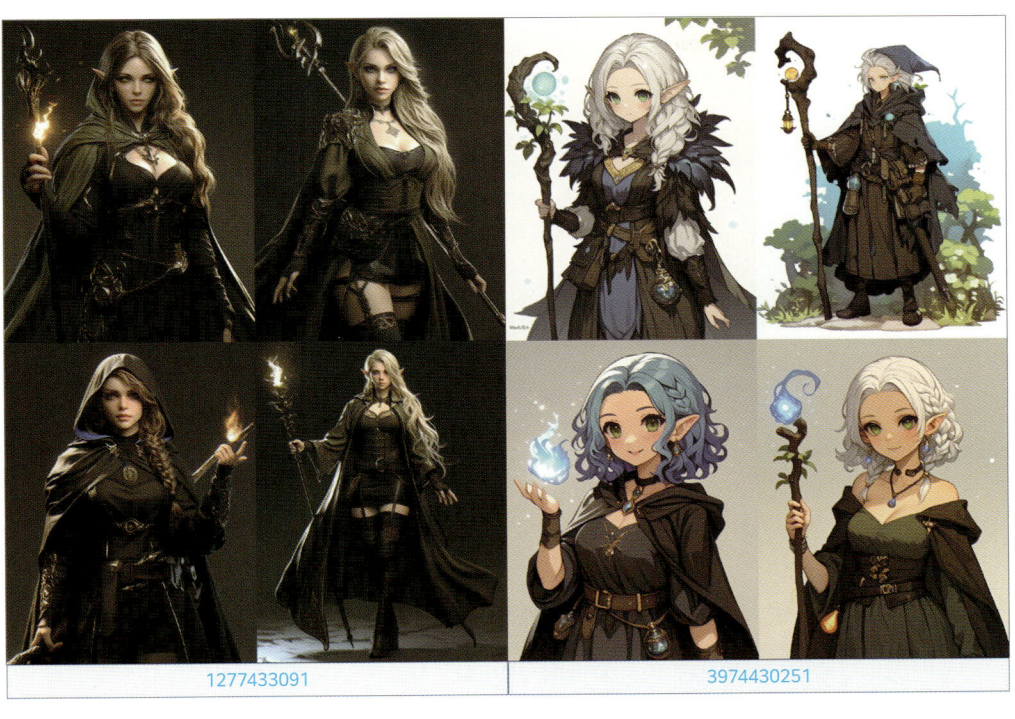

1277433091 3974430251

1038779953 621556075

12 Personalize code + Sref Seed Sheet

지금까지 Sref Seed로 생성된 스타일은 Personalize code 없이 생성된 스타일입니다. 이렇게 Personalize code 없이 기본으로 생성되는 스타일을 House Style 이라고 부릅니다.

Personalize code와 Sref Seed를 같이 사용하게 되면 같은 Sref Seed도 Personalize code 스타일에 맞춰서 서로 다른 스타일이 나옵니다. 내가 원하는 스타일이라는 최종 목적지를 주소로 비유하자면 Personalize code는 국가, 시도에 해당하고 Sref Seed 는 시/군/구, 동, 번지에 해당합니다.

최종 표현되는 시각적 스타일은 Sref Seed에 의해 결정됨으로 Sref Seed를 기준으로 다양한 Personalize code 를 매치하면 보다 다양한 스타일을 얻을 수 있습니다.

❶ 실사 Personalize code + 실사 Sref Seed

실사의 경우 제공된 Sref Seed 와 Personalize code 모두가 실사가 잘 생성되는 것이라서 품질의 차이는 나오지 않지만 스타일이 변하는 것을 확인 할 수 있습니다.

❷ Niji Personalize code + Comics Sref Seed

P : cute girl --ar 3:4 --niji 6

House Style | --p 3af82gx | --p iz7xgi5

--sref 2135176246

--sref 956487593

❸ Niji Personalize code + Fantasy Sref Seed

P : Elf wizard, Fantasy concept art --ar 3:4 --niji 6

| House Style | --p tmxdy65 | --p asdawfj |

--sref 1277433091

--sref 2878085104

--sref 3974430251

같은 Sref Seed도 Personalize code에 따라서 다양한 분위기가 바뀌는 것을 볼 수 있습니다. Sref Seed가 최종 표현이 되는 스타일이라면 시작하는 분위기와 무드 등은 Personalize code에 따라서 다양한 결과물이 생성됩니다.

앞에서 다룬 Personalize code와 Sref Seed의 경우는 모두가 성능이 좋은 것으로 선별하여 수록되었습니다. 이후에 새로 발견한 Sref Seed의 스타일이 조금 부족한 느낌이 들 때 수록된 Personalize code를 같이 사용하면 부족한 부분이 매워져서 스타일이 보강됩니다.

같은 스타일의 프롬프트와 Personalize code와 Sref Seed를 사용하면 2배 이상의 시너지 효과가 나오니 반드시 함께 사용하시기를 권하는 기능입니다.

13 자판기 키워드 에센셜

프롬프트에 미술, 사진, 영상 등에서 사용되는 다양한 기법들을 입력하면 미드저니는 그에 맞는 이미지를 잘 만들어 냅니다. 그런데 이런 기법들은 전문 용어인 경우들이 많아서 관련된 분야의 내용을 모르면 쉽게 알 수 있는 키워드들이 아닙니다. 이런 전문 용어들 중에서 미드저니에 잘 반영되는 키워드를 '자판기 키워드'라는 이름으로 모아 놨습니다.

> 기법에 대한 이해가 부족한 상태에서 너무 복잡한 프롬프트를 사용하면 기법의 특징을 이해하기 힘들 수 있으니, 기본적인 단일 피사체로 기법 키워드를 바꿔가면서 파악하면 좀 더 빠르게 이해 할 수 있습니다.

01. 기법

기법 키워드		
Pop Art	Constructivism	Paper quilling
Vintage	De Stijl	Coloring book
Retro	Op Art	Silhouette [실루엣]
Gothic	Art Deco	Anthropomorphic [의인화]
Minimalism	Photorealism	holograms
Baroque [바로크]	Color Field	clipart spread sheet
Rococo [로코코]	Hard-Edge Painting	X-ray double exposure of [subject]
Graffiti [그래피티]	Folk Art	Abstract [추상화]
Charcoal Sketch [목탄 스케치]	vector (illustration)	Still Life [정물화]
Ink Drawing	Origami [종이접기]	Cybernetic Landscapes [사이버네틱 풍경]
Mosaic [모자이크]	Crocheted [뜨게질한]	celestial colossal giant [천상의 거대한 거인]
Stained Glass [스텐드 글라스]	isometric	
Fauvism	fractal	
Dadaism	Paper quilling	
	Coloring book	

02. 컨셉

컨셉 키워드
Romanticism [낭만주의]
Futurism [미래주의]
Vertical / Horizontal line [수직 / 수평선]
Harmony [조화]
Foreground / Background [전경, 배경]
Contrast [대비]
Tension [긴장]
Dynamic / Static Composition [동적 / 정적 구성]
Urban / Natural Landscapes [도시/시골 풍경]
Ancient / Ruins [고대 / 유적]
Fantasy Worlds [판타지 세계]
Mythological Creatures [신화 속 생물]
Futuristic Settings [미래형 세팅]
Farm Life / Industrial Scenes
Technology and Innovation [기술과 혁신]
Space Exploration [우주 탐험]
Caves and Underground Worlds [동굴과 지하세계]
Underwater [수중]
National Parks [국립공원]
Office Life
School Life

부록 8

Cyberpunk	 Steampunk
 Cute elf girl, Fantasy concept art	 Cute girl, Sci-fi concept art
 Horror	 Psychedelic

03. 의상

(하진주 제공)

의상 키워드
Elegance : 우아, 고상, 품위 있는 분위기, 클래식
Sporty : 기능성, 활동적, 밝고 강한 색상
Chic : 세련, 우아, 고급스러운 분위기
Country : 복고풍, 자연, 서민적인 감성
Modern : 심플, 간결, 베이직한 스타일
Ethnic : 전통, 문화, 수공예적 디테일
Mannish : 남성적인, 차분한분위기
Romantic : 여성스러운, 사랑스러운, 부드러운 분위기

상의	하의
Tube top	Pants
Tank top	- Jeans
Cami	- Trousers
T-shirt	- Cargo pants
Sweatshirt	- Jogger
Sweater	- Bike shorts
Vest	- Leggings
Blouse	- Sweat pants
Shirt	- Shorts
Tunic	- Culottes
	- Suspender pants
T-shirt 중 neck 종류	- Jumpsuit
- V neck	
- Turtle neck	**Skirt**
- U neck	- A-line
- Scoop neck	- Pleats
- Boat neck	- Wrap
	- Mini / Midi / Maxi (길이)
T-shirt 중 Sleeves 종류	- Pencil
- Bishop	- Tiered
- Crop	- Gathered
- Bell	- Peplum
- Kimono	- Godet
- Raglan	- Mermaid
- Cold shoulder	- Bubble
- Drop shoulder	
- Dolman	
- Batwing	
- Leg of Mutton	
- Puff	
- Tulip	

부록 8

Turtle neck	Cargo pants
Ethnic Maxi Skirt	Romantic Pencil Skirt
white **Sweater** and Pink **Leggings**	black **Vest** and white **Wrap Skirt**

1 유용한 사이트

미드저니의 업데이트가 빠르고 다양한 활용들은 공식 메뉴얼로 따라가기 힘든 경우가 있습니다. 이미지 생성 AI의 트렌드가 하루가 다르게 변하기 때문에 온라인 커뮤니티 활용이 실력을 늘리는데 많은 도움이 됩니다.

미드저니를 포함해서 이미지 생성 AI 사용자들은 Prompt를 공유해서 서로 발전시켜 나가는 문화가 자리 잡고 있어서 초보자 분들에게 도움이 되는 좋은 사이트를 소개합니다.

01. Midjourney Feed

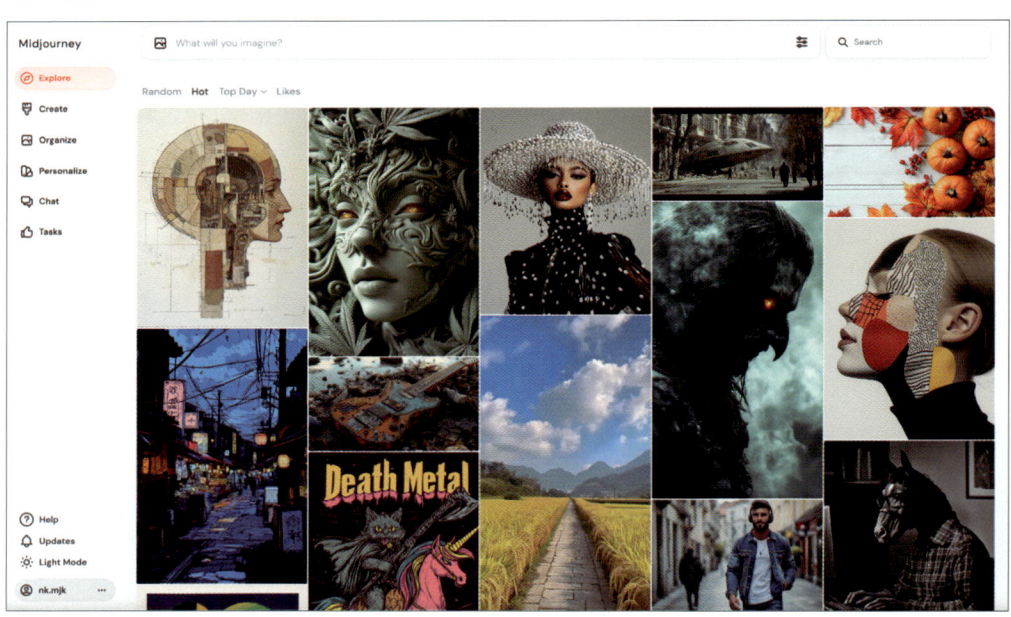

https://www.midjourney.com/explore

장점 : 엄청난 양의 이미지들이 올라옵니다. Prompt 를 모두 확인할 수 있습니다.
단점 : 회원 간의 커뮤니케이션이 힘듭니다.

02. Facebook Group - Midjourney Official

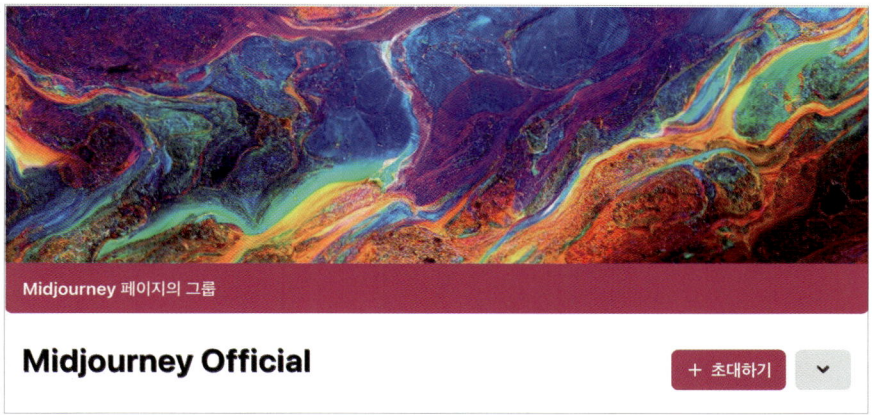

https://www.facebook.com/groups/officialmidjourney

미드저니 개발사가 직접 운영하는 Facebook group 입니다.

> 장점 : 빠른 업데이트, 수많은 실력자들이 이미지와 Tip들을 공유합니다.
> 단점 : 기본적으로 Prompt는 비공개합니다.

03. Facebook Group - Midjourney Prompt Tricks

https://www.facebook.com/groups/mj.prompt.tricks

Midjourney 사용자들이 만든 Prompt와 Tip들을 공유하는 Facebook 그룹입니다. 최근 폭발적으로 사용자가 증가하고 있습니다.

> 장점 : Prompt는 무조건 공개가 원칙입니다. 질문을 하면 친절하고 빠르게 대답해줍니다.
> 단점 : 이미지 업로드 숫자 제한이 없어서 이미지가 정신 없게 올라옵니다.

04. Facebook Group - Midjourney Korea

저자가 대표 운영자로 활동중인 국내 미드저니 사용자 페이스북 그룹입니다.

미드저니와 관련된 최신 업데이트 소식과 여러 관련 자료 및 작품들을 공유합니다.

'Midjourney Prompt Tricks'처럼 프롬프트를 공유하도록 강제하는 규칙은 없으며, 자료를 자유롭게 나눌 수 있는 사용자 커뮤니티입니다.

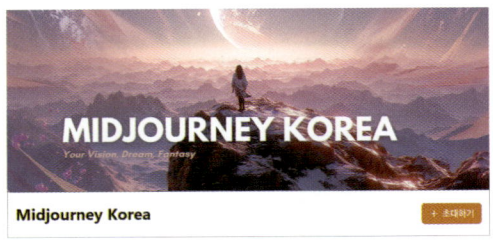

https://www.facebook.com/groups/mj.korea

05. Facebook Group - Stable Diffusion Korea

국내 최대 회원수를 자랑하는 AI 커뮤니티.
첫 시작은 Stable Diffusion을 주로 다루었지만 지금은 생성 AI 전반을 다루고 있는 커뮤니티.

https://www.facebook.com/groups/stablediffusionkorea

06. You tube - Soylab

https://www.youtube.com/@soy_lab

Stable Diffusion, Midjourney부터 AI 전반에 대한 업데이트, 새로운 기술에 대한 리뷰를 전문으로 다루고 있는 유튜브 채널

2 유용한 Tools

Upscayl

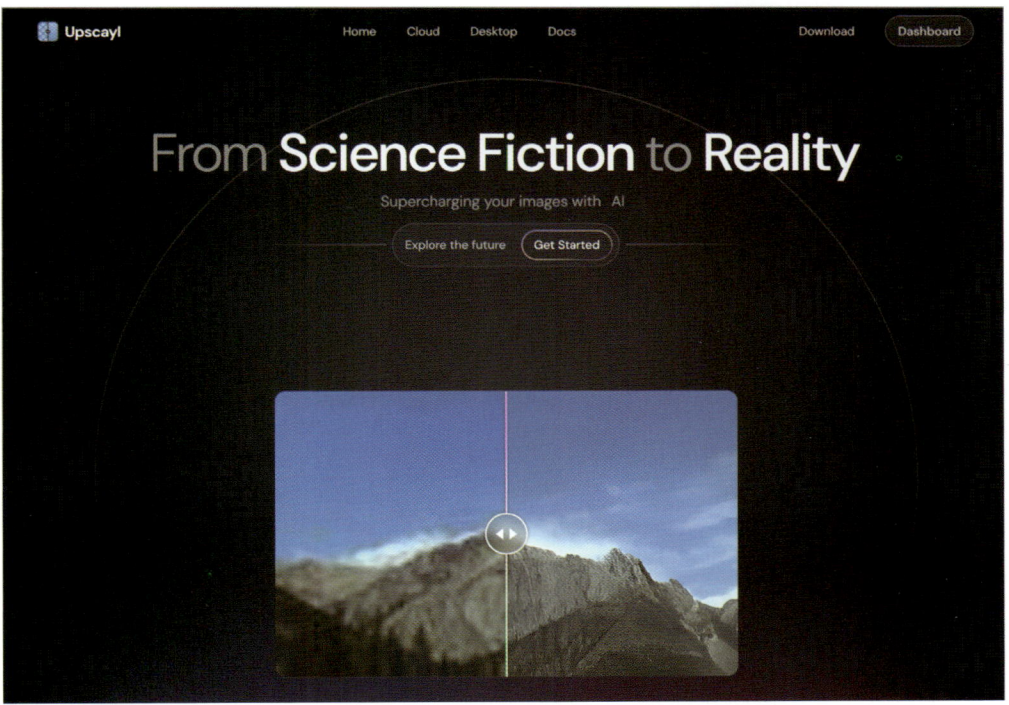

https://www.upscayl.org/

미드저니는 2048px×2048px까지 Upscale이 가능하지만, 인쇄나 인화를 해서 대형 액자에 넣으려면 사이즈가 약간 부족하다고 느낄 수 있는 경우가 있습니다. 다양한 유료 Upscale 사이트가 있지만 Upscayl은 무료 오픈소스로 다양한 플랫폼에서 실행되는 프로그램입니다.

비엘북스 AI 인공지능 도서

[the AI GRAPHICS]
김성완 외 11인 / 2024년 9월

[ComfyUI 100선]
조지훈 / 2024년 11월

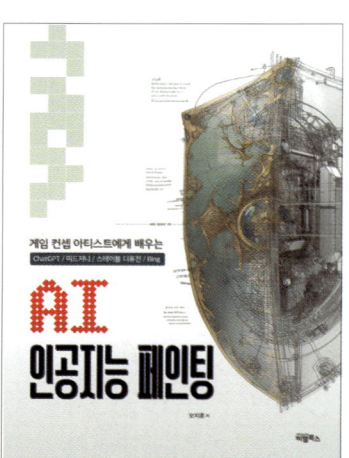

[AI 인공지능 페인팅]
오지훈 / 2024년 3월

[미드저니 프롬프트 마스터 가이드]
조남경 / 2024년 1월

[AI 비주얼 테크닉]
김민욱 외 8 / 2023년 07월